权威·前沿·原创

皮书系列为
"十二五""十三五""十四五"时期国家重点出版物出版专项规划项目

B

BLUE BOOK

智 库 成 果 出 版 与 传 播 平 台

陕西蓝皮书

BLUE BOOK OF SHAANXI

陕西文化发展报告
（2025）

REPORT ON CULTURAL DEVELOPMENT IN SHAANXI
(2025)

组织编写／陕西省社会科学院

主　　编／程宁博　王建康　罗　丞

社会科学文献出版社
SOCIAL SCIENCES ACADEMIC PRESS（CHINA）

图书在版编目（CIP）数据

陕西文化发展报告 . 2025 / 程宁博，王建康，罗丞
主编 . --北京：社会科学文献出版社，2025.5.
（陕西蓝皮书）. --ISBN 978-7-5228-5169-3

Ⅰ. G127.41

中国国家版本馆 CIP 数据核字第 2025214MZ2 号

陕西蓝皮书

陕西文化发展报告（2025）

组织编写 / 陕西省社会科学院
主　　编 / 程宁博　王建康　罗　丞

出 版 人 / 冀祥德
责任编辑 / 张　超
责任印制 / 岳　阳

出　　版 / 社会科学文献出版社 · 皮书分社 （010）59367127
　　　　　　地址：北京市北三环中路甲 29 号院华龙大厦　邮编：100029
　　　　　　网址：www. ssap. com. cn
发　　行 / 社会科学文献出版社 （010）59367028
印　　装 / 天津千鹤文化传播有限公司

规　　格 / 开本：787mm × 1092mm　1/16
　　　　　　印张：19.5　字数：290 千字
版　　次 / 2025 年 5 月第 1 版　2025 年 5 月第 1 次印刷
书　　号 / ISBN 978-7-5228-5169-3
定　　价 / 158.00 元

读者服务电话：4008918866

陕西蓝皮书编委会

主　　任　程宁博

副 主 任　毛　斌　王建康

委　　员　(按姓氏笔画排序)

于宁锴　刘　宁　刘吉发　李　冰　吴　锋
罗　丞　党　斌　蔺怀周　樊为之

主　　编　程宁博　王建康　罗　丞

执行主编　赵　东　张敬川

主编简介

程宁博 陕西省社会科学院党组书记、院长,陕西省第十四次党代会代表,陕西省党的建设研究会副会长,陕西省社会科学院学术委员会主任、陕西蓝皮书编委会主任。长期从事宣传思想文化工作,主要研究领域为马克思主义中国化时代化、党的创新理论生动实践、思想政治教育、新型智库建设与管理等。多次参与重要书籍编写和重要文件、重要文稿起草工作,多项研究成果在中央和省级主流媒体刊发。

王建康 陕西省社会科学院党组成员、副院长,研究员,主要从事农村发展、区域经济研究。先后主持完成国家和省级基金项目6项,主持编制省级规划6项、区县发展规划20余项,承担世界银行、国家发展改革委、农业农村部等招标或委托课题18项;出版著作10余部,发表论文和调研报告60余篇;研究成果获得陕西省哲学社会科学优秀成果奖5项。兼任陕西省决策咨询委员会委员、省青联常委、省委理论讲师团特聘专家。陕西省第十二次党代会代表、陕西省第十三次党代会报告起草组成员、十二届全国青联委员,陕西青年五四奖章获得者、陕西省优秀共产党员。

罗 丞 管理学博士,研究员,陕西省社会科学院文化与历史研究所所长,院学术委员会委员,硕士生导师。先后担任国家社会科学基金成果鉴定专家,省人大常委会"三农"工作咨询委员会咨询专家,省政协参政议政人才库特聘专家,中国农业技术经济学会理事,陕西农业农村经济技术体系岗位专家。近年来一直从事文化产业与文化传播、乡村振兴与共同富裕、新型城镇化实践领域的研究，主持国家和省部级项目 30 余项；发表中英文论文 40 余篇；出版专著 7 部；完成调研报告和咨询建议 40 余篇，获肯定性批示 30 余篇，省级部门采用 5 篇；在各类媒体发表观点 50 余次。

摘　要

《陕西文化发展报告（2025）》是由陕西省社会科学院编撰的第 17 本"陕西蓝皮书"文化系列研究报告。

《陕西文化发展报告（2025）》共分为五个部分：总报告、文化遗产篇、公共文化篇、文化产业篇和案例篇。总报告全面总结了 2024 年陕西文化发展的状况及成就，重点研究了各文化行业和各地文化的发展成果与特点，分析预测了 2025 年陕西文化发展前景。文化遗产篇对陕西非物质文化遗产保护传承、古籍活化利用、秦蜀古道文化遗产保护与利用、农业文化遗产保护传承与利用、新文旅赋能秦腔艺术传播等进行了研究。公共文化篇对陕西博物馆事业高质量发展、可移动革命文物保护利用、陕西文化传播力与影响力提升、陕西话剧发展等进行了深入分析。文化产业篇重点对陕西文化旅游产业发展、文化新业态发展、影视拍摄基地发展、文娱演艺产业链发展等进行了深入调查分析。案例篇主要从区域文化发展的视角对西安文化形象国际传播、陕西微短剧产业发展、关中文化生态保护区创建、延川"文旅强县"建设、城乡公共文化服务共同体构建等方面进行了调查和分析。

2024 年，陕西坚持以习近平新时代中国特色社会主义思想为指导，深入学习贯彻习近平文化思想，贯彻落实党的二十大和二十届二中、三中全会精神，贯通落实习近平总书记历次来陕考察重要讲话重要指示精神，勇担新时代的文化使命，认真落实全国宣传思想文化工作会议精神，讲好中国故事、丝路故事、陕西故事，努力在推进文化自信自强上争做西部示范，凝心聚力、坚定不移走高质量发展之路，全年工作取得新成绩、实现新突破。

根据陕西省委十四届六次、七次全会精神以及对 2024 年陕西文化发展状况的综合分析，预测 2025 年陕西文化遗产保护传承、社会文明程度、文化事业发展水平将得到新提高，公共文化服务质量和水平进一步提升，一系列重大公共文化工程和文化项目有序推进，文化产业呈现高质量发展，文旅融合不断走向深入，文化强省建设迈上新台阶。

关键词： 文化遗产　公共文化　文化产业　高质量发展　陕西

Abstract

Report on Cultural Development in Shaanxi (2025) is the 17th research report of the Blue Book of Shaanxi cultural series, compiled by the Shaanxi Academy of Social Sciences.

Report on Cultural Development in Shaanxi (2025) is composed of five parts: General Report, Cultural Heritage Reports, Public Culture Reports, Cultural Industry Reports, and Case Reports. The General Report comprehensively summarizes the status and achievements of Shaanxi's cultural development in 2024, focusing on the development achievements and characteristics of various cultural industries and local cultures, also analyzes and predicts the prospects of the cultural development of Shaanxi in 2025. The Cultural Heritage Reports conducted in-depth research on the development of intangible cultural heritage , the activation and utilization of ancient books, the protection and utilization of cultural heritage of Qin Shu ancient roads, the protection and utilization of agricultural cultural heritage, and the development of Qin Opera with new cultural tourism. The Public Culture Reports provide an in-depth analysis of the high-quality development of Shaanxi's museum industry, the protection and utilization of mobile revolutionary cultural relics, the dissemination and influence enhancement path of Shaanxi's Chinese civilization, and the development of Shaanxi's drama. The Cultural Industry Reports focus on in-depth investigation and analysis of the high-quality development of Shaanxi's cultural and tourism industry, the development of Shaanxi's cultural and tourism industry, the new cultural formats in Shaanxi, the development of Shaanxi's film shooting bases under the background of cultural and tourism integration, and the development of Shaanxi's cultural and entertainment industry chain. The Case Reports mainly conduct field investigations and typical analysis on the current situation and improvement path of international dissemination of Xi'an cultural image, the development of Shaanxi short play industry, the creation of Guanzhong cultural ecological protection zone, the construction of Yanchuan as a "strong county in culture and tourism", and the Shiquan path and enlightenment of the construction of urban and rural public cultural service community from the perspective of regional cultural development.

The book believes that in 2024, Shaanxi will be guided by Xi Jinping's Cultural Thought, and the spirit of the 20th National Congress of the Communist Party of China, the 2nd Plenary Session of the 20th Central Committee, the 3rd Plenary Session of the 20th Central Committee, and the important instructions of General Secretary Xi Jinping's previous visits to Shaanxi. Under the strong leadership of the Shaanxi Provincial Party Committee and Provincial Government, we will bravely undertake new cultural missions in the new era, always adhere to the integrated promotion of cultural relics protection, cultural prosperity, and civilization inheritance, tell the China story, the Silk Road story, and Shaanxi story, and strive to be a western demonstration in promoting cultural confidence and self strengthening. Concentrate on and unswervingly follow the road of high-quality development, achieving new results and breakthroughs in our work throughout the year.

According to the spirit of the Sixth Plenary Session of the 14th Shaanxi Provincial Committee of the Communist Party of China and a comprehensive analysis of the cultural development situation in Shaanxi Province in 2024, it is predicted that by 2025, the protection and inheritance of cultural heritage, the level of social civilization, and the development level of cultural undertakings in Shaanxi will be further improved, the quality and level of public cultural services will be further enhanced, a series of major public cultural projects and cultural projects will be orderly promoted, the cultural industry will show high-quality development, the integration of culture and tourism will continue to deepen, and the construction of a culturally strong province will take a new step.

Keywords: Cultural Heritage; Public Cultural; Cultural Industry; High Quality Development; Shaanxi

目 录 ◪

Ⅰ 总报告

Ⅱ 文化遗产篇

Ⅲ 公共文化篇

Ⅳ　文化产业篇

Ⅴ　案例篇

皮书数据库阅读**使用指南**

CONTENTS ⟪

I General Report

II Cultural Heritage Reports

Ⅲ   Public Culture Reports

Ⅳ   Culture Industry Reports

V Case Reports

总 报 告

B.1
2024年陕西文化发展现状与趋势

陕西省社会科学院课题组*

摘　要： 2024年，陕西坚持以习近平新时代中国特色社会主义思想为指导，深入学习贯彻习近平文化思想，贯彻落实党的二十大和二十届二中、三中全会精神，贯通落实习近平总书记历次来陕考察重要讲话重要指示精神，不断激发文化创新创造活力，弘扬革命文化，传承中华优秀传统文化，推动文化产业高质量发展，不断满足人民群众日益增长的精神文化需求，加强文明交流互鉴。全面推进文化自信自强，文化软实力和影响力不断提升。2025年，陕西将继续深化文化体制机制改革，聚焦文化强省建设，加快文化遗产保护传承，完善公共文化服务体系，打造万亿级文化旅游产业集群，加强国际传播能力建设，推动文化繁荣发展。

关键词： 文化遗产保护　文化事业　文化产业　高质量发展　陕西

* 课题组组长：罗丞，陕西省社会科学院文化与历史研究所所长，研究员，管理学博士，主要研究方向为文化产业与文化传播。课题组成员：赵东、张寅潇、董亚锋、杨梦丹、曹云、颜鹏、田语。

2024 年，陕西坚持以习近平新时代中国特色社会主义思想为指导，深入学习贯彻习近平文化思想，贯彻落实党的二十大和二十届二中、三中全会精神以及习近平总书记历次来陕考察重要讲话重要指示精神，不断激发文化创新创造活力，弘扬革命文化，传承中华优秀传统文化，推动文化产业高质量发展，不断满足人民群众日益增长的精神文化需求，加强文明交流互鉴。全面推进文化自信自强，文化软实力和影响力不断提升。

一　陕西文化发展整体状况与成就

2024 年，陕西坚持一体推进文物保护、文化繁荣、文明传承，讲好中国故事、丝路故事、陕西故事，着力在推进文化自信自强上争做西部示范。

持续加强文化遗产保护传承。深度参与中华文明探源工程，积极推进石峁申遗，深入推进太平遗址、秦东陵等重点考古研究，积极建设长城国家文化公园、长征国家文化公园、黄河国家文化公园三大国家文化公园陕西段，打造中华文明重要标识地。扎实推进第四次全国文物普查工作，举办秦兵马俑考古发掘 50 周年暨秦始皇陵大遗址保护研究国际会议，加强文物古迹、古树名木和历史文化名城、街区、村镇等整体保护和活态传承，提高大遗址保护利用水平。延安建成革命文物国家文物保护利用示范区，全省革命文物保护利用得到进一步加强。制定《陕西省"十四五"非物质文化遗产保护规划》等，不断丰富保护手段，举办全省首届非遗发展大会，非遗整体建设扎实有效推进。

文艺事业繁荣发展。三秦大地文艺工作者深入生活、扎根人民，继承优良创作传统，坚持守正创新，持续推出辉映伟大时代的精品佳作，陕西文艺的人民之路越走越广阔。广泛开展文艺"进校园、进企业、进乡村、进社区、进军营、进机关"志愿服务活动，让越来越多的群众共享文艺事业繁荣发展的最新成果。优化文艺创作生产机制，着力推出精品力作。话剧《生命册》、电影《长空之王》、电视剧《人生之路》、歌曲《一路生花》（2024 特别版）、理论文章《延安（讲话）与中国文艺的文化创造》5 部作品获第十七届精神文明建设"五个一工程"优秀作品奖。陕文投出品的《西北岁月》在央视热播。"文学陕军""长安画派""西部影视""陕西戏剧""陕北民歌"等特色文化品牌持续做大做强做靓。

公共文化服务取得丰硕成果。创新公共文化服务供给方式，着力提升服务效能。推进公共文化设施提档升级，基本实现公共文化服务体系五级全覆盖及免费开放，形成"以国家级示范区为引领、省级示范区为支撑"的公共文化服务新格局。深入推进公共文化服务数字化，为群众提供个性化、差异化、多元化产品和服务。持续创新、创建群众文化活动品牌，常态化开展"四季春晚"活动，举办第十二届"陕西省阅读文化节"，推动优质公共文化资源不断向基层延伸。举行庆祝中华人民共和国成立75周年音乐会、合唱展演、美术作品展、摄影展等多项文化活动，深情歌颂中华人民共和国成立75年来的光辉历程，展现三秦大地的发展变化。

文化产业高质量发展。规模以上文化及相关产业企业营业收入实现稳步增长，各项工作取得新成绩、实现新突破。积极探索文旅融合发展新路径，丰富业态空间、布局多元项目，8条重点文旅产业链建设稳步推进，万亿级文旅产业集群初步形成，逐步将历史文化优势转化为经济发展优势。"长安十二时辰"、大唐不夜城、"盛唐密盒"等新场景、新IP异常火爆，博物馆热、演艺热、汉服热、非遗热持续升温，"跟着演出游陕西"成为享誉全国的文旅"现象级"潮流。"陕西省文化产业人才培训中心"揭牌成立，文化产业人才培养迈入新阶段。

对外文化交流成果喜人。深入开展对外交流合作，着力扩大陕西影响。充分发挥"一带一路"重要节点的区位和政策优势，多措并举，开展更为充分、更深层次的对外交流，有力推动陕西文化"走出去"。举办"文化陕西"旅游推介会、第八届丝绸之路国际博览会、"一带一路"国际智库合作论坛暨第二届丝绸之路（西安）国际传播大会、第十届丝绸之路国际艺术节、第十一届丝绸之路国际电影节等活动，搭建多层次、多样化的文化交流平台。加强中外文明比较研究与中华文化国际推广传播，擦亮中亚联合考古、文物援外工程、文物精品外展等国际品牌，增强国际人文交流的主动性、针对性、实效性，持续提升陕西文化的影响力和吸引力。

二 陕西各文化领域发展状况

陕西勇担新时代的文化使命，锚定文化强省建设目标，对标对表抓落实，守正创新谋发展。2024年，文艺事业加快繁荣发展，文化遗产保护和革命文化弘扬不断加强，现代公共文化服务体系不断完善，文化产业高质量发展稳步推进，对外文化交流成果喜人。

（一）文艺事业繁荣发展

全省文艺工作者胸怀"国之大者"，坚定文化自信、秉持开放包容、坚持守正创新，与人民同心、与时代同行，奋力投身新时代新的文化使命生动实践，取得了一系列丰硕成果。

1.文学创作焕发新活力

着眼做大做强做靓"文学陕军"品牌，聚焦时代主题，先后推出《安静的先生》《中亚往事》《赢家》《倒着生长的星球》《多湾》等力作。贾平凹《河山传》、陈彦《星空与半棵树》、周瑄璞《芬芳》入选"文学好书榜·2023年度好书"榜单。陈彦《星空与半棵树》等荣登第八届长篇小说年度金榜，周瑄璞《芬芳》获评特别推荐作品。弋舟《德雷克海峡的800艘沉船》获第八届汪曾祺文学奖短篇小说奖。刘芳芳《来到机器世界》、小高鬼《归何处》获第四、第五届少儿科幻星云奖短篇小说银奖。金步摇《桐花齿轮》获第十三届"周庄杯"全国儿童文学短篇小说大赛三等奖。红柯遗作《准噶尔之书》荣登腾讯好书2023年度十大好书。陈仓《1984年的青春》、周瑄璞《扎灯山》、刘公《发大奖的尴尬》荣登2024年度中国好小说榜单。

全省文学界主动适应新变化、研究新特点、树立新观念，持续发挥陕西"文学重镇"资源优势，举办"庆祝新中国成立75周年 共同推进陕藏文学发展"——陕西作家援藏志愿服务与文化交流活动,以实际行动落实文学援藏工作,在边疆地区铸牢中华民族共同体意识。① 创新开展"汇聚文学之光 照亮时代梦想——陕西文学周"活动,受到基层文学爱好者普遍欢迎。接续组织第二期"百优"作家集中培训和采访调研,推动陕西文学人才队伍建设,助力新时代陕西文学事业高质量发展。在中华人民共和国成立75周年之际,开展"书写我们的时代"主题采风活动,引导作家深入生活、与时代同频共振,多维度、多角度观察乡村振兴丰硕成果,以匠心打造反映新时代发展变化的优秀作品。组织召开"西部影视"和"文学陕军"战略合作推进会,促进文学作品与影视创作彼此赋能,共同阐释陕西文化在中国式现代化进程中的深刻价值。大型革命题材电视剧《西北岁月》获第三届中国电视剧年度盛典年度优秀电视剧。电视剧《人生之路》获"五个一工程"奖。

2. 影视发展步入快车道

广电视听领域多项成果获得国家级奖项,展示了陕西影视创作的实力和水平,提高了"影视陕军"的影响力和美誉度。专题节目《丝路故事丝路人》等获全国广播电视新闻作品"百佳"。《中国·考古(第一季)》荣获2023年度广播电视创新创优节目。网络电影《又见稻乡》获第四届亚洲华语国际电影节网络单元优秀影片奖。中巴合作纪录片《从西安到瓜达尔港》登陆巴基斯坦国家电视台。出台支持微短剧产业发展的若干措施,力促形成健康有序的产业发展生态。

各种活动广泛开展,有效促进影视文化交流互鉴。举办"丝路繁星"微短剧高质量发展大会,发布"繁星指数"评测报告和"十大文旅微短剧"。国际合作片发布暨签约仪式在第十一届丝绸之路国际电影节举行,播放了中美合拍片《斯诺·未竟之路》等国际合作片片花,发布了以《小麦:文明的种子》为代表的多个合拍项目。

---

① 《用文学谱写陕藏情深——陕西作家援藏志愿活动与文化交流活动在拉萨启动》,中国作家网,https://www.chinawriter.com.cn/n1/2024/0925/c403994-40328019.html。

聚焦打造精品佳作、促进电影市场繁荣、优化电影公共服务、健全电影产业体系、深化电影对外交流、改进电影服务管理等方面，积极推动电影产业高质量发展。电影创作生产方面，推动重点电影项目创作生产，开展本土题材创作采风，谋划设立"一带一路"青年电影文化交流基地和中国西部电影人才孵化基地，扶持多种类型题材电影共同发展，鼓励原创性、品牌化、系列化，关注中小成本影片创作生产。① 繁荣电影市场方面，继续实施"院线电影陕西路演计划"，规范电影票房管理，支持影院高质量发展，积极探索新时代公益放映创新实践。深化电影交流合作方面，举办第十一届丝绸之路国际电影节，开展电影海外宣发、对等互办境外电影展映活动，促进中外电影交流与合作，提升陕西电影影响力。优化服务管理方面，持续提升电影审查能力，明确责任主体和完成时限，确保按时高质量完成拍摄任务。建立"陕西电影会客厅"线上线下服务平台，支持陕西省影视摄制服务中心吸引全国剧组来陕拍摄制作。② 电影家协会、电影行业协会充分发挥桥梁纽带作用，引导全行业繁荣发展。

3. 戏剧创演取得新成绩

实施舞台艺术创作行动计划，借助国家艺术基金资助平台，推动18个入选项目出精品出人才，先后推出交响合唱《道德经》、秦腔《无字碑》等一大批坚守人民立场、弘扬传统文化、立足陕西实践的优秀文艺作品。全年开展"戏曲进乡村"演出1.2万余场次。

省文联、省剧协组织全省优秀戏曲演员赴新疆开展演出与交流活动，为文化润疆注入活力。秦腔现代剧《生命的绿洲》《梅花奖经典折子戏专场》亮相首届中国新疆民间艺术季。陕西省戏曲研究院与乌鲁木齐市秦剧团（新疆秦剧团）签订《友好院团帮扶共建协议》。举办庆祝中华人民共和国成立75周年"梅花盛放 香飘盛世"——秦腔梅花奖名家专场晚会。文艺

---

① 《打造精品佳作 促进市场繁荣 陕西积极推动电影产业高质量发展》，《陕西日报》2024年6月14日。

② 《打造精品佳作 促进市场繁荣 陕西积极推动电影产业高质量发展》，《陕西日报》2024年6月14日。

"六进"致敬"最美奋斗者"戏剧季演出活动走进西安市长安区三益村，为广大群众奉上丰盛的文艺视听盛宴。外国网红团参访陕西省戏曲研究院学唱秦腔，领略秦腔艺术独特魅力和陕西厚重的秦腔文化，使秦腔艺术得到进一步弘扬，被更多海外观众所熟知和喜爱。

第九届西安国际儿童戏剧展演举行，展演以"童话西安"为主题，旨在通过多元化形式，全方位展示儿童戏剧的魅力，丰富青少年儿童精神文化生活。话剧《凌云之志》赴清华大学演出，《延水谣》《红箭 红箭》全国巡演，国风肢体剧《朱尔旦》赴韩国参加第28届BeSeTo（中韩日）戏剧节，先锋版话剧《哈姆雷特》参加2024第六届大凉山国际戏剧节。新编话剧《长安号的笛声》亮相舞台。话剧《平凡的世界》开启新一轮全国巡演。音乐剧《丝路之声》开启巡演。

碗碗腔现代戏《骄杨之恋》等5部作品分别荣获第38届田汉戏剧奖剧目奖及2024年全国戏剧期刊联盟年会评论奖等奖项。《生命的绿洲》入选新时代优秀舞台艺术作品展演。大型原创秦腔历史剧《昭君行》荣获"2024年中国秦腔优秀剧目会演优秀剧目"，高二强、刘治荣获"2024年中国秦腔优秀剧目会演表演艺术传承英才"。话剧《生命册》获"五个一工程"奖。话剧《延水谣》荣获纪念西南剧展80周年暨第八届全国话剧优秀剧目展演"优秀剧目奖"。《路遥》入选"2023全国演出市场社会效益和经济效益相统一十大精品演出项目"。《朱尔旦》荣获第二届全国小剧场戏剧优秀剧目展演优秀剧目奖。西安演艺集团·西安话剧院荣膺"2023年度十大著作权人"。《延水谣》等6个项目成功入选《国家艺术基金（一般项目）2024年度资助项目名单》，创历年之最。

4. 音乐活动精彩纷呈

音乐界聚焦出作品出人才，精品创作和赛事活动精彩纷呈。歌曲《一路生花》（2024特别版）获"五个一工程"奖。创作礼赞"人民医护工作者"路生梅歌曲《一路芳华》。大型交响乐《长安八景》入选中国文联2024年重点创作目录。"数风流人物还看今朝"——毛泽东诗词独唱与合唱音乐会、"三区人才"声乐培训班、"又见镇北台"赵媛独唱音乐会等文艺

"六进"志愿服务活动广泛开展,举办陕西新年音乐会、陕西音乐奖各奖项比赛、陕北新民歌演唱会、庆祝中华人民共和国成立75周年"金钟耀长安"音乐会等重大文艺活动及一系列采风创作活动。深化音乐理论研究,举办陕北民歌传承与发展座谈会等研讨活动,激发音乐文化创造活力。

5.美术事业蓬勃发展

举办陕西省庆祝中华人民共和国成立七十五周年美术作品展览,四馆联动共展出作品860件,展现了党和人民建设文化强国的美好愿景。138件作品入选"第十四届全国美术作品展览",17件作品进京参展,为陕西美术赢得了荣誉。开展"大秦岭·中国脊梁"美术创作工程——重走"长安画派"之路采风写生活动,通过感悟和体会"长安画派"老一代艺术家的艺术旅程,推动新时代"长安画派"品牌建设提升与发展。举办"风骨与清流——梅墨生艺术展暨长安四子书画篆刻展",缅怀梅墨生先生的艺术生涯,回顾长安四子十年艺术之旅,与当代写意艺术精神进行深度对话。省美协文艺"六进"志愿服务活动走进唐都医院、延长石油集团等单位,为军队、企业建设和发展提供文化服务,助力医院、企业文化建设。组织召开"陕西油画的发展与思考"主题研讨会,围绕青年油画创作与陕西油画发展等议题展开讨论。举办陕西省(宝鸡、咸阳、杨凌地区)中青年美术人才培训班,引导全省广大中青年美术人才强化责任担当、聚力创作锤炼,努力创作出反映新时代美好陕西建设的精品力作。[1]

(二)文化遗产保护和革命文化弘扬不断加强

持续加强文化遗产保护传承,大遗址整体保护利用水平不断提高,博物馆品质有效提升,非遗保护传承工作成效显著,积极开展革命文化教育活动,红色旅游持续火热。

1.持续加大文化遗产保护利用力度

文化遗产保护利用工作取得新成效。寨沟遗址入选全国十大考古新发

---

[1] 《陕西省中青年美术人才培训班在宝鸡千阳开班》,宝鸡市文联官网,http://www.bjswlw.cn/index.php? m=home&c=View&a=index&aid=998。

现，凤堰古梯田入选世界文化遗产。大遗址整体保护利用水平不断提升。实施榆林镇北台长城文旅融合区项目、红石峡长城国家文化公园项目（一期工程）、定边盐场堡长城国家文化公园项目，推进镇靖堡至龙洲堡段长城保护修缮及风景道建设。探索建立陕西黄河文化标识体系，编写陕西黄河文化遗产图录，实施黄河流域文物保护利用工程，打造中华文明重要标识地。有序打造高品质博物馆之城。合理布局博物馆体系。支持西安、宝鸡、延安等博物馆建设，延安博物馆、绥德革命纪念馆落成开放。推动长城、秦岭等重点博物馆建成开放，加快榆林、延安、扶风等市县级博物馆建设，指导工业遗产、中医药文化等专题博物馆建设。全面提升博物馆综合实力。对标"世界一流博物馆"建设，不断提升西安碑林博物馆、陕西历史博物馆秦汉馆、秦始皇帝陵博物院等重点国家一级博物馆硬件设施、周边环境和服务水平，不断发挥其示范标杆作用。以"卓越博物馆"创建为目标，不断发挥咸阳博物院、宝鸡青铜器博物院、耀州窑博物馆等市级博物馆的辐射带动作用。做好国家级博物馆定级评估工作，遴选第二批优秀传统文化传承基地，开展"大馆带小馆 文化进万家"帮扶活动，举办全省博物馆讲解员、文物鉴定等培训班。优化博物馆公共服务能力。举办2024年国际博物馆日中国主会场系列活动。强化馆—校—家教育资源合作，办好陕西文物数字文创大赛，组织参加全国博物馆讲解大赛。参加丝绸之路博览会等活动，扩大文创产品开发示范单位范围。加强非物质文化遗产保护传承。健全完善政策制度，统筹谋划顶层设计。"一法一条例"扎实有效贯彻落实。加强文化生态整体保护，树立文旅全域发展典范。咸阳茯茶制作技艺列入联合国教科文组织人类非遗代表作名录。榆林市、汉中市被文化和旅游部正式公布为国家级文化生态保护区。凤翔泥塑、西秦刺绣和洛南草编3家非遗工坊被文化和旅游部评为全国非遗工坊典型案例。成功举办全省首届"守艺人"传统手工技艺非遗大展，集中展示具有陕西特色、三秦底蕴的55个非遗项目。文旅融合创新再开新局。秦腔、凤翔泥塑、陕北秧歌、汉中藤编等非遗代表性项目精彩亮相第14届中美旅游高层对话、中国—中亚峰会等重要国际舞台，"非遗里的中国 陕西篇""山河诗长安"等节目在央视精彩播映，首届中国非遗保护年会、2024年古城过大年全国秧歌展演等活动成功举办。

2. 积极开展革命文化教育活动

充分发挥红色资源优势，组织开展"青少年党史学习月"活动，通过线上线下联动等方式，创设党史学习情境，逐步建成纵横交错、覆盖城乡、队伍庞大的青少年社会教育网络，各级各类教育组织达2.3万个，帮助青少年了解家乡革命历史、红色故事，汲取信仰力量。

各市依托红色资源，设计了形式多样的教育活动，形成了特色做法。延安市发挥延安"大学校"作用，坚持革命文物融入大思政教育，打造"延安精神进校园"工作品牌，开展"革命文物开学第一课"活动，成立"延河高校人才培养联盟"，探索新时代育人新模式。建立国防现场教学基地，突出"传统+现代""理论+实践""备战+育人"特色，培训部队官兵和武警30余万人次。延安已成为全国人民重温峥嵘岁月、共谋民族复兴，全国党员干部寻找初心使命、坚定理想信念，全国青少年传承红色基因、厚植爱国情怀，全国部队官兵继承双拥传统、铸牢强军之魂的教育培训基地。咸阳市依托域内丰富的红色文化资源，开展"党史七进"活动，传承马栏红色基因，挖掘红色资源，擦亮红色名片。连续编撰出版《马栏红色故事》《初心如磐》《马栏风云》等地方党史书籍，在机关、学校、社区、农村、军营等举办赠书、演讲、宣讲等活动，不断彰显红色文化"特色"。通过在全县各中小学设立党史专题书架、书柜，开展红色经典诵读；在企业设立"红色驿站"，开展"红色讲堂"；在各社区打造红色长廊，开展红色文化活动。以通俗化、大众化的形式，真正让红色文化融入群众生活。

3. 红色旅游蓬勃发展

充分挖掘和利用红色资源，发展红色旅游，形成特色鲜明、综合配套的红色旅游体系。延安市围绕红色资源，科学优化布局，以红色旅游为核心，以黄河、洛河、延河为廊道，以黄帝、黄河、黄土、绿色、丹霞景观为板块，构建了"一核、三廊、五大板块"发展格局，红色文化、绿色文化、黄色文化融合发展，相得益彰。建成金延安、延安1938、延安红街等文旅产业聚集区，延安革命纪念地景区成功创建为国家5A级旅游景区，将红色文化与自然风光、历史文化遗产等特色资源开发有机融合，打造十大主题鲜明、形式多样的复合型精品旅游线路。铜川通过内涵挖掘、产品创新和优化服务，助力"红色游"持续升温。坚持"红色是旗帜，民生是根本，产业是支撑"的发展理念，依托照金国家丹霞地质公园、照金国际滑雪场、照金牧场等旅游资源，运用自然景观、历史文化、"19°C的夏天"等优势资源，推出个性化、多元化、特色化的沉浸式旅游产品，充分释放红色文化旅游消费活力。

（三）现代公共文化服务体系建设成效显著

坚持数字赋能、持续提升公共文化服务效能。以国家级示范区为引领、省级示范区为支撑高质量构建覆盖城乡的公共文化服务体系，加大丰富、多元的文化惠民产品供给，逐步探索优质文化资源直达基层机制，稳步推进公共文化设施社会化运营，公共文化服务领域取得丰硕成果。

1. 公共文化服务设施体系不断完善，数字化建设成果丰硕

实现公共文化服务体系五级全覆盖及免费开放，分别建成公共图书馆、公共文化馆、公共美术馆、乡镇（街道）文化站、村（社区）综合性文化服务中心118家、119家、6家、1336个和19271个，其中等级以上公共图书馆达96%，公共文化馆基本达到三级馆标准。省图书馆新馆、省文化馆新馆积极拓展服务空间，创新服务方式，开展全业态文化活动，常态化开展免费培训，服务效能大幅提升；榆林市图书馆、富平县图书馆等一批新馆建成开放。建成新型公共文化空间1870个，分别建成全国职工书屋示范点、省级示范性职工书屋436家、751家。"陕西公共文化云""陕西文旅之声"等数字平台资源总量达到24.4TB，截至2024年上半年，访问量突破6500万人次，数字化助力提升公共文化服务成效显著。多个公共文化服务项目入选文化和旅游部典型案例（项目），其中西安市鄠邑区"创新举办关中忙罢艺术节 探索艺术唤醒乡愁新路径"作为当地最具特色和影响力的乡村文化活动，成功入选全国文化和旅游赋能乡村振兴优秀案例。神木市图书馆、吴起县图书馆、西安市鄠邑区图书馆等7家公共图书馆入选文化和旅游部基层

公共阅读服务推广项目，进一步为陕西省提升基层公共阅读服务效能和覆盖面发挥典型示范效应。"基于人工智能的民歌智能创作与场景重建研究"被评为2024年文化和旅游部重点实验室资助项目，为民歌的智能生成与创作、探索数字民歌服务模式提供有益参考。陕西省图书馆建设的"民国报纸知识资源细颗粒度文献数字化平台"项目，利用数字化手段提升地方文献资源利用服务效能，入选文化和旅游部"智慧图书馆创新应用优秀案例"。

2. "国家级示范引领、省级示范支撑"的公共文化服务高质量发展格局基本形成

高度重视公共文化服务体系示范区创建工作，在积极创建国家级示范区基础上，创新性开展省级公共文化服务高质量发展示范乡镇（街道）、县（区）创建工作，形成以国家级示范区为引领、省级示范区为支撑的公共文化服务新格局，"以点带面"织密公共文化高质量服务体系。国家级示范区引领效应显著增强。继宝鸡市、渭南市获得优秀评级后，安康、铜川两市完成国家公共文化服务体系示范区复审并被评为优秀档次，其中安康市"四链组合推动乡村公共文化服务高质量发展"的创新实践，复核成绩西部第一，为全国脱贫地区公共文化服务体系建设提供了典型经验，国家级示范区引领带动的发力点进一步扩大。省级示范区支撑带动更加有力。评定第四批"陕西省公共文化服务高质量发展示范乡镇（街道）"45个①，其中西安市6个、铜川市2个、宝鸡市4个、咸阳市5个、渭南市5个、延安市4个、榆林市4个、汉中市4个、安康市6个、商洛市5个，省级示范乡镇（街道）达到150个。首次开展"陕西省公共文化服务高质量发展示范县（区）"②创建工作，第一批获得创建资格的县（区）包括西安市（2个）、宝鸡市（2个）、渭南市（2个）、榆林市（1个）、汉中市（1个）、安康市（2个）的县

---

① 《陕西省文化和旅游厅关于命名第四批陕西省公共文化服务高质量发展示范乡镇（街道）名单的公示》，陕西省文化和旅游厅，https://whhlyt.shaanxi.gov.cn/zfxxgk/fdzdgknr/lzyj/spgs/202405/t20240531_2579142.html。

② 《首批陕西省公共文化服务高质量发展示范县（区）公布》，http://www.shaanxi.gov.cn/xw/sxyw/202404/t20240426_2327365_wap。

（区）等，标志着公共文化服务体系建设实现了新突破。

3.文化惠民活动日益丰富，优质文化资源直送基层

持续创新、创建群众文化活动品牌，公共文化服务个性化、差异化、多元化水平进一步提升，优质公共文化资源不断向基层延伸。常态化开展"四季村晚"活动。陕西12地入选全国"四季村晚"示范展示点，确定了20个省级示范展示点，按照春、夏、秋、冬不同季节采取不同的乡村文化展演形式，截至2024年7月，分别举办国家级、省级"四季村晚"示范展示活动9场和15场，极大丰富了乡村文化生活，有力带动了关中、陕北、陕南地区乡村文化活动均衡化开展。聚焦"优质文化资源直送基层"，采取省、市、县同步联动的方式成功举办第十二届"陕西省阅读文化节"。各县、区图书馆以短视频方式征集出"强国复兴有我"等多个朗诵节目，《平凡的世界》等10本书籍入选"年度老陕最爱读的书"榜单，通过"专家送上门"的形式在全省10个市图书馆、公园等公共场所为群众讲授健康知识，通过创新性地开展系列活动，各级公共图书馆阅读活动品牌影响力显著提升。成功举办"国际博物馆日"中国主会场活动并启动2024年博物馆月系列活动。活动期间，分别举办专题展、文化教育、惠民服务活动达87项、422项和160多项，通过"云展览"、"云教育"、电视、新媒体等不同传播形式，对博物馆月活动进行广泛宣传，为全社会共建共享文化资源、提升全民关注度和参与度提供良好契机。此外，陕西省群众文化节还组织开展了广场舞大赛、民间锣鼓展演、戏曲进乡村集中示范展演等丰富多样的主题活动，有力推动了新时代公共文化服务的高质量发展。

4.公共文化设施社会化运营探索持续深化

探索基层公共文化设施社会化运营，相继出台《关于推动公共文化服务高质量发展的实施意见》《关于推动实体书店参与公共文化服务的实施方案》等政策规定，鼓励企事业单位、社会组织等通过直接投资、捐助赞助、委托运营等方式提供公共文化产品和服务。从管理模式入手探索公共文化设施社会化运营新模式，对以公共财政投入为主、基本免费开放的公共图书馆、文化馆、妇女儿童活动中心、国有博物馆等实施事业单位运营管理模式，对体

育场馆、剧院剧场、非国有博物馆等则实施社会化运营管理模式，以西安奥体中心、陕西大剧院、开元大剧院等为代表的社会化运营探索，在丰富基层文化供给、提升服务效能等方面取得积极成效。探索重点项目社会化运营试点，以陕西省图书馆高新馆区、陕西省文化馆曲江馆区为代表的新型文化地标，以公益性、公共性为原则，创新性引入社会化运营的艺术、非遗、旅游、科技等多维文化体验新场景，以及餐厅、咖啡厅等提升群众体验的配套项目，文化惠民效能日益增强。

（四）文化产业高质量发展不断推进

着力完善现代旅游业体系，加快建设文化强省，实施重点文旅产业补链延链强链三年行动，打造"跟着演出游陕西""跟着非遗游陕西""跟着赛事游陕西"等品牌，推动文化产业高质量发展行稳致远。

1. 文化产业稳步增长，整体运行态势良好

规模以上文化及相关产业企业营业收入实现稳步增长，各项工作取得新成绩、实现新突破。2024年前三季度，全省1666家规模以上文化及相关产业企业实现营业收入811.85亿元，比上年同期增加4.82亿元（增长0.6%）。从三大行业类别看，文化制造业营业收入比上年同期增长，文化批发和零售业、文化服务业营业收入比上年同期下降。文化制造业企业共222家，实现营业收入241.44亿元，比上年同期增长6.1%。文化批发和零售业企业共313家，实现营业收入180.67亿元，比上年同期下降3.7%。文化服务业企业共1131家，实现营业收入389.74亿元，比上年同期下降0.5%。① 全省全年共接待国内游客8.17亿人次，旅游收入7668亿元；接待入境游客46.77万人次，按可比口径同比增长77%。加快实施补链延链强链三年行动，做强8个重点文旅产业链群，扎实开展高质量项目推进年活动。全省1247个项目被纳入"四个一批"文旅项目库，完成投资362.48亿元；签约重点文旅产业链项目61个，总

---

① 《前三季度全省规模以上文化企业运行分析》，陕西省统计局，http://tjj.shaanxi.gov.cn/tjsj/tjxx/qs/202411/t20241119_3197716.html。

金额 159.32 亿元。聚焦优化产业布局、促进均衡发展，打造更多具有代表性的文旅核心产品，重点支持精品旅游演艺、高品质旅游酒店和民宿等领域，文化产业结构调整积极向好，文旅热点频频"出圈"，文旅产业吸引力不断增强。

2. 文化消费不断提升，书写文化旅游融合新篇章

积极探索文旅融合发展新路径，"文旅+""+文旅"方兴未艾，做强旅游景区及线路、文娱演艺、文化创意等 8 条重点文旅产业链群，推动文旅产业特色化、聚集化、规模化发展。全省"四个一批"文旅项目达 1171 个，总投资3434.25 亿元，完成投资 331.27 亿元。开展第二批省文化产业"十百千"培育工程，认定省级示范园区 10 个、重点园区 16 个、示范基地 50 个。全省文旅经营主体达 19 万家，同比增长 6.96%。[①] 不断优化以西安为中心、全省联动的文旅融合发展空间格局，沉浸式旅游、乡村旅游、博物馆旅游、短视频、田园诗意、美食美宿、非遗文创、文娱演艺等成为旅游新名片，各地迎来旅游热潮。为持续释放文旅消费新能量，推出文旅消费券、打折促销、满减优惠等一系列线上线下旅游惠民活动，推出"古城漫步之旅""秦风唐韵之旅""文化遗产之旅""盛唐夜游之旅""活力运动之旅""浪漫欢乐之旅""非遗民俗之旅""多样研学之旅"等主题线路。精心策划的文化旅游活动大大激发了文旅消费潜能，乡村旅游、康养旅游、工业旅游、体育旅游、休闲娱乐旅游等业态得到较好发展。"演艺+旅游"推动文旅融合形成新增长极。《延安保育院》《长恨歌》《丝路之声》《二虎守长安》《黑娃演义》《赳赳大秦》等演艺精彩讲述陕西故事，不仅为游客带来丰富的旅游体验，发展城市消费新业态，还能让游客在观看演出之余，游览当地景点，品味特色美食，实现文旅深度融合。火爆的文娱演艺市场还带动汉服、化妆、洗涤等行业蓬勃发展。"博物馆+旅游"持续深入推进。文博单位深入挖掘陕西文化价值和精神内涵，拓展新媒体宣传渠道，创新数字化展示平台，持续提升陕西文化解读传播能

---

① 《今年前三季度陕西接待国内游客 6.86 亿人次》，陕西省人民政府，http：//www.shaanxi.gov.cn/xw/ldx/bm/202411/t20241115_ 3195915_ wap. html。

力，通过多种方式不断满足公众对文化旅游和文物知识的需求。①

3. 特色文旅品牌强劲发展，激发文化发展新动力

汉中藤编产业园、绥德石雕产业园、羌绣非遗产业园等非遗产业园全力促进经济发展。加快打造"三秦四季·畅旅欢歌"旅游宣传品牌，结合重大节庆开展主题推广活动372场，推出精品旅游线路400余条，开通"三秦四季·坐着火车游陕西"非遗号、文艺号、华山号等旅游专列，推出《无界·长安》《赳赳大秦》等一批有影响力的精品产品和项目。建成A级旅游景区563家、国家级旅游度假区2家、国家级旅游休闲街区4家。商洛朱家湾村被世界旅游组织命名为"最佳旅游乡村"，袁家村乡村旅游模式在全国推广。《长恨歌》历经19年常演常新、长盛不衰，演出超过5000场次，接待游客接近1000万人次。《无界·长安》开创中国首部大型驻场观念演出先河。"唐朝诡事录""消失的法老"沉浸式体验项目丰富了市场供给。举办"大英图书馆·环游地球80天"特色展览，推出旅游演艺版"西游记之大闹天宫"，极大满足了市民游客高品质、个性化文旅消费需求，实现了社会效益和经济效益双丰收。

4. 数字文旅活力充沛，产业发展营商环境持续改善

文旅行业抢抓信息化、数字化、智能化发展战略机遇，数字化赋能文旅产业提速增效，以数字创意产业为代表的数字经济较快发展。持续推出数字化消费产品，着力打造沉浸式体验空间，积极培育数智化文旅业态，数字文旅高质量发展动能凸显、势头强劲，为万亿级文旅产业集群建设打造了数字高地。不断完善文旅营商环境，协调省市相关部门制定文旅产业发展政策，为文化产业发展提供全方位、多层次、多领域的政策支撑。"四个一批"文旅重点项目库已入库项目552个，总投资2705.61亿元，同比分别增长19.4%、5.6%。省旅游发展专项资金1.85亿元，对全省239个产业链项目给予支持，丝路欢乐世界、铜川花月荟等56个重点项目建成运营。遴选重点产业链招商项目231个，总投资769.42亿元。

---

① 颜鹏、韩新路：《新业态新场景新模式促进陕西文旅产业高质量发展》，《新西部》2024年第7期。

（五）对外文化交流成果喜人

将文化"走出去"战略作为工作重点，立足丰富的文旅资源和国际知名度，发挥"一带一路"重要节点区位和政策优势，以不同渠道、多种措施开展更充分、更全面、更深层次的对外交流，有力推动陕西文化"走出去"，展现崭新而自信的地方形象。

1. 对外交流活动如火如荼

对外文化交流工作在接续以往成功经验的基础上持续发力，以各种主题活动和优势平台，开展文旅推介会、文艺交流、"陕西传统文化周"、"丝绸之路国际论坛"、"丝绸之路国际电影节"等丰富多彩的活动，提升对外交流的密度与水平，助推陕西文化"走出去"。

2024年4月29日，陕西文化旅游推介会在匈牙利首都布达佩斯成功举办。以《霓裳羽衣舞》《绿腰踏鼓》为代表的传统歌舞亮相多瑙河畔，拉近了匈牙利民众与陕西传统文化的时空距离。5月22日，成功举办第14届中美旅游高层对话，现场签署涉陕合作项目6个，西安与洛杉矶结成"中美旅游伙伴城市"。以"乐舞百老汇，国风秦韵美"为主题的中美文化艺术交流活动在西安举行。活动包括中美歌舞团的演出等，不仅密切了中美青年联系，也使陕西传统技艺之美得到直观而立体的展示。9月20~24日，第八届丝绸之路国际博览会在西安举办，签约重点文旅项目46个，金额134.32亿元。博览会围绕打响陕西文化品牌、加强陕西文化对外传播设置了丰富的主题活动，如"陕菜文化美食节""全国主流媒体看陕西""台青陕西行""延安市文化旅游推介会"等，有力地向外展示陕西文化风采。9月21日，以"丝路通世界，光影耀长安"为主题的第十一届丝绸之路国际电影节在西安举行。电影节汇聚来自136个国家和地区的2065部电影佳作，参与国家和地区创历史新高，国际电影节的影响力和国际化水平迈上了新台阶。为贯彻落实中国—中亚峰会成果，本次电影节特邀乌兹别克斯坦作为主宾国，并在乌兹别克斯坦的撒马尔罕举行相应电影周活动，进一步推动陕西与乌兹别克斯坦在人文领域的交流合作走向深入。10月12日至11月10日，第十届丝绸之路国际艺术节在西安举办，吸引了来自俄罗斯、美国、英国、法国、土耳其、塞尔维亚、泰国等 113 个国家和地区参与，1200 多位艺术家登台献艺，34 部精美剧目上演，80 多场文化艺术活动举办，规模再创新高。这次艺术节不仅为古城群众带来了一场精神盛宴，也促进了陕西与域外的文化艺术交流，是陕西对外交流活动丰沛成果新的具象展现。

2024 年，陕西围绕文化遗产频频开展对外交流。文博工作人员通过联结文物考古、研究、保护、阐述和展示新链条，大力推进非遗展览，文物出海，省际、国际博物馆合作和考古合作，通过文物让世界看到陕西的文化魅力。2024 年 3 月在俄罗斯首都莫斯科举办的"国风秦韵——陕西非遗精品展"等展览，获得了展出地观展群众的一致好评，方便了当地民众感知中国，了解陕西。5 月 30 日，在马耳他推出的"千年古韵、意览长安——马耳他西安文化艺术传承体验活动"在当地民众中引起热烈反响。该活动力主呈现古城西安的丰厚历史和艺术魅力，创造性地在具有中国园林风格的"静园"和瓦莱塔街区展出汉唐花灯这一具有陕西特色的民俗景观。此外，在考古发掘、文物保护、学术交流等领域进行更为密切的国际合作，是当下陕西文化"走出去"的一个亮点。2024 年 5 月 18 日，陕西历史博物馆围绕国际博物馆日主题"博物馆致力于教育和研究"设置的主论坛吸引了大批文博从业者、世界各地的专家学者到场交流发言，有力展示了陕西文博事业的外向吸引力。

2. 对外文化传播效能显著提升

立足省情实际，通过评估和挖掘特色资源，整合优势内容，推出具有国际影响力的融媒体产品，在不断优化对外文化传播效能中推动陕西文化"走出去"。

打造全方位多层次立体传媒矩阵，通过内容生产、联动转发等形式开拓对外传播新局面。致力于培养精通英语、俄语等多语种的记者编辑队伍，着力打造具有国际影响力的传媒阵地。向外推出如"丝路会客厅""一带一路的朋友们"等针对性强、内容多样的中英俄多语专栏，展现改革开放以来取得的成果和成就，为海外观众搭建了走近陕西、了解陕西的桥梁。依托外语人才储备优势，向外制作和推出具有吸引力的精品视频产品，充分利用海外网络社交平台进行二次传播。典型代表如《沙海愚公——全国治沙英雄石光银》《这张中国面庞被很多坦桑尼亚人记住》《我跟爷爷学老腔》等，以其较强的叙事性和娱乐性，受到海外受众的热烈欢迎。

着力发展创意短视频。"一见秦新"（Meet Shaanxi）系列中英短视频，聚焦绿色生态建设，展现秦岭四宝之美、青山绿水之美、绿色生态一线工作者的辛苦付出之美，呈现的陕西积极践行"两山"理念，天蓝、水清、生机盎然的美丽画卷，在国际上受到广泛关注。专栏"丝路会客厅"邀请哈萨克斯坦、乌兹别克斯坦、吉尔吉斯斯坦等国嘉宾，探讨陕西与中亚国家深化各领域合作、扩大经贸往来、促进人文交流的有效途径。集中展示中亚五国各行各业人士对中国—中亚峰会的期盼、愿景，中国和中亚国家、人民之间深厚的友谊，展现了地处中国西部内陆的陕西在新时代的美好形象和发展成就。

3. 入境游回暖带动陕西文化"走出去"

面对入境游火爆局面，陕西抓住机遇，向世界积极推介陕西文化。西安市文旅局针对不同国家游客和目标需求，开发出了一系列特色旅游产品。面向日本游客增加了以唐代遗迹为主题的研学游，面向韩国游客增加了以秦岭山水为主题的自然游览，面向欧美游客则增设以沉浸式民俗体验为特色的历史文化游，为丰沛的文化资源找到了自我宣传的有效途径。借着入境游东风，面向海外市场的文旅推介活动也在紧锣密鼓开展。2024 年 3 月 5 日，"文化陕西"（柏林）旅游推介会在德国柏林中国文化中心举办。推介会以"丝绸之路起点，兵马俑的故乡"为主题，通过精心布置的展品和演出向德国民众全方位展现陕西的悠久历史、民俗文化和自然资源。9 月 25 日，"山河诗长安"外国友人看陕西活动在西安举办。活动邀请了来自德国、罗马尼亚、阿尔巴尼亚、哈萨克斯坦、巴基斯坦等多国"网红大 V"，以多样化的主题活动，向世界全面展现陕西文化和旅游的独特魅力。得益于海外宣传的开展，以"长安十二时辰""永兴坊"等为代表的传统文化创意项目也受到广大海外游客的青睐。"长安十二时辰"沉浸式唐风文化街区 2024 年以来已接待来自美国、日本、俄罗斯、韩国等国的游客超 6000 人次，豪华绚丽的盛唐文化也在游乐之中潜移默化吸引着、感染着域外游客。

三 2025年陕西文化高质量发展对策建议

2025年，陕西文化工作应持续深入学习贯彻习近平新时代中国特色社会主义思想特别是习近平文化思想，贯通落实习近平总书记历次来陕考察重要讲话重要指示精神，深化文化体制机制改革，聚焦文化强省建设，增强文化自信，聚力完成"十四五"规划目标任务，继续推动文化繁荣，丰富人民精神文化生活，着力做好以下工作。

（一）深入培育和践行社会主义核心价值观

社会主义核心价值观是意识形态中最持久、最深层的力量，是社会主义先进文化的灵魂。按照党的二十届三中全会关于深化文化体制机制改革的安排部署和陕西省的实施意见，2025年，陕西应着力推进完善系列制度机制，深入培育和践行社会主义核心价值观。陕西各市县将深化拓展新时代文明实践中心建设，加强各级阵地互联互通，持续聚力文明培育、文明实践、文明创建任务，践行出更多经典案例。结合乡村文化振兴，大力实施文明乡风建设工程，深入推进移风易俗，各地农村精神文明建设活动广泛开展，乡村文明不断焕发新气象。通过新媒体等各种渠道，加大英模人物宣传力度，向英雄、模范学习成为常态化，向英雄、模范致敬成为社会风尚。持续选树"三秦楷模"，发挥先进典型示范引领作用。全面总结十年"厚德陕西"建设经验，推进新一轮"厚德陕西"建设，深化融入社会公德、职业道德、家庭美德、个人品德建设，深入开展"我推荐、我评议身边好人"活动，带动更多人向上、向善、向好，"陕西好人榜"发挥出更大示范作用。结合完善社会信用体系、健全民营中小企业增信制度等，开展"诚信兴商宣传月"等更多诚信文化活动，深入推进诚信建设。结合网络管理体制改革，利用数字化平台实施分众化、精准化思想道德教育，引导公民自觉遵守法律、遵循公序良俗，弘扬社会正气。

（二）加快文化遗产保护传承，守护中华文脉

陕西拥有丰富的文物和非物质文化遗产资源，在文化遗产保护传承、守护中华文脉方面有着更多责任和义务。结合相关规划部署，2025年陕西应着力做好以下几方面工作。

在大遗址保护与文物旅游方面，积极推进西汉帝陵、唐代帝陵、西安城墙、统万城遗址、党家村古建筑群等列入"世界遗产名录"。按照深入实施中华文明探源工程要求，结合"考古中国"重大项目，进一步深化石峁遗址、秦东陵、芦山峁遗址、太平遗址等考古发掘和研究阐释，清涧寨沟遗址和宝鸡周原遗址考古挖掘取得更多成果，加快推进周原、芦山峁、太平等国家考古遗址公园建设，文物主题游的内容更加丰富。实施黄河流域文物保护利用工程，建好国家级文化生态保护实验区，加强传统村落和古树名木保护。充分利用陕西历史博物馆、秦始皇帝陵博物院游客流量优势，推出更多更优文化产品，加快文化和旅游深度融合发展。

在非遗保护传承利用方面，加快完善非遗保护传承工作机制，推动系统性保护和统一监管。新增一批省级非遗代表性项目。充分依托各级各类非遗研究基地、非遗传承教育实践基地、非遗生产性保护示范基地以及非遗陈列展馆、特色街区（村镇）、传习所等，培养非遗网红，加强非遗保护传承。深入推进秦腔、西安鼓乐、华阴老腔、华州皮影、陕北民歌、陕北说书等非遗项目跨界融合、创新性发展。推广汉中藤编、宁强羌绣、咸阳茯茶、安塞腰鼓等非遗活化利用经验，促进非遗与文化旅游、生产生活相结合，形成更多全国非遗工坊典型案例。利用好国家级陕北（榆林）和羌族（汉中）文化生态保护区，加快非遗整体性保护进程。全力打造陕西"跟着非遗去旅行"品牌，深化非遗和旅游融合发展。

在革命文物保护利用方面，各市县应把革命文物保护作为重要责任，结合新媒体、研学旅行等方式，推出一批具有较大影响力的"全国爱国主义教育示范基地"和革命纪念馆，构建陕西革命博物馆群，打造中国革命精神标识地。支持革命文物连片保护和整体展示。持续推进陕北、关中、陕南

三大片区红色旅游协调发展，着力加强各市县红色旅游景区基础设施建设和宣传推广。构建陕西红色文化大数据体系，创建更多线上线下一体化、在线在场相结合的红色文化新体验。结合优化文化服务和文化产品机制，推出更多更优革命文物主题文创产品、旅游演艺，大力发展"红色+农业""红色+研学"等，推出更多优质红色旅游线路和产品，助推文化经济转型升级。

（三）加快完善公共文化服务体系，高质量发展成果明显

按照党的二十届三中全会精神，2025年陕西应重点建立优质文化资源直达基层机制和健全社会力量参与公共文化服务机制，完善公共文化服务体系。一是加快建设云上图书馆、线上文化馆和数字农家书屋等，利用新媒体等方式搭建线上文化服务平台，不断提供内容丰富、品质精良的公共数字文化资源，强化数字赋能。二是加大基层文化场所投入，积极优化现有公共图书馆、文化馆、博物馆等基层文化场馆，因地制宜，建设一批乡村图书馆、便民文化馆、社区文化服务中心等文化空间。三是加强城乡文化交流融合，加大社会组织和企业参与公共文化服务供给力度，健全完善订单式、菜单式、预约式服务机制，提升"戏曲进乡村""送文化下基层"等活动效能，为群众提供更加优质的公共产品和服务。四是强化基层文化人才队伍保障，利用好文化志愿者服务队伍，加强文化智库和文化工作者服务支持艰苦边远地区和基层一线专项工作。

2025年，陕西应促进公共文化服务高质量发展。一是三等以上县级公共图书馆、文化馆持续涌现，乡镇（街道）综合性文化服务中心普遍达标，标志性公共文化场馆和公共文化空间遍布关中、陕北、陕南三大板块。二是积极宣传推广第一批省级公共文化服务高质量发展示范县（区）经验，开展第二批省级公共文化服务高质量发展示范县（区）验收和第三批示范县（区）督导工作，省级示范乡镇（街道）不断挂牌，推出一批具有全国影响力的公共文化服务高质量发展典型案例，"示范引领带动+点线面齐抓共管+机制协同创新"三位一体的公共文化服务体制机制基本形成。三是进一步扩大陕西省群众文化节、省阅读文化节影响，持续办好全省广场舞、合唱、

锣鼓大赛、诗歌朗诵、书画摄影展等比赛以及"百姓大舞台""群众大舞台"等，打造陕西省优秀群众文化活动品牌，形成一批"民间文化艺术之乡"。

（四）深入打造万亿级文化旅游产业集群

打造万亿级文化旅游产业集群是谱写陕西高质量发展新篇章的有力支撑，到2026年全省文化旅游综合收入应力争超过1万亿元。2025年是陕西深化文化体制机制改革、健全文化产业体系和市场体系、探索文化和科技有效融合、文化和旅游深度融合发展的重要一年，更是陕西实现万亿级文化旅游产业目标关键性一年。

一是围绕8条产业链继续做大做强万亿级文化旅游产业集群。建成2家世界级旅游景区和度假区，最少新增1家5A级旅游景区。形成一批旅游线路，西安以外各市客流量占全省2/3以上，旅游收入持续增长，"追着文物游陕西""跟着演艺游陕西""诵着诗词游陕西"等品牌成为潮流，旅游景区及线路产业链条鲜明。二是完善文艺院团建设发展机制。专业艺术团体与旅游加强合作，"音乐+旅游""演出+旅游"等形成常态化，优化旅游演艺，戏剧节、音乐节、艺术节、动漫节、演唱会等产业效益明显，文娱演艺产业链规模壮大。三是推出系列陕西特色的文创产品和数字产品。丰富藤编、毛绒玩具、泥塑、剪纸等文化内涵，汉服产业形成全国影响力，文化创意、产品设计、制造、营销、代理服务、品牌推广等形成全产业链。四是形成一批沉浸式、体验式、互动式消费场景。创建5个以上国家级夜间文化和旅游消费集聚区、1个国家文化和旅游消费示范城市，建设1个国家文化产业示范园区、10个文化产业示范基地、20条以上商旅名街和特色街区，产业链要素进一步齐全。五是拉长会展经济产业链。"丝博会"、"农高会"、欧亚经济论坛等品牌会展影响力显著提升，产业链基本形成，全力办好汉中"油菜花节"、咸阳"面食文化节"等，推进"丝绸之路旅博会""煤博会""物博会"等形成品牌。六是促进赛事经济有序发展。西安马拉松等赛事品牌彰显，各市县体育赛事争相涌现，"跟着赛事去旅游"成为陕西旅游的重要组成，体育旅游产业链条初步形成。七是加快出版印刷发行全流程数字化建设。与实体产业相互促进，建成 2 个出版印刷发行产业基地（园区），规模以上出版印刷发行企业达到 300 家以上，全产业链水平明显提升。八是乡村旅游提档升级。形成一批特色旅游民宿，品牌化不断增强，农文旅融合发展成效明显，新增 10 个以上省级旅游特色名镇、15 个以上省级乡村旅游示范村。

（五）加强国际传播能力建设，促进文明交流互鉴

加强国际传播能力建设、促进文明交流互鉴是中国特色社会主义文化建设的重要内容和必然要求。2025 年，陕西应进一步做大做强陕西国际传播中心，通过内容"出彩"和形式"出新"，达到传播"出圈"。持续加强各类外宣资料数字化建设，优化各级官方外文网站、丝绸之路国际艺术节官方外文网站以及境外社交媒体官方账号，继续加强传统性对外宣传和文化交流，高水平举办丝绸之路国际艺术节、丝绸之路国际电影节、国际旅游博览会和孙思邈中医药文化节等活动，开展针对性宣传和全方位推广，提升文化陕西品牌影响力，加快构建陕西多渠道、立体式国际传播格局。

立足考古、文保等优势，扩大中亚考古，深化文化遗产保护交流合作，让更多珍贵文物参加国际巡展，提升"丝绸之路起点""兵马俑的故乡"等品牌影响力。丝绸之路大学联盟、国际汉唐学院等机构发挥更大作用，促进共建"一带一路"国家和地区青年学者、专家教授来陕培训研修交流。依托丰富的非物质文化遗产，深挖内涵，打造精品，优化"欢乐春节""国风·秦韵——陕西文化周"等"走出去"活动，强化"了解中国从陕西开始"品牌影响力。进一步发挥陕西对外文化交流促进会、陕西省国际文化交流基金会等作用，促进更多民间对外文化交流，深化拓展陕西优秀传统文化与世界的连接路径。加强友城定期交流互访，密切与驻外使馆、文化中心、旅游办事处以及境外驻我国相关机构等交流合作。扩大 144 小时过境免签范围，进一步提升入境游客便利化水平，促进入境游客量快速增长，以旅游促进文化交流、讲好陕西故事掀起新高潮。

文化遗产篇

B.2

陕西非物质文化遗产保护传承研究报告*

郭艳娜 罗 丞**

摘 要： 非物质文化遗产是中华文明绵延传承的生动见证。陕西拥有丰富多彩的非物质文化遗产资源，如何让这些宝贵的文化遗产得以延续彰显，在新时代焕发生机活力，更好担负起新时代的文化使命，是当下陕西文化强省建设面临的重要课题。报告通过梳理陕西非物质文化遗产保护传承的主要做法，剖析当下陕西非物质文化遗产发展面临的问题与不足，并从持续完善政策法规体系、探索"非遗+N"新经济、探索非遗与现代生活的连接点、打造陕西非遗标识、拓宽非遗传播渠道、建设高素质非遗人才队伍等方面提出相应的对策建议，以期更好地推动陕西非物质文化遗产创造性转化和创新性发展。

关键词： 非物质文化遗产 文化强省 陕西

---

* 本文系陕西省社会科学基金项目"陕西非物质文化遗产中华文化精神标识提炼与传播研究"（立项号：2023G012）阶段性成果。

** 郭艳娜，陕西省社会科学院文化与历史研究所助理研究员，主要研究方向为陕西民俗、非物质文化遗产；罗丞，管理学博士，陕西省社会科学院文化与历史研究所所长，研究员，主要研究方向为文化产业与文化传播。

非物质文化遗产是中华优秀传统文化的重要组成部分，是中华文明绵延传承的生动见证，保护好、传承好、利用好非物质文化遗产，对于延续历史文脉、坚定文化自信、增强民族凝聚力具有重要意义。陕西作为中华文明和中华民族重要发祥地之一，孕育了丰富多彩的非物质文化遗产，如何让这些宝贵的文化遗产得以延续彰显，在新时代焕发生机活力，推动非遗创造性转化和创新性发展，更好担负起新时代的文化使命，是当下陕西文化强省建设面临的重要课题。

一　陕西非物质文化遗产保护传承的主要做法

近年来，陕西深入贯彻落实习近平文化思想、习近平总书记关于加强文化遗产保护传承的重要论述，按照"保护为主、抢救第一、合理利用、传承发展"的指导方针，扎实推进非物质文化遗产系统性保护、创造性转化和创新性发展，将非遗保护传承与繁荣发展公共文化事业、文化产业、文旅融合、传统村落保护和乡村振兴等工作有机结合，让非遗更好地融入日常、化作经常，为陕西文化建设贡献新的力量。

（一）坚持多措并举，非遗保护体系更趋完善

不断完善非遗制度保障体系。目前，全国首个省级层面出台的戏曲类地方性法规《陕西省秦腔艺术保护传承发展条例》已正式实施，又先后出台《陕西省非物质文化遗产条例》《关于进一步加强非物质文化遗产保护工作的意见》《陕西省"十四五"非物质文化遗产保护规划》《陕西省黄河流域非物质文化遗产保护传承弘扬专项规划（2022~2035 年）》《陕西省省级文化生态保护区管理办法》等多项政策法规[①]，确保非遗保护工作有法可依、有章可循。同时，陕西打造非遗保护传承合作交流新平台，成立由西安、宝

---

① 《勇担新时代文化使命 谱写非遗发展新篇章 陕西省首届非遗发展大会圆满举行》，《陕西日报》2024 年 4 月 12 日。

鸡、咸阳、铜川、渭南五市非物质文化遗产保护中心共同发起的"陕西关中五地非遗保护中心联盟",推动建立"共建、共享、共融"的关中非遗保护传承发展新格局。

持续健全陕西特色非遗名录体系。非物质文化遗产名录是非物质文化遗产保护的重要基础性工作之一,随着非遗名录工作的稳步推进,陕西非遗名录体系日益完善,建成梯次合理、规模适度、传承有序的四级非遗名录体系,十大类型项目齐全。截至 2024 年 4 月,陕西共有人类非遗代表作名录 4 项、国家级非遗项目 91 项、省级非遗项目 766 项,国家级非遗传承人 101 人、省级非遗传承人 681 人,国家级文化生态保护区 2 处,[1] 关中文化生态保护区建设也正加快推进,非遗保护传承有力有序。

大力实施非遗保护传承阵地建设工程。打造非遗传承阵地是非遗保护传承工作的重中之重,陕西先后建成各类非遗陈列展馆、特色街区(村镇)、传习所等 1500 余个。[2] 西安回民街、永兴坊等非遗美食街区,咸阳袁家村、韩城党家村等非遗特色村镇,西安秦腔博物馆、西安皮影博物馆、榆林陕北民歌博物馆、汉中羌文化博物馆、陕北民歌博物馆等非遗专题馆,将非遗保护传承与物质文化遗产保护、传统村落保护、文化旅游发展有机融合,让游客随处都能感知陕西深厚的文化底蕴和非遗魅力。

持续向全省非遗项目和活动提供专项资金。2024 年省级非物质文化遗产保护资金补助包括"秦腔"等 60 个项目,涉及重大非遗活动、省级非遗代表性传承人记录工程、文化生态保护(实验)区建设、非遗与旅游深度融合发展项目、省级非遗代表性传承人补助等,这些固定的专项经费确保陕西非遗保护传承工作的正常运行。同时,2021~2023 年各级非遗工坊累计获补助资金 437 万元。为加强陕北文化生态保护区和羌族文化生态保护区建设,榆林市 2022 年起将原纳入市级财政预算的每年 200 万元专项经费增加

---

[1] 《勇担新时代文化使命 谱写非遗发展新篇章 陕西省首届非遗发展大会圆满举行》,《陕西日报》2024 年 4 月 12 日。

[2] 《勇担新时代文化使命 谱写非遗发展新篇章 陕西省首届非遗发展大会圆满举行》,《陕西日报》2024 年 4 月 12 日。

到 3000 万元，同时要求县（市、区）配套经费不低于 200 万元①，延安市 2021 年起设立 300 万元年度专项保护经费，汉中市 2022 年设立 100 万元专项经费，为文化生态保护（实验）区建设提供有力资金保障。②

（二）壮大特色产业，推动非遗助力乡村振兴

为激活非遗发展内生动力，陕西积极推动非遗活化利用，实施非遗工坊推进工程，力促非遗消费、推动工坊建设、培育非遗"网红"，越来越多非遗"小工坊"成为助力乡村振兴的"大产业"。2021~2023 年省文化和旅游厅与省乡村振兴局先后认定 155 家省级非遗工坊，44 名省级乡村工匠名师。如今，全省共有各级非遗工坊 250 余家，3 年来累计带动 12.5 万人次就业增收 43.6 亿元，人均年增收 3.48 万元。③ 其中，汉中宁强羌族刺绣工坊、安康石泉中坝非遗作坊小镇等，已经成为当地乡村振兴的"领头雁"，凤翔泥塑、西秦刺绣、洛南草编 3 家非遗工坊入选"全国非遗工坊典型案例"，12 家非遗工坊入选国家重点扶持序列。西秦刺绣入选全国"非遗扶贫品牌行动和优秀带头人"名单，胡新明、陈良顺等 12 名传承人跻身全国第一批乡村工匠名师。④ 29 家省级非遗生产性保护示范基地、多个非遗产业园已经成为地方经济支柱。非遗生产性保护让越来越多的古老非遗焕发出新的生机和活力，在保护传承传统工艺的同时，带动农民增收、助力乡村振兴。

（三）坚持"非遗+"，推动非遗与现代生活深度融合

"非遗+"模式为非物质文化遗产提供了更多的实践和应用场景，陕西也在融合发展中逐渐形成一些比较成熟的案例和模式，如"非遗进景区"，永兴坊、白鹿仓、袁家村等成为非遗进景区的知名场所。华阴皮影、汉中藤

---

① 郝彦丰：《陕北文化生态保护区（榆林市）通过国家验收》，《榆林日报》2023 年 2 月 1 日。
② 师念：《陕西：让非遗之花更灿烂》，《陕西日报》2022 年 9 月 10 日。
③ 《勇担新时代文化使命 谱写非遗发展新篇章 陕西省首届非遗发展大会圆满举行》，《陕西日报》2024 年 4 月 12 日。
④ 《设 155 家省级非遗工坊！陕西让古老非遗重焕时代光彩》，西安新闻网，https://www.xiancn.com/xzt/content/2024-04/22/content_6884553.htm。

编、宁强羌绣、咸阳茯茶、安塞腰鼓、陕北民歌等非遗资源和当地旅游深度融合，取得较好效果。"非遗+主题街区"，全国首家以戏曲为主题的文化街区——易俗社文化街区，已成为秦腔艺术与现代说唱、脱口秀表演融合演绎的全新平台。大唐不夜城和长安十二时辰被文化和旅游部评为全国沉浸式文旅新业态示范案例。"非遗+演艺"，以东仓鼓乐为原型创作升华的舞台剧——唐代宫廷燕乐《鼓》，成功入选文化和旅游部国家级非遗代表性项目保护实践优秀案例。"非遗+体验"，陕西汉服交易中心乾县汉服基地启动，通过传统文化+时尚产业模式，以汉服国潮经济为切口，打造汉服产业新高地。"开元风雅"非遗体验店，开创了"大唐美学"与非遗结合沉浸式旅游体验项目。"非遗+旅游线路"，西安市文化和旅游局发布 5 条非遗特色精品旅游线路，带领广大游客赏长安景、品长安味、听长安曲，领略非遗之美。开通"三秦四季·坐着火车游陕西"非遗号旅游专列，让广大游客在畅游三秦大地的旅途中领略陕西非遗的多彩魅力。"非遗+研学"，命名省级非遗研究基地 19 家、省级非遗传承教育实践基地 59 家、省中小学优秀传统文化教育社会实践基地 72 家，① 激发青少年对传统文化的兴趣和热爱，加深对传统文化的理解和认同。"非遗+社区"，命名"非遗在社区示范点"22 个，通过引入优秀非遗项目，使"非遗"以整体性的生活方式融入社区和民众生活之中。整体来看，将非遗传承与文旅融合、现代生活、公共文化服务品质提升相结合，不仅丰富了非遗产品供给和服务内容，有效激活陕西文旅消费市场，也让非遗在创新中找到新时代文化坐标。

（四）讲好陕西故事，加大非遗传播普及力度

注重现代表达，让古老非遗融入时尚元素。西安鼓乐、秦腔艺术、华阴老腔、陕北民歌等一大批陕西非遗项目，通过跨界融合、艺术表达形式创新，焕发出新的时代魅力，成为对外文化交流的重要纽带。"唱响东方红·放歌新时代"陕北民歌展演、"花间世界——陕西省美术博物馆馆藏库淑兰

---

① 《今年前三季度陕西接待国内游客 6.86 亿人次》，《陕西日报》2024 年 11 月 15 日。

作品研究展"等活动,让更多的人领略到陕西非遗的独特魅力;华县皮影、凤翔木版年画、羌绣等与国际知名品牌嫁接联姻,向世界展示陕西非遗的现代表达。①

积极融入重大活动,持续扩大陕西非遗传播力和影响力。"非遗里的中国·陕西篇"在央视热播,直播及短视频累计播放4885万次,话题阅读量、播放量突破2.5亿人次。"中国—中亚峰会"期间,凤翔泥塑、泾阳茯茶、华阴皮影、陕西花馍、陕北腰鼓以及带有"陕西味道"的非遗小吃等大放异彩,讲述着丝路记忆和陕西故事。借助央视春晚,以东仓鼓乐、秦腔、陕北说书等为代表的陕西非遗,通过大胆"编辑"使非遗元素与现代科技完美融合,火爆出圈。

加强非遗品牌建设,打造陕西非遗金字招牌。陕西深入挖掘非遗资源,凤翔泥塑、澄城刺绣、西安肉夹馍等一大批非遗代表性项目在中外文化交流中走向世界、闻名海外,向世界讲述了陕西非遗的精彩故事。持续加大非遗品牌建设,逐渐形成西安鼓乐、陕北民歌、汉中藤编、咸阳茯茶等金字招牌,有效提升了陕西非遗的传播力和影响力。

二 陕西非物质文化遗产保护传承面临的问题

尽管陕西非物质文化遗产保护传承取得了一定的成绩,但依然存在保护投入资金不足、非遗保护队伍不健全、非遗完整性系统性保护欠缺、非遗产品服务与现实生活融合度不高等问题,非遗保护传承工作仍需加强。

(一)非遗保护投入资金尚显不足

非遗保护资金不足一直是制约陕西非物质文化遗产保护传承发展的重要因素。由于市场萎缩、观众减少以及资金来源有限等问题,陕西许多非物质

---

① 《陕西省人民政府新闻办公室举办新闻发布会介绍陕西省非物质文化遗产创造性转化创新性发展情况》,《陕西日报》2024年4月7日。

文化遗产项目面临资金短缺的困境，难以维持其正常的运营和发展，在资金上很大程度依赖政府专项补助或社会捐助，但这样的资金来源往往不稳定且数量有限。

（二）非遗传承人队伍有待加强

从全国来看，国家级非物质文化遗产代表性传承人的年龄结构呈现断层和老龄化趋势。据统计，截至 2021 年 6 月，全国共有 3068 位①国家级非遗代表性传承人，这些非遗传承人的年龄大多在 50 岁以上，其中 40 岁以下的仅占 9%。陕西同样存在非遗代表性传承人老龄化、传承人队伍青黄不接的问题，非遗传承大多依靠口传心授或子承父业方式进行，年轻人不愿从事非遗事业。以渭南市非遗项目传承人为例，目前渭南市国家级、省级和市级代表性传承人中"70 后""80 后""90 后"共计 256 人，占比 44%，相对比较符合老带新的梯队年龄结构，但在国家级非遗项目的代表性传承人方面存在年龄偏大、项目后继乏人的问题，而这种年龄结构的失衡使非遗技艺面临失传的风险。

（三）非遗完整性系统性保护欠缺

非物质文化遗产整体性保护不仅仅是系统性的阵地建设，更是见人、见物、见生活的完整生活实践。目前陕西非物质文化遗产保护重申报轻保护问题依然存在，非遗地区之间、项目之间、传承人之间发展不均衡。非遗保护主要以独立的非遗项目为核心，但这种剔除外部文化土壤的独立保护方式，容易导致很多非遗项目逐渐失去生命力，处于一种既脱离传统文化语境又很难融入当代文化语境的尴尬局面。尽管尝试通过建立文化生态保护区或是开展非遗进社区等方式来推动非遗整体性保护，但这些措施都还处于探索和发展阶段，仍有很长一段路要走。

---

① 在非物质文化遗产代表性传承人动态管理和退出机制下，先后有 11 人失去国家级代表性传承人资格。截至 2022 年 11 月，国家级非物质文化遗产代表性传承人共 3057 人。

（四）非遗产品服务与现实生活融合度不高

非物质文化遗产要想焕发新生，就需要与时代接轨，与现实生活相融。尽管近年来陕西已出台多项政策支持鼓励非遗与其他业态深度融合，但许多非遗项目仍停留在传统模式，创新乏力与融合不深的问题较为突出。非遗产品和服务在个性化、特色化及实用性方面仍显不足，缺乏新媒体素养和"网感"，难以引起年轻人的兴趣和关注。同时创新性成果转化成效不够，非遗产业化、市场化能力有待提升，营销意识不强，潜力挖掘不够，未能形成有效的市场闭环以促进非遗的传承和经济价值的转化。

三　陕西加强非物质文化遗产保护传承的对策建议

非物质文化遗产保护传承既是活态传承，也是稳定传承；既面向过去，也面向未来。要想保护好、传承好、利用好陕西非物质文化遗产，需要审视和挖掘非遗项目之间的关联性和互动关系，扎实推进非遗系统性保护，加强相关文化的合作协同，提升非遗的创新转化能力，增强非遗的现代生活融入，从而推动非遗保护传承"陕西样本"的形成。

（一）持续完善政策法规体系，提升整体保护水平

进一步完善非遗保护传承体制机制和工作体系。加强对非遗工作机构、非遗名录体系、非遗传承人支持扶持、传承队伍建设等方面的法治保障，将非遗工作纳入国民经济和社会发展规划。健全完善联席会议机制，加强各部门协同联动。完善国家、省、市、县四级非遗代表性传承人名录体系。完善区域性整体保护制度，持续推进陕西地方文化生态保护区建设。根据非遗项目存续、传承实际实行分类保护。健全非遗代表性项目保护单位和非遗传承人动态管理制度。

建立多样化的融资机制。加大政府经费投入，将非遗保护经费列入财政预算，设立保护专项资金，明确配套政策，逐步提高非遗代表性传承人传习

活动补助标准。鼓励和引导民间资本参与非遗传承发展，包括社会捐赠和商业投资等方式，逐步形成政府主导、社会力量广泛参与的良性的资金投入机制，以确保非遗项目的可持续性。

构建非遗标准体系。充分挖掘陕西丰富的文化资源，制定《非遗标牌、标识和名称使用规范》，统一地方标准和非遗领域各类标准。制定智慧非遗馆建设标准、非遗馆服务规范等系列标准。加强非遗数字化建设，通过建设非遗标准化数据库和构建非遗智能保护新生态，实现数字化和智能化赋能非遗传承。

（二）探索"非遗+N"新经济，加快非遗产业化和市场化

推动非遗多业态融合。推动非遗融入重大战略和重要节点，如共建"一带一路"、关中平原城市群发展战略、黄河流域生态保护和高质量发展战略、国家文化数字化战略、打造万亿级文化旅游产业集群、中国—中亚峰会等；推动非遗融入各类空间，如传统节日、景区、商场、非遗主题民宿、酒店、机场、高铁站等；推动非遗与现代科技、文化创意、旅游产业、生活时尚等多行业互融互通，探索发展"非遗+旅游+美食""非遗+国潮+文创""非遗+节庆+演艺+美食""非遗+研学+教育""非遗+动漫+科技"等"非遗+N"合作模式，不断增加非遗的服务内容和产品体系，有效拓展非遗的适用边界和增长潜能，彰显非遗新经济。

增强创新性成果转化成效。加强非遗工坊传承机制，建立传统工艺站，强化传统工艺站的"研究、研发、研培"和非遗工坊"生产、就业、发展"功能，以创新性研究成果外溢非遗工坊，提升非遗转化成效，形成以非遗项目为核心的特色产业带和产业集群。

加快非遗产业化和市场化。市场化是非遗开发性保护的有效方式之一，应明确目标消费群体、深挖非遗价值、构建非遗品牌体系以及创新商业模式，形成有效市场闭环以促进非遗的创新性转化与产业化发展。具体来说，结合现代消费趋势，明确目标消费群体，针对具体的目标消费群体，不断开发具有市场竞争力的非遗产品；深挖非遗项目文化内涵，使之融入新产品或

新服务业态，有效提升其文化价值和市场价值；实施非遗品牌化战略，构建非遗品牌体系，提高非遗项目的公众认知度和美誉度，增强产品市场竞争力；创新商业模式，非遗产品销售已从传统的线下市场扩展到线上线下平台互联，不断激发非遗市场潜力与活力，助力文化遗产成为陕西经济发展新引擎。

（三）探索非遗与现代生活的连接点，推动非遗与公共文化服务体系相结合

推动非遗融入节日、庆典等民俗活动，引导非遗回归地方传统生活。遵循传统文化传承规律和文化基因传承方式，引导非遗实践回归"礼仪""民俗""仪俗""节庆"等地方生活系统，使非遗与现有的地方生活系统相结合，以传统形态融入民众日常生活的方方面面。例如，将剪纸、社火、花馍、彩灯等与年节时间节点和习俗相关的非遗事项纳入节庆、人生仪式、庙会活动等非遗传承实践活动中。

探索非遗与公共文化服务体系相结合，加深非遗与现代生活联系。一是加强非遗阵地建设。非遗馆是传承和传播非物质文化遗产的重要阵地，非遗博物馆、文化馆、传习所等非遗场所集传承、展览、体验、教育、培训、旅游于一体，新型的非遗展示和阐释方式成为当代非遗传承的重要发展点。二是加强非遗与基层公共文化服务体系相结合。将非遗保护传承工作与移风易俗、文明乡风建设、中国传统节日振兴工程、乡村振兴、党史学习教育等基层工作联系起来，推动基层公共文化服务高质量发展。三是推动非遗与学校教育深度融合。开设中小学非遗特色课程，编制地方非遗课程教材或通识读本，广泛开展非物质文化遗产社会实践和研学活动等，让学生全面深入了解地方传统文化，培养对非遗的普遍认同。四是推动非遗融入新时代文明实践。在实践层面推动非遗融入日常生活是中华优秀传统文化传承的重要途径，将非遗融入新时代文明实践活动，既是对新时代文明实践内容的拓展，也是中华优秀传统文化传承的实践创新。依托新时代文明实践所（站）和志愿服务平台，将非遗与新时代文明实践活动相融合，让非遗不断结合新的

时代特点和要求，与现实文化相融相通，更好地推动非遗融入日常、化作经常、服务当代社会。

（四）打造陕西非遗标识，构建非遗中的中华文明标识体系

中华文明精神标识，是中华民族在世界文明图谱中的"身份证"和"识别码"，投射着中华文明的精神特质，凝结着中华文明的精神内核，流淌着亘古亘今的精神血脉。[1] 精神标识是中华文明的表现形式，可以通过具体的人物、物品、事件、思想等形式表现[2]，或"文化遗产、文学艺术、节气节日、杰出人物、传统服饰与中华饮食等取材于中华优秀传统文化的符号资源"[3] 来表现。

打造陕西非遗标识，要充分挖掘陕西丰厚的非物质文化遗产资源，提炼陕西非遗标识，从文学音乐、节气节日、戏剧曲艺、工艺美术、礼仪风俗、杰出人物、中华饮食等非遗资源中提炼传统文化精神标识。打造陕西标识性非遗品牌，选取诸如黄帝、仓颉、鼓乐、秦腔、皮影、陕北民歌、茯茶、藤编、剪纸、刺绣等具有较高知名度和社会影响力的文化符号，打造"陕派"非遗品牌。形成陕西非遗 IP 集群，深入阐释和激活陕西非遗项目文化基因，持续推出一系列非遗优质 IP，形成陕西非遗 IP 集群，构建陕西非物质文化遗产中的中华文明标识体系，增强文化凝聚力和影响力，有力推动地方传统文化的传承和传播。

（五）拓宽非遗传播渠道，利用非遗讲好陕西故事

加大非遗传播力度，推动中华文化"走出去"。乘势"文化丝路"东风，不断深化陕西非遗与丝路沿线国家和地区的人文交流合作，积极参与国际展览、文化节庆和海外文化交流活动，举办非遗主题展、非遗精品展等，

---

① 《如何理解中华文明的"精神标识"？》，《学习时报》2023 年 3 月 23 日。
② 向玉乔：《论中华文明的精神标识和文化精髓》，《中州学刊》2023 年第 12 期。
③ 张诚：《逻辑依循与实践向度：中华文明精神标识的提炼展示》，《学习与实践》2024 年第 8 期。

促进文化交流互鉴。利用传统节日、中国非遗博览会、丝绸之路国际艺术节、丝绸之路国际旅游博览会、中国—中亚峰会及"文化和自然遗产日"、"非遗发展大会"等重大活动和节日庆典，组织开展丰富多彩的非遗展示体验活动，通过搭建更多交流展示平台，让越来越多的陕西非遗走出国门，走向世界。依托抖音、B站、小红书、微博等新媒体和新科技，挖掘非遗中的中华文化精神，用语言、故事、音乐、纪录片、抖音、短视频等形式，讲述陕西故事，传递陕西力量，推动中华文化更好走向世界。

（六）建设高素质非遗人才队伍，重点关注青年传承人群体

建立传承人培养激励机制，通过设立奖学金、举办非遗技艺培训班、开展师徒传承项目等措施，支持和鼓励年轻人拜师学艺。加强非遗专业人才梯队建设，重视青年传承人才的培养和引进，通过公开选拔、招聘、调任等形式，引进配齐非遗专业、管理、运营人才，建设高素质的非遗人才队伍。建立非遗项目与高等院校、科研机构、生产企业、金融机构等多方合作平台，开展非遗研究、教学和产品开发等工作，推动"产学研"协同发展；深入实施"中国非物质文化遗产传承人群研修研习培训计划"，通过短期研修培训、名师带徒长期培养、委托院校学历培养等方式，不断提高陕西非遗传承人群的实践水平和传承能力。

B.3
陕西古籍活化利用研究报告

窦鹏　王小芳　李航*

摘　要： 活化利用对于挖掘古籍价值具有重要意义。"中华古籍保护计划"实施以来，陕西在古籍的普查与整理出版、品牌活动创建、文创产品开发、数字化项目建设、短视频制作等活化利用方面取得了一定成效；但在基本保障条件、普查与整理出版连续性、数字资源建设等方面仍存在一些问题。本报告从加强活化利用保障条件、筑牢活化工作基础、深化阅读推广品牌培育、科技赋能开辟新路径、加快共建古籍资源与信息共享平台等方面提出对策建议，以期促进新时代陕西古籍活化利用高质量发展。

关键词： 古籍活化　古籍保护　短视频　文创产品　陕西

"活化"（Activation）一词原为自然科学领域的专业术语，2013年后开始广泛应用于古籍等领域。古籍活化利用是指在保护基础上利用现代思维和科技手段，深入挖掘时代价值，更加有效地实现创造性转化和创新性发展。2013年12月，习近平总书记在主持十八届中央政治局第十二次集体学习时指出："要系统梳理传统文化资源，让收藏在禁宫里的文物、陈列在广阔大地上的遗产、书写在古籍里的文字都活起来。"[1] 2017年以来，《关于实施中华优秀传统文化传承发展工程的意见》《关于推进新时代古籍工作

---

* 窦鹏，陕西省图书馆馆长助理、历史文献部主任、陕西省古籍保护中心办公室主任，研究馆员，主要研究方向为古籍及地方文献管理与开发、中国现当代文学；王小芳，陕西省图书馆副研究馆员，主要研究方向为古籍整理、修复与开发利用；李航，陕西省图书馆馆员，主要研究方向为古籍整理、古籍数字化与活化利用。

[1] 习近平：《习近平谈治国理政》第一卷，外文出版社，2018，第161页。

的意见》《2021~2035 年国家古籍工作规划》《关于推进实施国家文化数字
化战略的意见》等国家政策文件相继颁布实施，为古籍活化向更深层次、
更高质量发展作出安排部署。

一 陕西古籍活化利用现状

"中华古籍保护计划"自 2007 年实施以来，陕西在古籍活化利用方面
不断实践并取得一定成效，主要涉及古籍普查与整理出版、特色品牌活动、
文创产品开发、数字资源建设以及短视频制作等。

（一）普查与整理出版有序开展

2007 年 8 月，陕西省图书馆作为原文化部指定的全国 59 家古籍普查试
点单位之一，挂牌成立"陕西省古籍保护中心"，开启陕西省古籍普查工
作。截至 2024 年 12 月，全省 75 家单位完成约 100 万册古籍的基础普查，
省古籍保护中心收集普查数据 10 万余条，在全国古籍普查平台累计上传数
据 8 万余条。

省古籍保护中心协助国家古籍保护中心，在全国古籍普查登记基本数据
库发布登记目录数据 38410 条，完成第一至六批《国家珍贵古籍名录》和
全国古籍重点保护单位的申报评审工作。全省共计 13 家单位 162 部古籍入
选《国家珍贵古籍名录》，陕西省图书馆、陕西师范大学图书馆、西北大学
图书馆、西安博物院、西安碑林博物馆等 5 家单位被评为第一至六批全国古
籍重点保护单位，其中第一至五批 4 家单位已于 2024 年 5 月全部通过文化
和旅游部复核。完成第一、二批《陕西省珍贵古籍名录》及陕西省古籍重
点保护单位的申报评审工作。28 家单位 688 部古籍入选省名录，12 家单位
获评省级古籍重点保护单位。

在古籍普查基础上，陕西不断挖掘省内珍贵古籍资源，加强古籍整理成
果转化与传播，全方位服务大众，助力学术研究。一是审校出版普查登记目
录 4 部：《陕西省图书馆古籍普查登记目录》《陕西省二十二家公共图书馆

古籍普查登记目录》《陕西师范大学图书馆古籍普查登记目录》《陕西省三原县图书馆古籍普查登记目录》。审校拟出版普查登记目录 2 部：《陕西省十二家大专院校图书馆古籍普查登记目录》《陕西省十六家公共图书馆古籍普查登记目录》。二是整理出版《陕西省图书馆馆藏珍品图录》《第一批陕西省珍贵古籍名录图录》《第二批陕西省珍贵古籍名录图录》；影印出版《陕西省图书馆藏稀见方志丛刊》《精镌古今丽赋》；高仿复制《名贤书札》及《碛砂藏——佛说观无量寿佛经》等古籍；协助国家古籍保护中心完成第一至五批《国家珍贵古籍名录图录》，其中 162 部陕西入选古籍的书影和书目完成信息审定。三是在普查过程中还发掘了若干珍贵文献。2017 年，存藏于榆林市星元图书楼的《永乐南藏》残卷经初步整理，归并普查平台128 条相关数据，共计 88 种 1107 册 1099 卷。珍藏于陕西师范大学图书馆的《唐代敦煌麻布画·写经》，2024 年被中国文物保护基金会、国家图书馆（国家古籍保护中心）、"字节跳动公益平台"正式列入第二期古籍保护与利用公益项目，是目前已知存世敦煌卷子中极少的五代写经托裱麻布画。

（二）特色品牌活动初具雏形

一是依托全省已有的全民阅读活动节点开展陕西特色古籍品牌活动。全省古籍存藏单位较为重视宣传推广活动，充分利用"4·23 世界读书日""陕西省阅读文化节"等节点向社会大众展示推广古籍。2023 年，陕西省图书馆高新馆区举办"悦读·古籍新生"陕图古籍文献展。同年 9 月，在第十一届陕西省阅读文化节期间，沉浸互动实景演出"唐诗里的长安"在关中民俗艺术博物院惊艳亮相，《长相思》《将进酒》《长恨歌》等古诗的现场吟诵，让读者感受到中国古代诗歌蕴含的强大精神力量，为中华优秀传统文化的传承与发扬添彩助力。

二是响应国家古籍保护中心"中华传统晒书活动"号召打造陕西古籍专项品牌活动。2019 年，国家图书馆（国家古籍保护中心）举办首届"中华传统晒书活动"，迄今在全国范围每年围绕不同主题连续开展五届。省内古籍存藏单位积极响应，与全国数百家单位举办晒国宝、晒经典、晒技艺、晒传统等丰富多彩的晒书活动，共同营造线上线下联动、东西南北呼应的浓郁书香氛围，活动主题精彩纷呈，内容形式丰富多样，主要有"亲近典籍珍品，浸染楮墨芸香——兰台晒书卷，陕图欢迎你"（2019年）、"传习经典 融古慧今"（2020年）、"珠还合浦 历劫重光——《永乐大典》的回归与再造"（2021年）、"启卷知新 文脉流长"（2022年）、"江流万古 文润千年"（2023年）、"书藏有象 智化无穷"（2024年）等。

三是整合特色资源打造陕西特色古籍文化品牌活动。2023年，陕西省图书馆创办"兰台青缃 石渠千华"古籍阅读推广品牌，持续开展"古籍保护课程进校园""汉字与中国书法讲习体验营"等系列活动，吸引读者走进图书馆了解古籍、品味古籍，体验传拓、雕版印刷等中国传统技艺，不但让藏在"深闺"的古籍"活"起来，更让传统文化阅读与体验"火"起来，使读者亲身感受中华优秀传统文化的独特魅力。西安图书馆向公众推出"天禄"公益服务品牌，下设"天禄讲坛""天禄集英""天禄学苑""天禄画卷""天禄笈话"等十个板块，其中"天禄讲坛"板块收录古籍相关讲座，"天禄笈话"板块介绍馆藏珍贵古籍。

（三）文创产品崭露头角

2017年，陕西省图书馆（陕西省古籍保护中心）被文化部评为全国文化文物单位文化创意产品开发试点单位之一，实行自主开发与合作开发相结合的模式，至今已开发130余种实体产品。陕西省图书馆充分挖掘、活化利用馆藏古籍资源，以入选《国家珍贵古籍名录》的善本古籍为核心，将传统文献、古籍书画、历史事件等元素融入文创设计，形成一系列兼具古色古香和现代功用的文创产品，共计80多种，占本馆文创产品总量的60%以上。

陕西省图书馆古籍文创产品开发主要分为实体类和体验类两种。前者以馆藏古籍资源的挖掘和再现为基础，包括善本复制品，如影印高仿复制《名贤书札》《碛砂藏——佛说观无量寿佛经》等；采用《钦定古今图书集成》书影插图的《2022陕图日历》；以王恕《典籍格言》、杨易山水画卷及1923年康有为参观陕西图书馆题写的"兰台石渠"匾额为设计元素的帆布包袋；利用《十竹斋笺谱》《芥子园画传》《白香山诗长庆集》等雕刻的"蓝草图""湘江遗怨""白居易诗歌"等多种雕版。后者将文创产品与读者体验服务结合，采用多种互动方式促进用户广泛参与体验，如操作传拓技艺、雕版印刷、古籍修复等。在营销方面，通过馆内文创空间展示销售文创产品；利用微信、微博和抖音等平台，构建新媒体矩阵扩大宣传。

此外，商洛市图书馆开发了"商山四皓线装笔记本"，以北宋李公麟《商山四皓·会昌九老图》为封面，内页收录白居易、释道璨、吴筠三位诗人创作的有关商山四皓的古诗。汉中市汉台区图书馆开发了"《汉中府志》办公套装"，选取馆藏《丹渊集》和《汉中府志》书影搭配"汉中府城图"作为外观图案，把地方传统文化有效融入日常生活当中。

（四）数字化项目受到重视

随着国家图书馆数字图书馆推广工程的实施，古籍数字化项目建设受到重视，陕西部分古籍存藏单位依托馆藏启动数据库建设。目前，陕西省图书馆完成馆藏珍贵历史文献扫描与数据加工 45.3 万拍；完成馆藏陕西古代方志及入选《国家珍贵古籍名录》古籍 360 余部 20 余万拍的扫描，采集数据逾 60 万条。同时，与国家古籍保护中心签订数字化加工任务书，32 部数字化古籍入选国家图书馆资源库，促进古籍的再生性保护。陕西省社会科学院古籍整理研究所发布的"陕西文献集成数据库"，一期上线资源约 6000 万字，包含地方文献与历代涉及陕西的纸本文献、金文文献、石刻文献等，展示了陕西在古籍数字化和数据库建设方面的努力和成果。部分市级公共图书馆积极尝试利用现代数字技术实现对馆藏古籍的创造性转化和创新性发展。西安图书馆按照"统一规划、合作共建、资源共享"的原则，在"十四五"期间启动"西安古籍再生工程"，加快对西安地区珍贵古籍和稀缺文献的数字化与电子化工作，并且根据各区县馆的实际，实施"市域古籍资源数据库"建设，将各类古籍资源数据统一纳入网络平台，实现资源共享。① 宝鸡

---

① 《西安图书馆"十四五"规划纲要》，西安图书馆，http://www.xalib.org.cn/node/501.jspx。

市图书馆建成的"宝鸡市图书馆典藏古籍库""宝鸡数字方志库""宝鸡古籍知识资源细颗粒度文献数字化平台""宝鸡典藏古籍数字平台"①，铜川图书馆建成的"铜川典藏古籍数字化应用平台"②，都通过数字化让馆藏古籍走出"深闺"，通过互联网突破时空限制，随时随地为人所用。

2023年，依托全国智慧图书馆体系建设项目，由陕西省图书馆（陕西省古籍保护中心）启动，陕西省图书馆、咸阳图书馆、宝鸡市图书馆、汉中市汉台区图书馆、华州区图书馆、周至县图书馆、勉县图书馆、岐山县图书馆、三原县图书馆等9家单位共同参与，建成陕西省历史文献数据库发布平台。该平台围绕陕西地方特色古籍和民国时期文献，重点针对入选《国家珍贵古籍名录》和《陕西省珍贵古籍名录》古籍，持续进行图像数据化和知识化处理，加快各类数字资源的上传和发布，并实现参建单位之间资源共享。2024年4月通过陕西省文化和旅游厅验收，完成古籍数字化扫描任务2万页，上传书影照片27万张。

2024年，陕西省图书馆（陕西省古籍保护中心）牵头继续申报国家图书馆"全国智慧图书馆体系建设项目"的古籍数字化整理加工，获批资金175万元，陕西省图书馆、陕西省社会科学院、陕西省考古研究院、西安博物院、西安碑林博物馆、陕西中医药大学图书馆、陕西理工大学图书馆、宝鸡市图书馆、安康市汉滨区少年儿童图书馆、三原县图书馆等10家单位参与建设，计划完成古籍图像数据化和知识化处理6万页，促进全省古籍智慧化建设迈上新台阶。

除自建古籍数据库外，一些单位持续采购古籍数字资源供读者使用。陕西省图书馆采购大型全文检索数据库"鼎秀古籍全文检索平台"；陕西师范大学图书馆购买"中文古籍数字图书馆""中华古籍书目数据库""縹缃文献—雕龙中日古籍全文资料库"等；西北大学图书馆购买"爱如生古籍数据库""中华经典古籍库""汉籍数字图书馆""瀚堂典藏古籍数

---

① 《宝鸡市图书数字资源》，宝鸡市图书馆，http://www.bjstsg.com/resources。
② 《铜川典藏古籍数字化应用平台》，铜川图书馆，http://47.108.76.173：9001/。

据库""中国基本古籍库""大成故纸堆"等，从古籍文献、文化艺术和专题成果等多方面满足用户需求，有效帮助用户运用古籍数据库资源进行学术研究。

（五）短视频制作取得突破

2023 年，由国家图书馆（国家古籍保护中心）与字节跳动公益平台主办的"识典杯·古籍内容创意季"大赛在全国举行，陕西省图书馆、汉中市汉台区图书馆、勉县图书馆、宝鸡市图书馆等 4 家单位参与。陕西省图书馆以馆藏明崇祯初刻本《新制诸器图说》为蓝本制作的短视频《谁在大明朝造了一个自行车》，获得赛事最高奖项"古籍新说大奖"。视频采用轻松幽默的文字结合 AI 关中方言配音，介绍明代科学家王徵及其设计的机械"自行车"，并用乐高积木生动复原了这一古代科技，展现了东西方文明的交流与古今科技的融合。

2024 年 4 月 23 日至 5 月 30 日，在省文化和旅游厅指导下，陕西省图书馆（陕西省古籍保护中心）、西安市碑林区图书馆共同策划"叫醒图书馆里的宝贝——全省图书馆馆藏古籍及珍品短视频征集活动"，43 所图书馆投稿短视频作品 54 个，投稿单位中公共图书馆 39 所、高校图书馆 4 所。通过举办此次活动，一批陕西存藏珍品古籍进入大众视野，如西北大学图书馆藏北宋开宝八年（975 年）刻本《一切如来心秘密全身舍利宝箧印陀罗尼经》、安康市汉滨区少年儿童图书馆藏清康熙二十四年（1685 年）刻五色套印本《古文渊鉴》、三原县图书馆藏明嘉靖七年（1528 年）龚雷影宋刻本《鲍氏国策》。该活动是全国首个把古籍短视频活化在省级范围落地实践的一次尝试，推动陕西古籍活化利用迈出新步伐，并在全国掀起了古籍短视频热潮，被《中国文化报》《图书馆报》《文化艺术报》等多家媒体报道。2024 年 9 月第十二届陕西省阅读文化节来临之际，宝鸡市图书馆推出"打开古籍游宝鸡"视频展播活动，面向本地图书馆、博物馆等古籍存藏单位征集视频，传播古籍地方文献与中华优秀传统文化。

二 陕西古籍活化利用存在的问题

目前，陕西古籍活化利用取得了可喜成绩，通过多渠道、多媒介的传播与普及，受到更多社会大众的关注，并激起了他们对古籍的兴趣。然而，全省古籍活化利用仍存在一些亟待解决的问题。

（一）基本保障条件欠缺

一是地方性古籍保护有待规范完善。全国不同地区因存在自然环境、气候条件和文化背景等方面的差异，都可能对古籍的保存与保护提出不同的需求。各地需要结合国家标准和本地区实际状况，制定地方性古籍保护规范，对国家标准进行细化和补充，以便促进区域古籍保护工作向科学化、特色化发展。陕北地处黄土高原较为干燥，关中夏季干燥秋季多雨，陕南较为潮湿，针对陕西三个片区不同的自然条件与气候差异，亟须制定陕西古籍保护地方标准，有助于构建和完善古籍工作体系，对全省古籍保护与管理工作提出针对性的指导意见。

二是复合型古籍保护人才队伍需要加强。古籍保护工作涉及普查、整理、出版、修复以及宣传推广等多个方面，只有培养或引入复合型专业人才，古籍活化利用才能真正得到保障。目前，陕西古籍从业者累计约800人次参加过相关专业培训，但其数量与古籍藏量、专业需求及事业发展速度相比较，远远不够。

三是古籍专项经费缺乏。目前的经费仅能维持全省保护工作基本运转，难以满足古籍保护工作高质量发展的需要。

（二）普查与整理出版连续性不足

2011年12月，全国古籍保护工作会议把普查平台基本字段分类设定为基本项目和扩展项目。截至2024年12月，陕西75家古籍存藏单位全部完成普查数据基本项目著录，一部分藏量相对较少的单位已完成数据完整著录，但还有一些遗留问题，如仅完成基本项著录的单位，须进一步完成扩展项著录；已完成登记目录审校的单位，须及时修改遗漏或错误之处，保证数据的准确性；本单位存藏情况发生变化的，须及时更新平台数据信息，保证其与实际馆藏情况一致。这些基础性古籍保护工作需要继续投入人力，并且长期持续推进。陕西古籍整理出版虽有一些成果，但总体数量偏少，以目录类为主；内容主要针对善本古籍，普通古籍鲜有涉及；大量地方特色古籍未得到及时发掘整理出版。因此，各存藏单位仍须加强对本馆特色古籍、珍稀本典藏的整理、开发与出版，推动本地特色馆藏资源的活化利用。

（三）数字资源建设较为薄弱

一是陕西古籍数字资源建设尚未形成规模。古籍数字资源建设周期较长，全省启动该项工作时间较短，因此可供公开发布的数字化资源量较少。2023 年启动建设的陕西省历史文献数据库，第一阶段围绕入选国家和省级珍贵古籍名录的 688 部古籍，主要针对乾隆六十年以前的善本古籍进行数字化，这与全省普查数据约 100 万册的藏量相比占比太小。

二是开放服务程度不够。古籍数字资源的开放性直接关系到读者获取知识信息的便利度。全省发布的可供读者免费使用的古籍数字资源主要集中在省、市两级公共图书馆。陕西省图书馆官方网站设有"馆藏特色资源"栏目，展示的古籍数字资源包括《馆藏数字化方志目录》《馆藏古籍目录》《馆藏珍品古籍展示》三种，前两种仅为目录，最后一种主要为书目提要并附一张书影，读者若想进一步了解书目信息，需亲自到馆阅览纸质古籍或数字化古籍。

三是成果呈现形式单一。陕西省域的古籍数字化成果多为数据库或专题书目，主要采用文字和图片的形式，缺乏数字化藏品、多媒体展示、智能化开发、沉浸式体验、人工智能应用、区块链等现代科技手段的深度参与。

（四）内容活化不够多样化

古籍蕴含深邃的古代文思，加之排版、文字、语法与现代汉语不同，对于大众及普通读者而言，具有一定的阅读难度和理解障碍。推动古籍活化利用，旨在运用大众易于接受的传播方式，展现古籍蕴藏的中华优秀传统文化及民族智慧，服务于坚定文化自信、坚守中华文化立场，并铸就社会主义文化新辉煌，具有重要的时代价值和社会意义。陕西对于古籍内容的活化利用尚处于摸索阶段，或多或少存在"重宣传、轻活化"的现象。目前，省内单位多采用举办展览、开设讲座、举行传统文化活动、建设数字资源等方式活化利用古籍资源；通过报纸、电视、官方网站、微博、公众号等媒体宣传推广古籍工作动态、读者活动信息等，但对古籍记载内容的挖掘与展示不够细致、深入，在活化利用途径与手段上未能充分考虑当下社会发展需求与大众阅读习惯进行多元化创新。例如，根据古籍记载内容和知识信息，古籍工作人员可以和传统文化爱好者共同探讨复原传统民族服饰、传统制作技艺，再现古代餐饮、社会风俗等，运用视频、动画、影像、表演、场景模拟等多样化的表达方式展示古籍内容，激发大众广泛的阅读兴趣，引导人们真正投入到古籍文本阅读活动中。

三　新时代陕西古籍活化利用的对策建议

（一）完善保障条件

一是积极争取古籍保护专项经费。专项资金是支持古籍保护、整理、研究及活化利用的重要基础。可以在加强各级政府财政支持的同时，深入贯彻落实党的二十届三中全会《中共中央关于进一步全面深化改革 推进中国式现代化的决定》"健全社会力量参与公共文化服务机制"，引导社会、企业、个人和其他组织以捐赠、资助、成立基金会等形式参与陕西古籍保护，设立全省古籍保护专项资金，用于支配全省古籍保护与活化利用项目。建议将古籍保护经费纳入每年的各级财政预算，对本省全国古籍重点保护单位、馆藏入选《国家珍贵古籍名录》的公藏单位，以及亟须保护修复的重点项目给予经费支持。

二是试点成立市级古籍保护中心。通过省古籍保护中心指导，力争在部分市级公共图书馆试点成立市级古籍保护中心，实现国家、省、市级古籍保护建设框架。按照《中华人民共和国文物保护法》《中华人民共和国公共文化服务保障法》《中华人民共和国公共图书馆法》等政策法规中的相关规定，依据《古籍修复技术规范与质量要求》（GB/T 21712-2008）、《古籍函套技术要求》（GB/T 35662-2017）、《图书馆古籍虫霉防治指南》（WH/T 88-2020）等标准规范，结合本地区本单位古籍存藏现状，针对性地制定古籍管理与保护规范，改善存藏环境，实现分级管理、修复保护等。

三是完善和创新省域古籍保护人才培养机制。首先，紧跟国家古籍保护中心"人才培训基地"、"传习所"及"合作办学"等模式，发挥省古籍保护中心和国家级古籍修复技艺中心陕西传习所综合辐射作用，提升本省古籍人才培训的师资、场地和设备等基础资源，积极申报成立陕西古籍人才保护培训基地。其次，建立省域古籍人才培养长效机制。根据省内古籍存藏现状和工作人员配给需求，制订合理的人才培养计划，建立全省古籍保护人员名录，并分批次、分层次对全省古籍工作者进行培训与考核，推进省域古籍保护人才培养工作逐步迈向高质量发展轨道。

（二）筑牢工作基础

一是持续推进全省古籍普查登记，力争全面完成古籍"摸家底"工作。普查是全面了解古籍存藏情况，建立总台账，开展保护的基础性工作。在全省古籍普查登记基本项著录完成的基础上，未来陕西省古籍保护中心将继续指导各存藏单位完成普查平台的完整项著录和数据修订，进一步发掘省域珍贵古籍及其文献价值，全面持续推进全省古籍普查登记工作，为《中华古籍总目·陕西卷》编纂奠定基础。

二是加强古籍保护硬件措施，逐步改善古籍书库条件。库房是存放古籍的重要场所，也是保护古籍的第一道屏障。库房的面积大小、采光好坏、是否防火防盗防尘等，对古籍载体有重要影响。陕西省古籍保护中心将依据《图书馆古籍特藏书库基本要求》（WH/T 24-2006）、《图书馆古籍书库基本要求》（GB/T 30227-2013），结合入选全国或省级古籍重点保护单位情况、古籍总藏量与善本数量、书库建设现状，按计划、分批次提升全省古籍存藏单位书库环境，切实加强古籍原生性保护。

三是深入推动全省古籍修复工作，为拓展古籍活化覆盖范围做准备。古籍修复是对古籍进行原生性保护的一种重要途径。陕西将持续追踪了解全省古籍存藏保护现状；重视濒危善本古籍的保护修复进展；加强与各存藏单位合作开展古籍修复项目；理论与实践相结合，定期举办全省性修复人才培训班；促进修复领域新材料、新技术、新标准的宣传推广，推动全省古籍修复工作向标准化、专业化、科学化迈进。

（三）深化阅读推广品牌培育

一是着力建设全省性古籍阅读推广品牌。首先，在品牌参与主体上，省文化和旅游厅与省古籍保护中心统筹策划全省古籍阅读推广品牌，市县级文化主管部门及各系统古籍存藏单位积极参与品牌建设，多方携手共同打造全省性古籍阅读品牌；其次，在品牌文化内涵建设上，既围绕共同建设目标，又彰显各单位古籍存藏特色，同时融入多种古籍元素，不断丰富和升华品牌文化内涵；再次，在古籍阅读品牌推广上，融合古籍实体展示、读者互动体验、网络与媒体传播等多种途径，不断打造读者参与度高、社会影响力强的古籍阅读推广经典品牌；最后，在古籍阅读品牌优化上，定期利用问卷调查、读者参与率调查等方式评估品牌影响力，不断完善读者反馈机制和品牌优化程序。

二是尝试利用分众阅读优化区域阅读推广品牌。面向社会大众定期举办中华传统晒书节、珍贵古籍展览、古籍知识系列讲座等活动，在全社会形成推广传统文化与古籍的浓厚氛围。面向高校古籍相关专业本科生、研究生和博士生，开展"古籍第一课"活动，推进古籍保护在高校的普及与传播，培养古籍保护事业的接班人，让中华优秀传统文化教育贯穿高校教育。面向幼儿园、小学及中学在校生开设"古籍启蒙课"，由专业人士为学生普及古籍基础知识，在学生心中埋下传统文化的种子。

（四）科技赋能开辟新路径

2022年，习近平总书记在中国人民大学考察时强调："要运用现代科技手段加强古籍典藏的保护修复和综合利用。"① 在数字化建设方面，陕西将继续依托全国智慧图书馆体系建设项目，对省内数字化古籍开展 OCR 和标注工作，以古籍内容的数据化和知识化为目标，形成大批量有清晰标注的格式化数据，建设可扩展构架设计的历史文献数据库，供读者多维检索、交叉引用；结合人工智能、可视化图谱等技术，搭建智能交互平台，深入挖掘古籍蕴含的历史故事、文化内涵和学术价值。结合区块链技术搭建仓储平台，维护古籍数字资源的存储安全，保障公藏单位知识产权。在视频制作方面，综合三维立体成像和环幕投屏等现代智媒技术，运用戏剧、访谈和影视等多种呈现方式，挖掘典籍蕴含的历史故事，促进古籍的共享与传播。在古籍展览方面，尝试在展厅内设置不同形式的多媒体互动展项，利用新技术带领读者走进典籍世界，让读者更直观、更生动地了解古籍内容，丰富展览的趣味性和知识性，增强互动性和参与性。

（五）加快共建古籍活化利用信息共享平台

2022 年 5 月印发的《关于推进实施国家文化数字化战略的意见》明确提出，"统筹推进国家文化大数据体系、全国智慧图书馆体系和公共文化云建设，增强公共文化数字内容的供给能力，提升公共文化服务数字化水平"。② 古籍活化是新时代对中华优秀传统文化保护、传承和弘扬的重要途径，涉及公共图书馆、高校图书馆、文博系统、科研院所等不同行业机构。因此，在重视活化利用工作的同时，需要配套建设古籍资源展示平台和活化工作动态信息共享平台，提升公共文化现代服务水平，为业界及时沟通最新发展动态并促生新的生产动力提供支撑。建议在省古籍保护办公室和省古籍整理出版办公室的基础上，加快共建全省古籍活化利用信息共享平台，统筹全省相关资源与服务信息，共同促进古籍保护工作高质量发展。

---

① 《习近平在中国人民大学考察时强调：坚持党的领导传承红色基因扎根中国大地 走出一条建设中国特色世界一流大学新路》，《人民日报》2022 年 4 月 26 日。
② 《中共中央办公厅 国务院办公厅印发〈关于推进实施国家文化数字化战略的意见〉最新政策》，中国政府网，https://www.gov.cn/xinwen/2022-05/22/content_5691759.htm。

B.4
陕西秦蜀古道文化遗产保护与利用研究[*]

张云梦　邱荻　周荣[**]

摘　要：　秦蜀古道是我国重要的文化线路遗产，是黄河流域文明与长江流域文明交融的文化通道，是传承中华文明的重要载体，具有地域范围广、遗产类型全、资源利用低、保护难度大等现实特征。加强陕西秦蜀古道文化遗产的保护与利用工作，对推进古道申遗进程、加快文旅融合、建设文化强省具有重要意义。本文分析了秦蜀古道沿线文化遗产保护利用现状，从统筹协调、品牌塑造、传承开发、设施建设等方面分析了目前存在的主要问题，并结合最新政策，提出四点活化利用建议：一是开展普查，摸清家底；二是完善规划，健全保护；三是挖掘价值，擦亮品牌；四是因地制宜，推动发展。

关键词：　秦蜀古道　文化遗产保护　陕西

秦蜀古道绵延千里，沟通四川和关中两大早期文明中心，是中华优秀传统文化最重要的载体之一。繁荣的秦蜀古道见证了古代长安城的千年辉煌，也为陕西留下极为丰厚的文化遗产。深入发掘秦蜀古道文化遗产价值，对发

---

* 本文是国家社科基金项目"陕西现藏佛教碑刻整理与研究"（项目编号：22BZJ017），陕西省社会科学院青年专项课题"陕西乡贤文化资源的整理与利用"（项目编号：24QN25）、"陕西汉江碑刻的整理与利用对策研究"（项目编号：24QN21）阶段性研究成果。

** 张云梦，陕西省社会科学院古籍整理研究所助理研究员，主要研究方向为古籍整理与陕西地方文化；邱荻，陕西省社会科学院古籍整理研究所助理研究员，主要研究方向为古籍整理与陕西地方文化；周荣，西安市社会科学院历史文化所副研究员，主要研究方向为文化产业和陕西地方文化。

挥陕西文化旅游资源禀赋优势、推动文化旅游深度融合、打造成具有陕西标识的文化新名片具有重要作用。

一　秦蜀古道的内涵与意义

秦蜀古道北通丝绸之路起点长安，南接茶马古道与西南丝绸之路枢纽成都，沟通了中国长江、黄河两大航运水系，是与"京杭大运河"并称的国家交通命脉。

（一）秦蜀古道的历史分布

秦蜀古道主要有七条路线，即跨越秦岭的北四路、穿越大巴山的南三路。就地理分布而言，子午道、傥骆道、褒斜道完全位于陕西境内，故道（陈仓道）大部分位于陕西，部分位于甘肃；米仓道、金牛道、荔枝道则横亘于陕西、川渝之间。根据初步统计，去除平原地区的分布，集中体现古道特色的遗存主要分布于陕南，其中穿越秦岭的北四道总长达 2468 公里，再加上金牛道、米仓道、荔枝道分布的近千公里道路遗址，陕西全境古道总长约 3500 公里，占据秦蜀古道 2/3 的里程。[①]

其中，北四道中故道修建最早，商周之际就已经存在。故道由长安西行，经咸阳、兴平、武功、扶风至今宝鸡陈仓，由陈仓南下出大散关，途经今凤县、两当县（甘肃）、徽县（甘肃）、略阳县、宁强县，南与金牛道相连，总长 600 余公里。褒斜道始见于《史记》，秦汉褒斜道经今鄠邑、周至抵达眉县南下斜谷关，沿谷道而行，途经今太白、留坝两县，出勉县褒城与汉中相连，全程约 385 公里。傥骆道在东汉《石门颂》中已见记载，经今鄠邑、周至，南下骆谷，途经今洋县，过城固至汉中，全长约 380 公里。子午道首见《汉书》，出子午谷沿沣水河谷而行，途经今宁陕、石泉、西乡、洋县、城固至汉中，总长 500 公里以上。[②] 北道四路汇集到今汉中后分作三路南下，分别抵达

---

① 李虎：《陕西秦蜀古道申遗刍议》，《秦蜀古道文化遗产保护与申遗论坛论文集》，2017，第 204 页。
② 古道各路线里程参考李久昌《中国蜀道》第一卷《交通线路》（三秦出版社，2015）。

广元、巴中和达州，而后深入蜀地，里程不一，涉及今汉中南部各区县。总体来看，秦蜀古道主线及支线遍布今陕西省5市40余区县，涉及区域面积约8万平方千米，占全省总面积的38.9%，是陕西省重要的文化资源。①

秦蜀古道陕西段各区县保留的道路遗存、摩崖石刻、石窟造像、雄关古镇等历史文化资源十分多样，是人类历史上为数不多保存至今的早期大型交通遗址，形成了内涵丰富的古道文化。目前保留的反映古道交通状况的重要历史文化遗迹如表1所示。

表1 陕西秦蜀古道重要历史文化遗迹分布

序号	类别	名称	年代	保护等级	分布地点
1	道路遗存	子午道南段驿站遗址	汉—清	省保	安康市石泉县
2		斜谷道马溜岩段栈道遗址	三国—清	县保	汉中市城固县
3		白勉峡铧炉古栈道遗址	唐	省保	汉中市西乡县
4		褒斜道留坝段遗址	秦—清	省保	汉中市留坝县
5	摩崖石刻	褒斜道石门及其摩崖石刻	东汉—宋	国保	汉中市汉台区
6		灵岩寺摩崖	东汉—民国	国保	汉中市略阳县
7		七里碥摩崖	元	县保	安康市旬阳市
8	雄关古镇	佛坪厅故城	清	省保	西安市周至县
9		秦雍城遗址	春秋—战国	国保	宝鸡市凤翔区
11		大散关遗址	西汉	省保	宝鸡市渭滨区
12		阳平关遗址	西汉	省保	汉中市勉县
13		宁陕厅故城	清	省保	安康市宁陕县
14	石窟造像	青华山石窟	唐	省保	西安市长安区
15		汤加庵千佛洞	明	省保	汉中市洋县
16		佛爷洞石窟	明—清	省保	汉中市洋县

资料来源：陕西各区县文旅局文物保护单位名录。

（二）秦蜀古道的历史意义

秦蜀古道的历史，是一部中国大一统的历史，对统一的追求深深烙印在

---

① 古道途经区县参考《中国蜀道》所列交通线路图。其中宝鸡、咸阳不计算北部山区面积；汉中、安康支线众多，涉及全境；今西安市面积尚在唐宋京兆府范围内，同样统计全境；另外杨凌示范区也在统计范围内。

中华传统文化的血脉里。秦朝的统一过程，最重要的举措之一就是兼并巴蜀，即著名的"五丁开山"故事，为秦统一全国奠定了扎实的物质基础。刘邦"明修栈道，暗度陈仓"，出故道北定关中，同样经由秦蜀古道一举奠定统一天下的格局。三国纷争，各自都力图再次统一，为此曹魏数次南下汉中，试图控制蜀地；诸葛亮五次北伐，最后由褒斜道驻军五丈原（今岐山五丈原镇），并病逝于此。历朝历代，秦蜀古道见证着一代代中国人对家国一统的不懈追求。

秦蜀古道的历史，是一部民族交往、交流、交融的历史。民族学家费孝通曾提出著名的"藏彝走廊""河西走廊"概念，秦蜀古道交通陕甘川渝四省市，正是历史上西北与西南少数民族迁徙、融合的重要通道。汉魏以降，西北氐羌族群沿着古道南下，在与周边各民族交流融合的过程中逐渐形成了今白马藏族、羌族等少数民族，秦蜀古道沿线也形成了古老的氐羌文化带。

秦蜀古道的历史，是一部恢宏壮阔的中国文化史。从古至今，大量文人亲履古道，以此为文学意象的诗歌层出不穷。初唐四杰"王杨卢骆"相继由此道入蜀，留下佳篇。一句"噫吁嚱，危乎高哉"不仅道出了秦蜀古道的险绝，也在地理上连接着长安与诗人李白的故乡青莲。安史之乱后大量人口南迁，杜甫以二十六首纪行诗记录了南下成都的沿途所见，抒发忧国之思。北宋嘉祐元年（1056年），苏洵、苏辙、苏轼父子三人踏上秦蜀古道进京赶考，后兄弟二人同时登科，成为文学史上的佳话。根据统计，仅唐宋时期有关秦蜀古道的作品便有400余首，构成了我国人文地理上的一道诗歌长廊。

正因有跨越中国南北的这条交通命脉，在历史上长期作为政治中心的关中地区能够沟通广袤的西南腹地，统一的多民族国家得以进一步地巩固与发展，中华文明的统一性得到有效保障。

二 陕西秦蜀古道文化遗产保护利用现状

秦蜀古道文化遗产是一个综合概念，包含物质文化遗产和非物质文化遗产两个方面。作为中华优秀传统文化的重要组成部分，秦蜀古道是亟须保护传承的珍贵历史文化遗产。陕西省委、省政府高度重视秦蜀古道保护传承与展示利用工作，先后组织省文物局等有关部门编制实施了《陕西省文物事业发展"十四五"规划》《陕西省"十四五"非物质文化遗产保护规划》《秦蜀古道（陕西段）历史文化资源保护工作方案》《陕西省历史文化名城名镇名村保护条例》等一批制度规划，不断提升包括秦蜀古道在内的文物保护利用和文化遗产保护传承水平，在对秦蜀古道的保护传承利用上已取得显著成绩。

（一）陕西秦蜀古道物质文化遗产分布情况

1. 不可移动文物

秦蜀古道道路本体遗址遗迹是秦蜀古道物质文化遗产的基础更是核心，陕西境内子午道、傥骆道、褒斜道、故道、荔枝道、米仓道、金牛道七条路线均有道路遗存分布。其中，连云栈道南连褒斜道，北通故道，经今留坝县入凤县境，是元明以来四川通往关中的重要官道，相关遗存与褒斜道一起统计。另外，秦蜀古道属于放射状的道路群组成的线性文化遗产概念，道路辐射范围内不可移动文物还包含古遗址、古墓葬等相关历史文化遗迹，主要涉及今陕西地缘范围中的五市一区。现依据上述范围，统计古道遗存分布情况，如表2所示。

表2　陕西秦蜀古道本体遗存分布

单位：处

道路	子午道	傥骆道	褒斜道（含连云栈道）	故道	荔枝道	米仓道	金牛道	总计
栈道	44	32	20	12	2	1	0	111
碥道	50	21	14	13	4	1	2	105
栈桥	50	30	3	1	0	0	0	84
古桥	10	0	0	0	0	3	0	13
总计	154	83	37	26	6	5	2	313

资料来源：陕西省文物局编《陕西秦蜀古道遗产》（上册）。

据调查，秦蜀古道陕西段七条路线中，子午道、傥骆道沿线道路本体遗存分布丰富。子午道现存154处道路遗存中，宁陕县（61处）、长安区（53处）分布最为集中，汉滨区（20处）、石泉县（18处）、西乡县（2处）也有一定数量遗存。傥骆道现存83处遗存分散于周至县、太白县、洋县、佛坪县、城固县五县，其中周至一县分布52处，占比最高。相对而言，陕西境内南三道遗存分布较少，荔枝道（6处）、米仓道（5处）、金牛道（2处），占总体遗存比例不高。

据统计，秦蜀古道（陕西段）道路主线及其支线所辐射范围内目前共登记在册省级及以上文保单位428处，涉及区域广，文物类型齐全，分布相对集中。遗产内容方面，部分遗产级别较高，包含国家重点文物保护单位107处，约占内容总量的1/4。上述文物中，秦蜀古道本体遗存是秦蜀古道最重要的构成要素，这部分遗存分为两类：一类是已经由国家、省挂牌的文保单位，这类遗存数量少，保存状况较好，已部分进行旅游开发；另一类是散布于秦巴山区尚无任何保护措施的古道遗存，这类遗存数量大，分布广，

表3 陕西秦蜀古道沿线文保单位统计

单位：处

地区	西安		咸阳		宝鸡		汉中		安康		杨凌		总计
级别	国家级	省级	国家级	省级	国家级	省级	国家级	省级	国家级	省级	国家级	省级	
古遗址	18	27	3	13	13	54	4	13	1	13	1	0	160
古墓葬	10	16	8	12	1	8	4	8	0	2	1	0	70
古建筑	18	30	5	6	5	8	8	29	0	25	0	0	134
石窟寺及石刻	2	4	0	0	1	2	1	3	0	3	0	0	16
近现代重要史迹及代表性建筑	3	22	0	1	0	3	2	12	0	1	0	0	44
其他	0	1	0	0	0	0	0	1	0	2	0	0	4
总计	51	100	16	32	20	75	19	66	1	46	2	0	428

资料来源：陕西省文物局编《陕西秦蜀古道遗产》（上册），其中同一遗址跨两个地区分别计算。

面临自然、人为损毁风险较大。自 2022 年始，陕西省持续开展秦岭文化遗产保护公益诉讼，组织秦岭北麓检察院和秦岭南麓检察院对秦蜀古道遗存的多处点位进行全面勘查，有效激活、提升古道沿线文化遗产保护治理能力。

2. 可移动文物

秦蜀古道（陕西段）沿线的可移动文物主要收藏于相关文物主管部门、博物馆、图书馆、研究所，其中博物馆文物数量占比最高。古道沿线共有博物馆（包含纪念馆、社区博物馆）241 家，古道文化藏品丰富。其中最具代表性的是褒斜道石门及其摩崖石刻，1962 年被评为第一批全国重点文物保护单位，包含自汉代以降的 100 余通摩崖石刻，是秦蜀古道历史发展演进的最直接见证。后因修建石门水库，为抢救文物，以"石门汉魏十三品"为代表的一批重点文物被凿迁转移，其中"石门汉魏十三品"已成为汉中市博物馆的镇馆之宝。2024 年 7 月，由中国唐代文学学会唐诗之路研究会联合汉中市博物馆等共同举办的"蜀道及石门石刻学术研讨会"在陕西汉中召开，进一步推进了秦蜀古道的学术研究进展及成果转化。但从全省范围看，关于"秦蜀古道"这一重大议题的专题博物馆、陈列馆等文博场所建设仍然不足，与陕西文化资源的丰富程度不匹配。此外，在对现藏文物的修缮维护上，目前全省具有可移动文物修复资质的单位 21 家，西安占据 18 家，汉中、安康等地区文物部门尚无修复资质。

（二）陕西秦蜀古道非物质文化遗产分布情况

秦蜀古道（陕西段）沿线的非物质文化遗产是这一文化资源的又一重要组成部分。古道南北地理气候、人文风俗差异较大，沿线非物质文化遗产既体现地方特色，又与古道交通分布密切相关，反映出秦蜀古道促进我国南北文化交流的重要作用。在梨园艺术方面，秦腔是关中地区最具地域特色的剧种，明末沿古道南传至汉中与当地方言结合后形成了汉调桄桄，也称南路秦腔。关中秦腔供奉唐明皇，汉调桄桄供奉楚庄王，古道南北的不同地域文化塑造出秦腔艺术的丰富内涵。在民族文化方面，略阳羌族羊皮鼓舞、宁强羌族刺绣等一批反映民族交流融合的传统文化被列入省级非遗项目，羌族文化生态保护区（陕西）建设持续推进并成功入选 2023 年国家级文化生态保护区名单。在传统技艺方面，汉代蔡伦经子午道至龙亭（今洋县龙亭镇）实验造纸的故事至今流传；古道沿线丰富的石刻艺术也让汉中摩崖石刻拓印技术传承不绝。据统计，秦蜀古道（陕西段）沿线共有省级及以上非物质文化遗产 400 余项。同时也面临流行文化冲击，民间艺人老龄化、后继无人，对非物质文化遗产重申报、轻保护的三重困境。许多有价值的传统技艺濒临消亡，大量反映古道历史文化价值的珍贵实物与资料尚未得到科学整理。

（三）陕西秦蜀古道文化遗产的保护和开发利用

近年来，陕西省先后组织编制了《秦蜀古道（陕西段）历史文化资源保护工作方案》及 14 处秦蜀古道遗产点的保护管理规划，对普查中秦蜀古道的重要发现采取了多项保护措施，组织实施了褒斜道石门及其摩崖石刻、褒斜道陈仓古道栈道遗址、宁陕厅故城等 30 余项秦蜀古道沿线文化遗产保护工程，有效改善了遗产保存状况。根据 2023 年国家文物局批复的《蜀道工作计划（2024～2028 年）》，秦蜀古道考古纳入"考古中国"重大项目。陕西省列入古道申遗构成要素的有沿线道路、驿站遗址等 15 处，1 处为全国重点文物保护单位（褒斜道石门及其摩崖石刻），14 处为省级文物保护单位，均已设立专门管理机构，公布保护区划，建立保护档案。

古道遗产的开发利用工作则主要聚焦在相关文旅、文化产业方面。陕西省委、省政府高度重视文旅工作，近年来陆续出台一系列针对性文件，陕西省文旅产业发展势头强劲。据统计，截至 2025 年 2 月，秦蜀古道沿线市区共有 3A 级及以上景区 283 家，西安（89 家）占比最高，宝鸡（58 家）、安康（53 家）、咸阳（43 家）、汉中（36 家）、杨凌（4 家）分列其次。

秦蜀古道沿线以西安市为首，不仅在景区数量和等级上远超他市，也在旅游收入和旅游人次上遥遥领先。数据显示，2023 年六地共接待游客约

5.65 亿人次，实现旅游收入 5193.52 亿元，西安市分别占比达到 49% 和 64.5%（见图 1），宝鸡、咸阳位列其次。但总体来看，上述地区的文旅产业较少涉及秦蜀古道的概念或路线，与秦蜀古道文化遗产的黏合度不高，现阶段尚未形成古道文化品牌。在分布上，游客高度集中于西安旅游圈，旅游业的溢出效应不明显，对古道沿线城市带动不强。

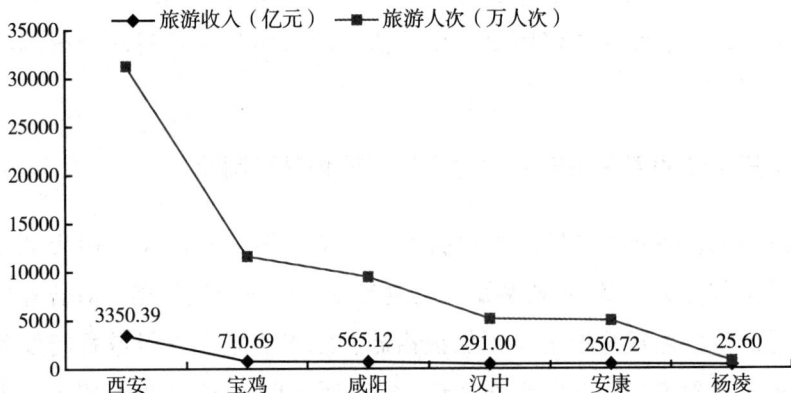

图 1　2023 年陕西秦蜀古道沿线旅游数据

资料来源：各地文旅部门官方网站。

沿线文化产业园、企业分布方面，秦蜀古道文化是陕西文化领域新质生产力的重要构成要素。自 2020 年以来，陕西省持续推进文化产业"十百千"工程，着力培育和壮大文化产业市场主体。根据 2024 年第二届陕西省文化产业"十百千"工程重点文化产业园区（基地）和企业认定名单，被认定为省级文化产业示范园区的 10 家单位中，秦蜀古道沿线五市一区占据 8 席；16 家省级文化产业重点园区中，古道沿线占据 13 家。在文化企业层面，10 家领军型文化企业中，西安占据 8 家，咸阳 1 家；全省 100 家骨干型文化企业中，古道沿线涉及 74 家，其中 41 家集中在西安，凸显出古道沿线丰厚的历史文化底蕴和分布不均的现状。

企查查的数据同样显示，截至 2025 年初，陕西省西安市共有中型及以上文化相关企业 564 家，咸阳市 36 家，安康市 14 家，宝鸡市 9 家，汉中

市 7 家。[①] 全省直接从事文物及非物质文化遗产保护的中型以上企业 14
家，12 家分布于西安，汉中、安康等地文物保护的市场力量明显不足。沿
线文化产业收入方面，据不完全统计，2023 年西安市规模以上文化企业实
现营收 808.78 亿元；咸阳市收入 160.8 亿元，位列第二；汉中市同一数据
仅为 30.61 亿元。在产品内容上，上述文化企业对秦蜀古道遗产相关产品
的开发严重不足。

三 陕西秦蜀古道文化遗产保护利用中存在的问题

（一）协同联动力度不足，统筹机制有待完善

秦蜀古道属于线性文化遗产，涉及陕西省南部 40 余区县，在管理上呈
现跨区域、跨部门的特点。在对古道文化遗产的保护与利用上，沿线五市一
区工作步伐不一，尚未形成深入联动合作机制，缺乏统一协调，在文旅展示
上"各做各的"，使秦蜀古道的开发不全面、不均衡，仍处于景区点状分布
阶段，未孵化出成熟的线性旅游线路，缺乏对秦蜀古道文化遗产整体性和系
统性的全面把控。现有文保工作仍限于周至、汉中、宝鸡、安康等局部地区
的主道路和栈道遗存，保护与管理理念的宏观性、整体性和延展性尚需提
升。在开发利用上，"大遗产"观念还未树立，已经开发的景点宣传重心不
统一，古道特色未彰显。

（二）开发利用深度不够，品牌塑造有待加强

陕西省目前关于秦蜀古道文化遗产的整理与利用多集中于学术理论层
面，尚未出台"秦蜀古道"专线旅游规划项目。沿线城市虽在旅游收入和
人次上取得一定成果，但其文旅投入、宣传及相关文创产业多数与"秦蜀

---

① 采用企查查行业分类标准统计正常经营企业情况，包含商业服务、商贸零售、环保、文化
传媒下的文化相关企业。

古道"的理念关联不大，除汉中外，其余地市针对古道文化的宣传投入力度也相对较小。这些现状表明，当前陕西省"秦蜀古道"的文化理念未能在旅游领域得到充分转化、应用与融合，还处于个别区域单点开发的阶段，尚未形成特色鲜明的文化名片和系统成熟的文化品牌。在秦蜀古道的研究阐释上，陕甘川渝各省份在保护利用研究方面进度不一，陕西省相关工作进度、成果影响尚落后于四川，关于秦蜀古道的具体路线、价值内涵、历史故事未形成统一认知，也没有得到广泛的关注和公众认可，秦蜀古道这一文化名片的陕西标识不够突出。

（三）资源整合力度不强，保护传承有待深化

从陕西秦蜀古道沿线相关遗存的保护情况看，国家级和省级重点文保单位总体开展情况较好，部分市县级文保单位受到财政支持有限、专业人才缺乏等制约因素影响，存在意识不到位、保护不充分的情况。尤其是沿线遗存中的无级别文物，此类遗存呈现原生态的生存样貌，文物价值、文化含量较高，是秦蜀古道发生、发展、演变的最直接证据，也是目前最亟须关注、管理与保护的部分。在秦蜀古道保护方面，目前针对性保护政策不足，保护区划设置还不完善；在古道文化的传承开发上，呈现以西安、汉中为中心聚拢的分布形势，各类专业人才主要向西安聚拢，其余地市在创新程度上较为薄弱，局限于传统的文化展示视域，不少具有陕西特色的文化元素、非遗元素在秦蜀古道开发过程中未得到充分体现和有效结合，也缺乏秦蜀古道相关文创产品、演艺产品的开发创作。

（四）区域协调发展不均，设施建设有待补强

秦蜀古道沟通西安与成都两大旅游中心市场，具有天然的市场优势。但从陕西省各地区旅游业发展数据分析，西安、宝鸡、咸阳三市对相关文化遗产的开发展示工作成果较突出，旅游人次和旅游收入尤以西安为甚，属全国热门旅游出行地，文旅产业发展势头迅猛；汉中、安康等地则面临财政专项资金短缺、保障机制不完善等问题，在旅游收入和人次对比上相

对落后，对游客的吸引力有限，发展水平和层次参差不齐，旅游紧邻效应作用没有得到充分发挥。"秦蜀古道"沿线公共文化设施建设方面，除褒斜道外，傥骆道、陈仓道、子午道各段多数仍停留在概念性阶段，对应公共服务设施建设严重滞后，相关史事挖掘、价值阐释、开发展示涉足不深。在博物馆、遗址公园、传统村落等设施建设上，汉中、安康在数量、级别上明显落后。

四　陕西加强秦蜀古道文化遗产保护利用的建议

数据显示，尽管陕西秦蜀古道文化资源最为丰厚，但就调查、保护、宣传、利用情况看，陕西省对古道资源的开发利用尚有很大的提升空间。对此，提出以下对策建议。

（一）开展普查，摸清家底

建议在第四次全国文物普查的工作基础上，把握有利政策，全面启动"陕西秦蜀古道沿线文物调查研究"，由陕西省文物局牵头，联合各地市文博单位，成立跨部门联合工作小组，对秦蜀古道陕西段主线及支线所有栈道、栈桥、碥道等道路遗存状况进行彻底排查。摸清古道沿线文物家底，查明无级别文物、未登记文物的分布、数量、保存情况及文物价值，是否存在文物保护不足，是否存在偷盗、毁坏文物等行为，推动重点遗址、重点文物的保护、宣传工作。以科技赋能文物事业高质量发展，建设利用好秦蜀古道文化遗产线上数据库，建立陕西秦蜀古道线上博物馆。同时，建议陕西省继续加强与国家文物局及沿线各兄弟省市的区域联动，深化联合考古调查研究工作，沿线各区县应积极参与响应，做好技术准备和思想动员，以项目培养地方文物保护人才，实现秦蜀古道文化遗产保护与利用工作的长久实施。

（二）完善规划，健全保护

2023年，文化和旅游部、国家文物局召开座谈会，提出由国家文物局负责牵头开展蜀道保护、利用、规划的顶层设计研究，树立"大遗产"理念，加强川陕甘渝四省市合作，共同推进申报世界文化遗产前期工作。陕西应结合实际情况，健全管理机制，团结各领域专家完善对秦蜀古道文化遗产陕西段的整体规划设计，适时提出《陕西省秦蜀古道文化遗产保护条例》，公布保护区划。在秦蜀古道沿线文物普查的工作基础上，不断完善文物定期排查制度，按照文物珍贵等级、保存情况，分级别制定保护政策，明确保护主体，配套专项资金，落实保护责任。对现有文物，考虑以陕西历史博物馆、陕西省图书馆为主，对地方文博单位工作人员定期开展文物修复培训工作，提升地方文保实力，为文化强省建设提供有力支撑。

（三）挖掘价值，擦亮品牌

建议在前期研究成果基础上，继续夯实秦蜀古道相关领域的研究、阐释工作，利用好陕西高校人才库资源，加大对秦蜀古道相关研究人才的培养、吸纳和支持力度，适时设立"陕西省秦蜀古道文化遗产研究"重大科研项目，推出专项出版资助基金，以项目带动科研，以科研扩大影响，定期在古道沿线城市召开秦蜀古道研究学术研讨会，为秦蜀古道的活化利用工作奠定扎实的理论支撑。对于目前取得的阶段性成果，建议定期邀请相关领域专家开展古道考古成果介绍、古道文学讲座等宣传教育活动，同时以高质量的秦蜀古道文物专题展览增强游客文化体验，向大众普及陕西秦蜀古道在中华文化体系形成与发展过程中的独特地位。

（四）因地制宜，推动发展

加强秦蜀古道沿线公共文化设施建设，助力陕西旅游发展，对符合条件的古道遗址进行公共基础设施和文化设施的建造开发与提升改造，改善交通状况，增设和改进相关基础服务设施。立足秦蜀古道资源优势，积极吸纳相关文化元素，创新秦蜀古道展示格局，突出区域旅游特色，将古道文化遗产与秦岭自然遗产相结合，打造一批精品研学旅游路线和主题演艺产品。以文化产业赋能乡村振兴，依托秦蜀古道文化遗产，发展"古道+民俗"游，培育一批文化旅游典型县和乡村旅游典型村，促进沿线城乡文化融合，壮大乡村特色文化产业。同时要发挥好博物馆保护、传承、研究、展示人类文明的重要作用，沿线博物馆需紧密围绕"秦蜀古道"这一关键词，基于馆藏文物特色，深入挖掘主题文物价值，定期推出秦蜀古道文物专题展，加强主题文创产品设计，打造古道文化 IP，推动文化和旅游融合发展，不断提升陕西省旅游质量。

B.5
陕西农业文化遗产保护传承与利用研究

张　敏　王红霞　阳易江*

摘　要： 我国农业文化遗产是农耕文明的"活化石"，是乡村优秀传统文化的重要组成部分。加强农业文化遗产保护利用，进一步挖掘其经济价值、社会价值、文化价值和生态价值，有利于传承发展、提升中华农耕文明，是推动人与自然和谐共生、建设宜居宜业和美乡村的重要举措。本文在梳理陕西省重要农业文化遗产保护利用现状基础上，从加强宣传力度、建立健全保护利用体系、丰富保护利用形式、拓展"价值链"等四个方面提出相关对策建议，以期为全省农业文化遗产创造性转化和创新性发展提供借鉴。

关键词： 农业文化遗产　乡村振兴　陕西

一　农业文化遗产概述

联合国粮农组织（FAO）对"农业文化遗产"的定义为："农村与其所处环境在长期协同进化和动态适应下所形成的独特土地利用系统及农业景观，具有丰富的生物多样性，而且可以满足当地社会经济与文化发展的需要，有利于促进区域可持续发展。"其具有以下五大特征：一是保障食物和生计安全；二是具有生物多样性和生态多功能性；三是具有特有的农业知识体系和适应性技术；四是具有独特的农业文化价值体系；五是具有独特的自

---

* 张敏，博士，陕西省社会科学院农村发展研究所副所长、副研究员，主要研究方向为农业经济管理；王红霞，陕西学前师范学院讲师，主要研究方向为影视产业、地域文化；阳易江，陕西学前师范学院学生，主要研究方向为文化产业管理。

然景观和水土利用系统。① 我国农业文化遗产是中华优秀传统文化的重要组成部分，蕴含着中华农耕文化基因，推进农业文化遗产保护传承和开发利用有助于赓续中华文脉、坚定文化自信、服务乡村全面振兴。

农业文化遗产是基于可持续发展理念的综合性农业生产系统，作为农耕文明的"活化石"，很多距今已有上千年历史的农业生产系统目前仍在使用，实现了生产、生活与生态三者动态平衡，其中蕴含的智慧和经验对生物多样性保护、生态系统平衡维护、农耕技艺传承、农业景观建设、传统村落守护等具有十分重大的意义。自 2002 年 8 月联合国粮农组织发起"全球重要农业文化遗产"（GIAHS）倡议以来，中国积极响应倡议，始终坚持"在发掘中保护、在利用中传承"原则，不断完善农业文化遗产保护利用的相关制度法规和管理体系，推进农业文化遗产保护的创新性实践。2012 年我国启动"中国重要农业文化遗产"（China-NIAHS）发掘、保护与管理工作；2015 年 8 月出台世界上第一个关于农业文化遗产管理的国家级规范性文件《重要农业文化遗产管理办法》；2021 年 6 月 1 日正式实施的《中华人民共和国乡村振兴促进法》，使我国成为世界上第一个将农业文化遗产保护列入法律文件的国家。

党的十八大以来，党和国家高度重视农业文化遗产保护和利用，持续加大支持力度，GIAHS 和 China-NIAHS 工作取得了显著成果。截至目前，我国已有 22 个项目被认定为全球重要农业文化遗产，数量居世界之首；188 个项目被认定为中国重要农业文化遗产，涉及 212 个县级行政区域。入选世界级和国家级重要农业文化遗产的项目，拥有丰富多样的物种基因和独特的农业景观，通过对这些项目保护利用和监督管理，可以有效提升农业文化遗产保护水平，促进遗产所在地农业农村可持续发展。在乡村振兴战略背景下，进一步挖掘农业文化遗产的经济价值、社会价值、文化价值和生态价值，不仅有利于农业文化遗产保护传承体系的建设，也能够为增强农村发展活力、促进农民共同富裕做出积极贡献。

---

① 《强化农业文化遗产保护利用》，《经济日报》2024 年 8 月 10 日。

二 陕西农业文化遗产保护利用的成效及典型做法

陕西是中国农耕文明的重要发祥地之一，农业文化遗产资源十分丰富。近年来，陕西坚持在发掘中保护，在利用中传承，持续推进重要农业文化遗产的申报、保护利用和监督管理工作，并结合非物质文化遗产、历史文化名村（传统村落）、水利灌溉遗产等工作加强农耕文化传承保护和创新发展，通过创造性转化、创新性发展推动农耕文明和现代文明要素融合发展，为乡村振兴注入了全新活力。截至 2023 年底，农业农村部认定的中国重要农业文化遗产中，陕西共有六项入选（见表 1）。此外，陕西还拥有千阳稻作文化系统、南郑古茶园与茶文化系统、佛坪山茱萸栽培系统、石泉桑蚕养殖系统、紫阳古茶园与茶文化系统、岚皋稻作文化系统等六项具有潜在保护价值的传统农业生产系统。① 各遗产地在加强保护传承的同时，深入挖掘农业文化遗产的多重价值，塑造具有遗产地特色的文化符号，赋予其新的时代内涵，成为遗产地推进乡村振兴的重要力量。

表 1 陕西重要农业文化遗产概况

项目名称	入选时间	特征
佳县古枣园系统	2013 年入选首批中国重要农业文化遗产，2014 年 4 月被联合国粮农组织认定为全球重要农业文化遗产	佳县遗产地核心保护区是我国乃至世界枣的重要起源地和栽培中心，当地居民经过长期实践创造的枣粮间作复合生态系统模式，在改良土壤、防风固沙、保持水土、涵养水源、调节温度湿度等方面发挥了重要的生态功能作用，同时利用枣树和农作物之间不同的生长时间、生理学特征差异和生态优势，在林下林间栽培农作物，形成了人类、枣树种群和农作物三者之间互利共存的典型生态系统

① 《农业部公布 2016 年全国农业文化遗产普查结果》，中国政府网，https：//www.gov.cn/xinwen/2016-12/12/content_5147058.htm。

项目名称	入选时间	特征
凤县大红袍花椒栽培系统	2017年入选第四批中国重要农业文化遗产	凤县大红袍花椒栽培系统采用"椒—果""椒—粮"间作套种的立体种植方法,将多种果树、粮食和经济作物与花椒共同栽培,构成了种植区域生机勃勃的生态循环,并衍生和创造出了独特的凤椒文化
蓝田大杏种植系统	2017年入选第四批中国重要农业文化遗产	蓝田大杏种植系统依托秦岭腹地以及河谷冲积平原地域优势,表现出良好的水土保持、水利灌溉和农耕农事的立体种植功能,杏粮、杏果、杏草、杏牧间作,互利共生
临潼石榴种植系统	2020年入选第五批中国重要农业文化遗产	临潼石榴种植系统具有独特的生态种植技术,石榴园区利用天然的草资源或者秸秆、绿肥等对地表进行覆盖,可以减少地表蒸发,提高和稳定地温,进一步增强营养
汉阴凤堰稻作梯田系统	2021年入选第六批中国重要农业文化遗产	汉阴凤堰稻作梯田灌溉引用河水、泉水、塘水和局地降水,人工开挖的沟渠与堰塘承接着山林水流与泉水,"渠、溪、田、塘"构成了完备的灌溉系统,实现了有效的逐级自流灌溉
府谷海红果栽培系统	2023年入选第七批中国重要农业文化遗产	府谷海红果栽培系统采用增施农家肥、种养结合、林粮间作、树盘蓄水等传统生态技术,促进了土壤有机质积累和土壤团粒结构形成,为树根系生长和土壤微生物的活动创造有利条件

资料来源:笔者根据公开资料整理。

为提高农业文化遗产保护利用工作规范化和制度化水平,陕西部分遗产所在地政府出台了相关规划、管理办法和地方标准,如《汉阴凤堰梯田景区建筑设施风貌规范管理办法(试行)》《凤堰古梯田生态博物馆保护利用规划》《汉阴县凤堰古梯田乡村生态旅游区总体规划》《陕西省大红袍花椒(凤椒)与椒文化系统保护与发展规划》《中国重要农业文化遗产——临潼石榴种植系统保护管理办法(试行)》《临潼区石榴等级标准实施规范》等,强化了农业文化遗产的动态保护、文化传承和遗产地经济社会可持续发展。同时,各遗产地在对农业文化遗产保护的基础上,进一步开发和活化利用,以农文旅融合发展实现保护、传承、利用有机统一,比较典型的活化利用模式主要有以下三种。

一是"农业文化遗产+农业全产业链"模式。凤县始终注重统筹发展与保护生态的关系，在采取动态保护、适应性管理和可持续利用途径保护农业文化遗产的同时，引进陕西大红袍新科技发展有限公司、陕西雨润椒业科技有限公司等龙头企业，大力发展花椒精深加工，实施标准化生产、品牌化营销，不仅提高了花椒产业经济效益，也让大红袍花椒文化焕发出新生机。截至2023年底，凤县花椒留存面积7.3万亩，产量达4600吨，产值达5.3亿元，带动椒农人均增收6700元。①

二是"农业文化遗产+文化旅游"模式。临潼区是我国最早的石榴栽植地和石榴主产区之一，拥有2100多年的栽培历史，见证了古代中国与西域商贸往来的繁荣，被称为"丝路御果"。依托石榴种植系统农业文化遗产保护工作，临潼区自2017年开始已经举办八届"石榴花节"，以不同形式将石榴元素融入各类宣传活动，充分展示临潼石榴的历史文化底蕴，通过探索以石榴为载体的文旅产业，推进乡村振兴高质量发展。

三是"农业文化遗产+博物馆"模式。汉阴凤堰稻作梯田系统不仅拥有引水灌溉和农业耕作技术的遗存，周边还保存着明清两代的碑石遗存和古遗址、古村落，为了更好保护和展示文化遗产，当地以移民农耕文化为主题、以古梯田文物景观为特色建成了全国首个移民生态博物馆——凤堰古梯田移民生态博物馆。博物馆核心面积11.5平方公里，集"山、水、田、寨、村、屋、庙、农"于一体，成为秦巴山区农业生物和移民文化的"基因库"，实现了遗产地文化、生态、经济、社会全面协调可持续发展。

三　陕西农业文化遗产保护利用存在的不足

尽管陕西在农业文化遗产发掘保护、传承利用方面取得了显著成效，但在制度建设、人才培养、品牌建设等方面还存在以下不足。

---

① 《在高质量发展的赛道上全速奔跑——凤县2023年亮点工作回眸》，http://www.sxfx.gov.cn/art/2024/1/23/art_3146_1715478.html。

（一）保护传承政策和制度有待健全，社会各界关注度不高

陕西重要农业文化遗产虽然总量不多，但是类型众多、表现形态丰富、历史悠久、农耕文化底蕴深厚，既有体现农业技术创新和发明的农业技术遗产，也有体现农业生产组织形式的制度遗产，还有古建筑、古村落、古树、古梯田等有形遗产以及风土习俗、节庆礼仪、传统手工技艺等非物质文化遗产。农业文化遗产保护利用工作涉及农业农村、文化和旅游、水利、住建、生态环保、文物等多个职能部门。从目前全省农业文化遗产管理工作的实际来看，整体上还处于起步阶段，各职能部门缺乏统一协调的机制，再加上保护利用资金不足，遗产地管理机构存在认识不科学、管理水平不高、宣传推介滞后等问题，需要进一步建立健全制度安排和运行机制，促进保护利用工作的稳定开展。此外，与浙江省、福建省等省份相比，陕西宣传科普力度不足，社会公众对陕西农业文化遗产的概念和特征缺乏了解，对遗产地的保护开发、特色产品、农业景观、文化活动等关注度不高。作为农业文化遗产的重要实践者和守护者，遗产地居民的保护意识还有待提高，参与保护和活化利用的积极性和主动性有待进一步提升。

（二）农业文化遗产相关专业人才缺乏，新技术手段应用不足

农业文化遗产是一个复合系统，在生态系统多样性维护、遗产动态保护管理、景观稳定性维持体系、产业发展促进机制、农耕文化传承发展、综合价值评定等方面存在农学、历史学、考古学、地理学、生态学、经济学、社会学、文化学等多学科交叉，需要相关领域学科专家长期进行跟踪研究，以及强有力的复合型人才支撑和智力支撑。目前，无论是数量还是质量方面，陕西农业文化遗产专业人才都严重不足，对相关人员的培训也不够专业和全面系统，导致缺乏相应技术标准规范的引导以及差异性保护开发的措施，迫切需要推进专业人才队伍建设。随着以互联网、5G、大数据、人工智能等为代表的数字技术广泛应用，在农业文化遗产保护传承中运用新技术、新手段已经成为发展趋势，农业文化遗产数字化整理、保护，并实现"活态化"

呈现，是实现农耕文明和现代文明要素有机结合的创新路径。但是，目前陕西农业文化遗产的展示都是以传统线下陈列和专人讲解为主，还未启动农业文化遗产数字化场景建设，数字技术未能有效地融入保护与利用中，难以吸引更多年轻人深入了解深厚的农耕文化底蕴。同时，随着城镇化、工业化进程加快，许多高校毕业生和乡村青年选择进入大城市工作生活，遗产地面临人才短缺的难题和挑战，造成传统农耕技艺、民间手工艺、文化习俗等传统文化逐渐失去传承基础。

（三）农业文化遗产品牌建设相对滞后，产业价值有待提升

陕西拥有一项全球重要农业文化遗产和六项中国重要农业文化遗产，蕴藏着巨大的品牌价值和天然的社会影响力，但是在实际宣传和推广中，由于部分农业文化遗产未形成区域整体品牌形象，其农业功能、科普教育功能、文化传承功能、农文旅融合功能等尚未得到充分开发，品牌建设力度有待进一步加强，尤其是整体规划、品牌策划、产品设计、市场营销、运营管理等方面还存在很大的提升空间。在深度挖掘农业文化遗产的产业价值方面，现有的品牌多集中于地方特色农产品，如佳县红枣、临潼石榴、凤县花椒、府谷海红果、蓝田大杏等，以农耕文化、生态景观、传统村落、传统耕作技艺等核心内涵为主题的品牌建设相对较少，遗产所在地的生物资源、生态资源、景观资源、人文资源等优势还没有充分转化为产业经济价值。此外，部分遗产地经营开发的乡村旅游和休闲农业项目中还存在同质化程度高、服务专业化水平低等问题，对当地吸引消费者和投资者，发展特色农业、乡村旅游等产业产生了一定制约作用，也不利于调动遗产地居民参与农业文化遗产保护利用的积极性。

四 陕西农业文化遗产保护利用的对策建议

2024年中央一号文件（《中共中央 国务院关于学习运用"千村示范、万村整治"工程经验有力有效推进乡村全面振兴的意见》）提出，"推动农

耕文明和现代文明要素有机结合"，"强化农业文化遗产、农村非物质文化遗产挖掘整理和保护利用"，保护利用好农业文化遗产对推进乡村全面振兴的重要性日益凸显。下一步，陕西应加大宣传力度，加快建立健全农业文化遗产保护利用体系，坚持创造性转化、创新性发展，运用新技术、新模式、新手段深入挖掘多元价值，丰富保护利用形式，拓展"价值链"，促进遗产地乡村振兴和可持续发展。

（一）加大对农业文化遗产的宣传力度

一是高度重视农业文化遗产的宣传推广工作。以互联网、电视、广播、报纸等媒体途径为载体，借助博物馆展览、图书馆展览、农事节庆、主流媒体宣传采访等活动开展宣传推介，讲好农业文化遗产故事，提高公众认识和理解。二是加大对全省重要农业文化遗产的传播普及力度。定期对全省发掘认定的重要农业文化遗产进行集中发布，通过制作遗产地宣传短片展示基本情况、地域特色和文化内涵，持续扩大知名度和影响力。运用多媒体、多平台、多渠道打造农业文化遗产宣传阵地，策划制作科普读物以及微电影、微动漫等科普短视频，以科普教育为主题发起进机关、进校园、进社区、进企业、进商圈、进乡村等系列活动，营造全社会共同参与保护传承的浓厚氛围，增强社会各界人士保护意识和精神共鸣。三是加快"走出去"步伐。组织各地开发农业文化遗产文创、动漫形象等文化 IP 符号，积极培育"农遗良品"品牌，加强遗产地与共建"一带一路"国家的交流合作，推动全省重要农业文化遗产走向全国、走向世界。

（二）建立健全农业文化遗产保护利用体系

一是加大识别、挖掘和普查力度，不断完善制度建设。全面梳理资源底数，探索建立全省农业文化遗产资源库和保护名录，加强对名录内遗产地生态环境、农业文化、传统知识和技艺的保护及修复工作，推进重要农业文化遗产申报与宣传，助力陕西传统农耕文化创新性发展。加快制定全省重要农业文化遗产保护利用的管理办法和相关法规，明确保护对象、核心区范围以及相关部门职责等，推动保护利用工作常态化、制度化和法治化，维护其真实性、完整性和延续性。二是搭建省级综合性研究平台，构建多元协同保护格局。建立省级农业文化遗产专家库，邀请相关领域知名专家担任顾问，设立专项研究课题，联合高校、科研院所等机构开展社会与生态可持续发展机制、生态功能价值评估、动态保护与适应性管理等研究，为全省农业文化遗产的发掘、保护利用、转化创新、传承发展等工作提供咨询服务和技术支撑。进一步挖掘蕴藏在农业文化遗产中的农业种质资源、传统农耕技术知识、生态系统、乡土文化、民俗节庆等多重价值，加大宣传力度，增进全社会的价值认同，推动构建多方协同保护大格局。坚持农民主体地位，通过政策保障、资金扶持、技能培训等多种举措调动农民参与农业文化遗产保护利用的积极性，完善共建共享的利益联结机制，让农民共享保护和利用成果。三是加强农业文化遗产保护传承的人才队伍建设。通过优化人才工作环境、资源配置，完善正向激励机制等措施吸引人才回流乡村，注重发挥乡村能人、非物质文化遗产代表性传承人、民间艺人等"领头雁"的作用，搭建交流学习平台定期开展保护传承工作业务培训，打造具有遗产地特色的高素质人才队伍。

（三）丰富农业文化遗产保护利用形式

一是深入挖掘农业文化遗产的现代价值和实践经验。坚持在发掘中保护、在利用中传承，以全省拥有的全球和中国重要农业文化遗产为核心，持续擦亮"金字招牌"，探索其中具有普适性、复制性强的绿色生态生产理念、传统农遗农技、育种方式等农耕文明优秀遗产，促进遗产保护和现代农业可持续发展有机融合，提升农业生产效率和综合生产能力，打造西部地区乃至全国典型案例。二是加强农业文化遗产保护传承载体建设。因地制宜在遗产地建设开放式的生态博物馆，全面展示当地农业文化遗产的历史渊源、生态模式、农耕技艺、物种资源以及农耕文化传承与发展，搭建教育实践、学术研究、农耕体验、文化创作、主题公园等系列平台，推动保护利用与时代发展、群众需求同步同向。三是加快推进农业文化遗产保护的数字技术创新和应用。运用数字技术对相关文字、图片、音频、视频以及实物资料进行数字化处理，建立数字档案馆，实现其长效保护和长久传承。打造线上"智慧博物馆"平台，借助增强现实（AR）、虚拟现实（VR）、全息投影、人工智能、直播等新技术展现农业种植养殖、聚落遗址、生态景观、传统民俗、野生资源等场景，拓宽保护利用路径，推动农业文化遗产"活"起来。

（四）积极拓展农业文化遗产"价值链"

一是持续加强品牌建设，提升知名度和影响力。依托遗产地特有种质资源、传统文化习俗和生态景观，充分发挥农业文化遗产品牌、地域品牌、特色农产品品牌的叠加优势，加快建设以"传统农遗农技+现代农业"为核心的特色农产品生产示范基地，大力倡导生态农业、循环农业，用生态文明理念引领现代农业，加强绿色认证、有机认证、地理标志认证与推广，以品牌建设为引领打通传统农业向精品农业的转化通道，带动提升"陕字号"土特产的知名度和附加值。二是积极培育市场主体，加强优势资源开发利用。积极引导和支持新型农业经营主体、农村集体经济组织参与农业文化遗产资源开发，充分挖掘农耕文化的独特内涵和精神价值，大力发展精深加工、农业文创产品、手工艺品制作等，推动农遗产品生产标准化、服务品牌化、产业集群化、消费场景化，促进遗产地农民增收和农业生产方式转变，将资源优势转化为产业优势和发展优势。三是打造"农业文化遗产+"新模式，持续赋能乡村振兴。深入挖掘陕西农业文化遗产的历史价值和丰富多彩的文化风貌，推动农业、文化、旅游等产业有机结合，促进种养产业、文化产业、休闲产业、康养产业、文旅产业和科普研学活动等各类富民产业发展。加强遗产地旅游基础设施建设，差异化设计开发民俗村、精品民宿、田园综合体、康养旅游、户外运动、农事节庆等特色项目，持续放大农业文化遗产的经济效益和社会效益，不断拓宽促进农民共同富裕的实践路径。

B.6
新文旅赋能陕西秦腔艺术传播研究

马燕云*

摘　要：　近年来，伴随经济结构的不断调整和数字中国建设战略的推进，传统戏曲与文旅产业逐步实现融合共生的新样态、新趋势。戏曲的发展与其所处时代环境密切关联。秦腔是陕西地方戏曲的主体，需要薪火相传。当前，传统文化业态数字化转型加速推进，数字化文化产业成为文化产业核心力量。面对新挑战和新机遇，应让新文旅赋能陕西秦腔在守护中更好发展、在传承中更广传播。

关键词：　新文旅　秦腔　陕西

党的十八大以来，以习近平同志为核心的党中央坚持把文化建设摆在治国理政突出位置，高度重视非物质文化遗产保护传承。秦腔是首批列入国家级非物质文化遗产名录的保护和传承项目。2024 年政府工作报告提出要"丰富人民群众精神文化生活""推进非物质文化遗产保护传承"。伴随我国经济内生动能积蓄增强，文化发展活力不断彰显，数智技术不断突破，云计算、图像识别、虚拟现实、元宇宙等广泛应用于文旅产业，新质生产力驱动下高质量发展的新文旅应时而生。

一　陕西秦腔传承发展概述

秦腔被誉为"中国梆子戏鼻祖"，是"梆子腔、皮黄腔、昆腔、弋阳

---

* 马燕云，陕西省社会科学院文学艺术研究所助理研究员，主要研究方向为城市文化发展史。

腔"四大声腔中最古老、最丰富的声腔体系，诞生于农耕、农战文化成熟时期，起于西周时期，成熟于秦朝，繁盛于清朝，历经千年"秦风""秦声""秦腔"传承，在题材内容、艺术形式、文化形态等方面具有大众化、通俗化特征，是最能代表陕西日常生活、价值观念、民风民俗的地方戏曲。

1907年，"西安长庆剧社"在陕西华阴庙成立，后改名"关中三义社"，最终定名"西安三意社"，培养了数以百计的秦腔名家。辛亥革命后，西安第一家新兴剧社"陕西易俗伶学社"创建，是西安易俗社前身。易俗社以"辅助社会教育、启迪民智、移风易俗"为宗旨，肩负改良秦腔、普及教育的重任，革新秦腔剧目、音乐唱腔、舞美设计等，结束了秦腔长期以来没有专业编剧的历史，培养出以李桐轩、孙仁玉、范紫东、高培支为代表的秦腔剧作家，创作出《一字狱》《三回头》《三滴血》《还我河山》等新剧目。1924年，鲁迅来西安讲学，20多天内先后5次观看易俗社《人月圆》《大学传》等，题写匾额"古调新弹"。

1938年7月4日，中国共产党创立的第一个红色革命秦腔剧团"陕甘宁边区民众剧团"在延安成立，这是陕西省戏曲研究院的前身。陕甘宁边区民众剧团坚持"从老百姓中来，到老百姓中去"的宗旨，"永远为民众服务"。1938~1946年，陕甘宁边区民众剧团新创秦腔剧目——"人民解放三部曲"的《血泪仇》《一家人》《穷人恨》，在全边区23个县190多个镇（村）演出14750场戏，平均两天演一场，观众在260万人次以上，发挥了"特殊战场"的特殊效用。

中华人民共和国成立后，在"百花齐放，推陈出新"方针的指引下，秦腔剧团遍及西北地区。1951年5月5日，政务院根据各地开展戏曲改革工作的经验，颁布了《关于戏曲改革工作的指示》，明确提出了"三改"戏曲改革工作内容。1952年，秦腔剧目《游龟山》荣获第一届全国戏曲观摩演出大会剧本创作奖和演出二等奖。1958年，陕西省戏曲研究院二团、三团与西安易俗社三大秦班组成陕西省赴京汇报演出团，演出秦腔传统戏《游西湖》《赵氏孤儿》等，《人民日报》《光明日报》等发表多篇评论文章，《赵氏孤儿》被誉为改编最成功的传统戏之一，《三滴血》被誉为"简直可以同莎士比亚的剧作媲美"，秦腔被誉为"老树红花"。1959年，陕西省戏曲研究院二团、三团和易俗社参加陕西省戏曲演出团，携剧目《游西湖》《三滴血》赴京为国庆10周年献礼演出，之后，巡回南京、上海、杭州等13省（市）演出，历时7个多月，提升了秦腔在全国的影响力，拓展了秦腔传播的文化空间。1960年，西安电影制片厂将首演于1918年的易俗社经典剧目《三滴血》搬上银幕，成为我国首部秦腔黑白电影。

1983年，第二届陕西省文代会发出"振兴秦腔"的号召，时任省委第一书记马文瑞指出，秦腔应该在改革和创新上大做文章，既要保留优点和特色，又要符合时代需要，改内容、唱腔、音乐设计、表演、舞台等，为全省、西北乃至全国人民群众喜闻乐见。1984年，陕西省成立了专门的"振兴秦腔委员会"，1984年4月17日，陕西省委文件转发了省委宣传部、省文化厅党组《关于振兴秦腔的实施方案》，要求振兴秦腔必须贯彻"抢救、继承、改革，发展"的方针，尽快出作品、出人才，努力提高艺术质量。同时，省政府拨款30万元作为开展振兴活动经费。1992年，首创于1985年的秦腔历史剧《千古一帝》走出国门。2009年，陕西戏曲研究院秦腔传统戏《拆书》赴台交流，被评价为"中国戏曲的传统在大陆，戏曲的程式性表演在大陆"。同年，艺术再现50年来交通大学西迁历程和知识分子心路历程的现代戏《大树西迁》，进京为国庆60周年献礼演出，被誉为民族传统精神的升华，是面对现实信仰缺失的呐喊，是对追求真善美境界的赞歌，也是对责任、使命和诚信的呼唤，将载入中国当代戏剧史，载入中国当代文艺史。① 创排于2011年的现代戏《西京故事》及主演，先后荣获第十二届中国戏剧节优秀剧目奖和优秀表演奖、白玉兰表演奖、第十四届文华大奖、中宣部"五个一工程"奖等。

2016年，《陕西省人民政府办公厅关于支持秦腔等地方戏曲传承发展的实施意见》强调，要以振兴繁荣秦腔等地方戏曲艺术、满足群众日益增长的精神文化需求为目标，培育有利于戏曲活起来、传下去、出精品、出名家

---

① 陈彦：《秦腔学府：陕西戏曲研究院》，太白文艺出版社，2010，第205页。

的良好环境，形成全省重视和支持戏曲艺术传承、发展的生动局面。先后推出新编秦腔历史剧《诗圣杜甫》《丝路长城》等，国家级非遗秦腔抢救传承剧目《再续红梅缘》，国家艺术基金资助剧目青春版《迟开的玫瑰》，复排传统经典戏《火焰驹》《玉堂春》等。2018 年，经反复论证、修改的《大树西迁》剧目入选教育部、文化和旅游部、财政部高雅艺术进校园活动。2019 年，贾平凹创作的长篇小说《秦腔》入选"新中国 70 年 70 部长篇小说典藏"。2020 年，全省重点剧目创作计划的大型秦腔现代戏《路遥的世界》举行公演。该剧的主人公原型，是"给历史一个交代"的人民作家路遥，是入选"改革先锋名单（100 人）"中的两位作家之一。7 月 22 日，秦腔《路遥的世界》实现云端公演，这是古老戏曲与数字科技融合的"亲密"尝试。2021 年 11 月 26 日，陕西省第十三届人大常委会第二十九次会议通过《陕西省秦腔艺术保护传承发展条例》，涵盖保护传承、人才培养、创新发展、保障措施、法律责任等方面，明确县级以上文化旅游行政主管部门应当组织开展秦腔艺术资源普查，保护修缮具有历史价值的秦腔艺术场所、设施，加强对历史悠久、享有盛誉、具有代表性的秦腔艺术品牌的保护等。2021 年，首届中国秦腔优秀剧目会演惠及群众 600 余万人次。2022 年，秦腔首部 3D 电影《三滴血》亮相第九届中国秦腔艺术节。2024 年，陕西省"戏曲进乡村"惠民演出补助资金共 5348 万元（中央财政拨付补助资金2409 万元，陕西省级财政配套补助资金 2939 万元），完成演出 1.2 万余场。

二 新文旅赋能陕西秦腔艺术传播的实践探索

新文旅是在新质生产力驱动下高质量发展的文旅，是在保持传统文旅模式优势的基础上，因时制宜、应需而生的文化和旅游融合创新实践，宗旨是文旅为民，核心是繁荣发展大众旅游、智慧旅游、绿色旅游、文明旅游等，是在构建全国旅游空间新格局理论实践中，从要素驱动向创新驱动转变，关键在于科技更迭与思维更新，优势在于降低传统文旅模式实体成本的追投，是适宜于大众的旅游模式。新文旅赋能秦腔，即"新文旅+秦腔"发展模式，是在科技支撑下，文旅融合与秦腔创新的双路径并行发展模式。元宇宙、人工智能、5G、区块链等技术的加入，虚拟现实（VR）、增强现实（AR）、混合现实（MR）等沉浸式科技与数据推送实现场景再现，能激发游客的视觉、听觉、触觉和嗅觉等感受，打开了戏曲演艺空间的外延，提升了戏曲讲述故事的体验力度，增强了戏曲受众定位的精确度，扩展了戏曲艺术观众年龄的区间。新文旅通过应用数字技术，在模拟复刻或科技定制的历史场景中，让观众或游客如同置身真实文化情境中，为非遗秦腔艺术讲述中国故事提供了更包容的参与空间。

（一）文化科技融合

一是元宇宙虚拟人。元宇宙虚拟人即数字虚拟人，也被称作"数字化世界的新生命"，是通过数字技术、图像处理等由计算机生成的虚拟人物形象。2022年5月，"安小吴"成为陕西首位乡村振兴虚拟数字人IP形象。2022年6月8日，第九届中国秦腔艺术节开幕前，通过光学动作捕捉、3D建模、人工智能等创设推出的秦腔第一虚拟数字旦角"秦筱雅"，与陕西摇滚乐手王建房默契同唱融合秦腔唱腔、秦腔音乐的现代摇滚版《长安夜》，是秦腔挺进二次元领域的新尝试。二是AI演绎系统。2020年12月17日，在以"文化科技深度融合，激发创新创造活力"为主题的陕西文化产业高质量发展合作峰会上，融合戏曲全新沉浸式体验的"友戏君"秦腔戏曲AI演绎系统展出。"友戏君"秦腔戏曲AI演绎系统是由全新无穿戴人工智能AI视频动捕核心技术打造的平台，只需一台普通的RGB摄像头，就可捕捉到使用者的3D动作数据，无须任何专业设备和专业场地，相较于传统动捕技术，"友戏君"的使用更方便、成本更低，在创新思维和传统艺术的碰撞中，有效实现秦腔演员学戏动作的精准性，充分满足普通观众或游客身临其境接触秦腔的可行性。

（二）新媒体展示

一是短视频展示。2024年4月，演员平均年龄25岁的短视频秦腔版

《上春山》MV 在抖音平台一经上线便迅速破圈，帽翅、翎子、水袖等秦腔"绝活"与大唐芙蓉园、西安城墙、大明宫等文旅地标同屏展示，实现了新文旅赋能秦腔突破空间限制的传播尝试。截至 2024 年 4 月 30 日，秦腔版《上春山》MV 在抖音、微信视频号等平台累计播放近百万，被央视频等主流媒体转播。二是国潮风快闪展示。2024 年 5 月 1~5 日，以经典文学名著《西游记》为 IP 创排的秦腔文旅演出版神话剧《西游记》上演，采用剧场+路演快闪方式，瞬间吸引了"90 后""00 后"年轻群体对传统戏曲的关注，五一假期间实现线上线下累计 15 万人次共同观看的纪录。三是云端直播展示。2024 年，岚皋举办"陕西村 BA"，一曲《秦韵长安》引爆开幕式，被誉为"篮球场上的秦腔风采"，8 月 16 日至 10 月 6 日村 BA 网络曝光量 15 亿次。四是沉浸式展示。2020 年，易俗社历史文化街区以"街、坊、巷、院"为基础，围绕"秦腔之心"构筑多层次活动空间，是集秦腔艺术展演、博物馆展示、戏曲教育传承、老字号商业聚集区、秦腔精品艺术酒店于一体的秦腔文化 IP。五是文创展示。2023 年，周至县举办"秦岭·秦人·秦声——首届乡村戏曲节"，并推出秦腔版四宝形象，集秦岭四宝（朱鹮、羚牛、金丝猴、大熊猫）与秦腔扮相（生、旦、净、丑）拟人化于一体。

（三）"数字观"植入

"数字观"[①] 不仅包括对传统文艺内容认知的重新构建，还包括对传统生活方式、出行方式、学习方式、社交方式等的重新界定。当前，围绕"数字"的文化观念和表达方式都在发生改变。一是"数字观"植入非遗展演。2024 年 5 月，以秦腔为主题、以沉浸式互动体验为核心、由 20 名"00后"秦腔演员参与的非遗旅游演艺《大秦腔》在陕西歌舞大剧院推出，是秦腔携手华阴老腔、皮影戏、碗碗腔、杖头木偶戏等非遗项目的同台集群式展演，通过"非遗+演艺""非遗+餐饮""非遗+研学"等创新模式，实现

---

① 刘雨婷：《社会学视域下的五种数字观》，《社会学研究》2023 年第 8 期；邢婷婷：《数字观：数字时代青年价值观建设的新内容》，《光明日报》2024 年 10 月 25 日。

古老"非遗"与新文旅空间 IP 链接，三个月内共演出 400 余场，接待游客 8 万多人次，成为省外游客体验秦腔艺术了解陕西文化，听秦音、品秦食、感秦韵的新地标，是新文旅"活化"非遗传承、激活文化消费市场、创新多剧种集群化展演的成功实践。二是"数字观"植入公共文化服务体系。2024 年 2 月 2 日，宝鸡秦腔博物馆开馆，分秦腔历史展区、VR 多媒体互动体验区、剧场等十余板块。10 月 18 日，2024 中国（宝鸡）国际酒业展览会外宾团游客在互动体验区，身着 VR 戏服模仿秦腔演员的表演动作、体验秦腔表演的基本动作和唱腔，更直观地触摸到中国传统文化，借助 VR，秦腔让讲述不同语言、来自不同国家的人们沟通无阻。10 月 27 日，运用"智慧管理平台"的 AI 类赛事"2024 宝鸡马拉松"举办，2.6 万名选手（外省参赛者占比高达 46.37%）齐聚"西秦腔"发源地，28 家 A 级以上景区、46 家赛事保障酒店共推文旅惠民消费举措，宝鸡秦腔博物馆携手宝鸡市戏曲剧院"以赛道为台，演绎秦腔千年风华"助阵比赛，将"两千多年来豪迈的秦人，用一声唱腔传唱生活"的赛事宣传片解说词全方位呈现。

三 加强新文旅赋能陕西秦腔艺术传播的对策建议

秦腔的生命力在于创新。当前，传统文化业态数字化转型加速推进，数字化文化产业成为文化产业核心力量。面对新机遇，立足于秦腔在更广泛地域范围传播的实际可能性，为让新文旅赋能陕西秦腔艺术更好传播，提出以下对策建议。

（一）提升新文旅赋能秦腔传播的空间

一是拓宽传播渠道。挖掘秦腔文化和新文旅之间的契合点，植入"文化+科技""传统文化+现代化转化""非遗+新思维""IP+艺术概念""云演艺"等概念，生产"短""微"秦腔科普移动视频精品，与现有秦腔 IP 融合发展。二是建设专业传播团队。设置新文旅赋能秦腔传播发展专项人才资金，坚持"引才、留才、用才"原则，建立健全专项人才引进机制、职级晋升机制和收入分配激励机制，迭代现有秦腔团体传播运营能力。三是扩容传播空间。破除传播壁垒，降低文化资本投入，借助 5G、AI、VR 等新技术跨越传播时空限制，制造秦腔与京剧、越剧、豫剧等其他剧种，秦腔与歌剧、电影、流行乐等多样态艺术形式碰撞的热搜话题，选用秦腔"快闪"等行为艺术，通过直播平台等加强秦腔艺术代表性传承人与受众的连接频次和密度，以新文旅特有途径最大限度地拓宽受众群体范围，提升传播效果，实现传播空间的转移扩容。

（二）增强新文旅赋能秦腔传播的效率

一是建立新文旅赋能秦腔传播数据库。数据是秦腔再创文化价值的源泉。依托国家数据局、文化和旅游部等 17 部门联合印发的《"数据要素×"三年行动计划（2024~2026 年）》政策保障，利用新文旅赋能秦腔传播的数据价值，推动秦腔知识扩散、新文旅业态创新，助力秦腔文化的保护、传承和传播。二是促进新文旅赋能秦腔传播产业链发展。互补整合陕西新文旅资源和秦腔文化元素，具象化秦腔文化故事的传播内容和叙述层次，以游客流量刺激秦腔文创产品更新，拓展市场，延伸产业链。三是建设新文旅赋能秦腔传播 IP 体系。以作品立身，以"数字观"建设为基础，引入市场运行机制，创新文旅商业模式，提炼经典剧目元素，策划"新文旅+秦腔"打卡地，筛选独具秦腔特色的县级以上地标建筑，聚焦青年群体，挖掘青年背后的力量，创建新的秦腔文化记忆，以"存量思维"精准引流，形成新文旅秦腔传播 IP 体系。

（三）激发新文旅赋能秦腔传播的张力

一是推进易俗社沉浸式"新文旅+秦腔秦调"大空间 VR 品牌建设。易俗社沉浸式"新文旅+秦腔秦调"大空间 VR 项目，即融合易俗社"秦腔之心"IP 与大空间 VR 于一体的创新项目。可合理适度使用虚拟现实等数字技术实现虚实场景流动、元宇宙虚拟角色扮演等，使用增强现实等数字技术实现游客或观众智能终端与现实展品互动体验，成为集新场景、新产品、新体验、高附加值于一体的文化存量新地标。二是谋划秦腔"村演"直播，赢得更多"破圈"机会。借助抖音等媒体平台，选择西安周边如袁家村、白鹿原影视城等典型乡村振兴实体，实现秦腔"村演"直播，在复盘经典传统剧目来巩固核心的中老年受众群体的同时，深入市场对不同年龄阶段的受众审美需求进行调研分析，形成专业化、品牌化的新媒体宣传运营机制，用戏曲助力乡村振兴，用农文旅实体赋能秦腔戏曲发展，充分挖掘弘扬乡土文化，释放乡土文化吸引力，赢得更多"破圈"机会。三是培塑广东和陕西"双向奔赴"的"跃（粤）闪（陕）秦腔文化廊道"。广东非遗西秦戏源自明代西北地区的西秦腔，宝鸡是西秦腔的发源地。明朝时期，西秦腔由西北地区传播至广东并形成地方剧种，至今仍然保留着明末西秦腔初始阶段的某些特色。古汉语"活化石"之称的粤语，是汉藏语系汉语族中的声调语言之一。秦汉时期，大量南迁中原人将中原汉语带至岭南地区，渐与当地语言相融形成今天的粤语。西汉时期，广州是海上丝绸之路起点之一，西安是陆上丝绸之路的起点。建议以"丝绸之路起点"为切入点，培塑"跃（粤）闪（陕）秦腔文化廊道"，选取特定类型的经典作品进行展现，多维度全面呈现秦腔文化的内涵韵味，有意识地打造经典剧目青春版，建立秦腔品牌剧目定向输出机制和观赏反馈机制，吸引、培养观众，为粤港澳大湾区各群体想了解秦腔、想看到新生态秦腔艺术提供充足情绪价值，实现三秦文化与岭南文化优势互补、新文旅相融共进的合作新模式。

（四）优化新文旅赋能秦腔传播的生态

一是构建新文旅赋能秦腔传播全域非遗主题游径。依据《关于开展中国文物主题游径建设工作的通知》要求，在历史文化遗产与公众间建立有效的价值阐释途径，构建陕西全域非遗秦腔主题游径。陕西现有沿黄文化主题游径、中共中央转战陕北主题游径和大汉文化主题游径，是可实现陕西全域非遗秦腔主题游径的有力支撑。可采用秦腔流动博物馆形式，践行"戏曲进乡村"理念，原创元宇宙新视觉剧目，以东、西、南、中四路秦腔为主线，以长城、长征、黄河国家文化公园和丝绸之路旅游带等为依托，以多样态、多形式持续推进"戏曲进景区",构建非遗秦腔主题游径。二是搭建新文旅赋能秦腔传播浸润式公共文化新空间。围绕已有易俗社"秦腔之心",衍生"秦腔之根""秦腔之脉",联结历史空间与现实空间,搭建浸润式公共文化新空间。"秦腔之根",以安仁坊(唐长安城108坊之一)遗址展示馆内使用导电玻璃技术(亚洲最大尺寸)展示的唐《秦王破阵乐》(秦腔源头唐朝说)乐谱为出发点,借力西安博物院"超活化系列"主题快闪店,将秦腔元素融入小雁塔历史文化片区。"秦腔之脉",以陕西戏曲研究院为出发点,辐射北院门、三学街、七贤庄等历史文化街区,搭建集老剧场怀旧风体验、老街区数字化展示、中小学秦腔教师培训、秦腔数字校园等于一体的浸润式公共文化新空间。三是强化新文旅赋能秦腔传播IP联名。新文旅是衍生内容IP的重要孵化器,立足秦腔艺术传播的主体、内容、形式、受众、效果等特点,应对碎片化、体验式等新的生活方式,结合新文旅IP的特点和情境,原创、改编、更新秦腔剧目内容、舞美设计、数字化展演等,实现某类秦腔剧目固定驻演某一景区模式。同时,通过专题设计、专人策划、专项支持等途径,以提供情绪价值、满足小众化个性需求等为主,跨界联名国内外相关品牌,相互渗透相互融合,培育兼具立体感和纵深感的秦腔优质文创IP。借力240小时落地免签政策,设计融汇秦腔艺术元素特色的专列、航线等,乘"China Travel"旋风,创新策划"Shaanxi Opera Travel"IP联名。搭载西安电影制片厂主题园区,协同曲江书城、樊登书店、言几又、新华读书阁等多元空间,携手陕西省文化馆等成熟地标,围绕"秦腔艺术""秦腔学人""秦腔非遗传承人"等主题,构建涵盖新媒体跨界展示、实体书店研讨、咖啡馆沙龙、文化馆学习基地等多圈层秦腔文化产业生态圈。

公共文化篇 ⟩

B.7
陕西博物馆事业高质量发展研究

刘瑶佳[*]

摘　要： 博物馆承载历史文化、维系民族精神、赓续文化根脉，是人类文明的集中展示，也是传承弘扬优秀文化的重要场所。近年来，陕西立足自身资源禀赋，坚持创造性转化和创新性发展，持续推进博物馆建设，在文物保护、研究阐释、展示利用、公众教育等方面做出一系列有益实践，并取得显著成效。但面对新时代新征程和实现中国式现代化的更高要求，陕西博物馆事业还存在一些亟须破解的难题，报告通过实地调研，从统筹推进博物馆建设、深化馆藏文物研究、丰富陈列展览、提升宣教服务、积极招引人才和加大创新力度六个方面提出对策建议。

关键词： 博物馆　文化保护传承　高质量发展　陕西

---

* 刘瑶佳，陕西省委政策研究室文化处干部，主要研究方向为文化产业。

博物馆保存、收藏、展览物质和非物质文化遗产，展示人类文明发展历程，承载着最广大群体的文化记忆，是人类文明的集中展示，对于赓续文化根脉具有重要意义。习近平总书记指出，"一个博物院就是一所大学校"，强调"搞历史博物展览，为的是见证历史、以史鉴今、启迪后人"，"博物馆建设要更完善、更成体系，同时发挥好博物馆的教育功能""守护好、传承好、展示好中华文明优秀成果""让历史说话，让文物说话"。习近平总书记关于博物馆工作的重要论述，为推动博物馆事业高质量发展、弘扬中华优秀传统文化、扎实推进社会主义文化强国建设提供了根本遵循。2013 年底至今，陕西博物馆数量由 221 座稳步增长到 360 座，年均参观人数从 3300余万人次增长到 7200 余万人次。

一　近年来陕西省博物馆发展成效

（一）保障体系不断健全

对标国家"十四五"文物事业和科技创新发展规划、博物馆改革发展总要求，陕西出台《陕西省"十四五"博物馆事业发展规划》《陕西省关于推进博物馆改革发展的实施方案》，制定关于博物馆藏品管理、运营、陈列展览、青少年教育、博物馆研学、社会文物、文创产业、非国有博物馆发展等各项制度规范和文件，推动博物馆守正创新、提质增效，更好满足人民群众日益增长的精神文化需求。近年来，陕西省财政厅每年统筹资金 3 亿元，支持新建改扩建博物馆及举办高水平陈列展览，保障 85 座博物馆、纪念馆免费开放。支持保障沿黄文化、中共中央转战陕北和大汉文化等主题游径建设，激励引导文化创意产品开发和旅游发展，助力万亿级文旅产业发展。

（二）展馆建设稳步推进

1. 博物馆数量不断增加

按照"统筹布局、科学规划、重点突出、分步实施"的原则，陕西省积极稳妥推进博物馆建设，2024年全省登记备案博物馆360座，其中国家一级博物馆15座、二级博物馆29座、三级博物馆31座，博物馆县（区）覆盖率达91%，以国有博物馆为主体、非国有博物馆为支撑、社区博物馆为补充的博物馆体系逐步完善，大馆引领带动、区域协同、均衡谋篇的发展格局初步形成。全省平均每11.2万人拥有一座博物馆，远高于全国平均水平，是名副其实的"博物馆大省"。

2.重点场馆改扩建工程稳步实施

推动西安碑林博物馆、秦始皇帝陵博物院、陕西历史博物馆秦汉分馆等省级重点文化项目建设实施，促进硬件设施、周边环境和服务水平不断提升。目前，秦始皇帝陵铜车马博物馆、陕西考古博物馆、陕西历史博物馆秦汉分馆相继建成开放，成为吸引观众参观打卡的新地标，博物馆承载能力显著提升。

3.博物馆类型不断丰富

陕西省博物馆以历史文化类为主，文物系统约占五成，近年来石峁遗址博物馆、统万城博物馆、陕西黄河文化博物馆、中国抗日军政大学纪念馆和全国首座考古学科专题博物馆陕西考古博物馆等一批展示地域历史文化且富有特色的博物馆、纪念馆先后建成开放，是文物系统博物馆的新亮点。此外，各类行业博物馆、高校博物馆等成为展示各行各业历史沿革、发展现状的新窗口，如空军军医大学国际口腔医学博物馆、交大西迁博物馆、西安雪花啤酒博物馆等。非国有博物馆迸发活力，是陕西省博物馆体系的重要组成部分。66座社区博物馆打通公共文化服务"最后一公里"。

（三）文物保护成效显著

1.文物保护水平不断提升

2020年以来，全省共修复文物2.8万件（组），鉴定文物10.06万件（组）。

2023年成功承办首届"亚洲文化遗产保护联盟大会"，发布《亚洲文化遗产保护联盟西安宣言》，为宣传弘扬亚洲文化、加强文物保护国际协作奠定良好基础。陕西省文物局与省内 9 所高校联合组建"陕西省文物科技保护创新联盟",健全以 5 家国家级文物保护重点科研基地为牵引、33 个国内文物科学实验室和文物修复室为支撑的文物保护体系,积极与共建"一带一路"国家文物科研机构开展交流合作,先后新建和改造汉中博物馆、法门寺博物馆等 200 多个博物馆的陈列展览、文物库房等,文物保护技术进一步提升,辐射带动作用进一步彰显。

2. 征藏体系持续优化

藏品征集维度和深度不断拓展,藏品类型数量不断丰富提升,既保存历史文化的见证,又注重征藏经济社会发展变迁、新城镇建设、乡村振兴发展、移民搬迁、抗疫救灾等相关物证。

3. 数字化手段更广应用

开展重要文物数字化项目保护与成果共享,省文物局、省社科联、省科技厅联合开展科研课题和"两链融合"文化遗产领域专项研究,不断深化文物保护利用领域的基础研究和关键技术研发。先后出台藏品管理、文物数字化、库房建设、馆藏文物鉴定、文物科技保护等规范、标准、文件 30 多项,获国家科学技术奖二等奖 1 项、联合国教科文组织"亚太区文化遗产保护荣誉奖" 2 项、国家文物行业大奖 10 项。

(四)精品展陈不断涌现

1. 展陈主题丰富多元

举办一系列社会关注、群众欢迎的优秀展览,既有大而精的宏阔叙事,又有小而美的个体视角,基本陈列、临时展览相辅相成。全省博物馆年均举办展览 800 余个,接待观众 4900 余万人次。"青铜之冠——秦陵彩绘铜车马""伟大历程——中共中央在延安十三年历史陈列""考古圣地·华章陕西——陕西考古博物馆基本陈列"等 30 个展览在全国博物馆十大陈列展览评选中获奖,"玉韫九州——中国早期文明间的碰撞与聚合""弘扬爱国奋斗精神 建功立业新时代——西迁精神图片实物展""长安有故里——丝路少年大唐行"等 30 个展览入选"弘扬中华优秀传统文化、培育社会主义核心价值观"主题展览推介。

2. 数字科技创新赋能

加快科技与博物馆展陈深度融合，打破传统展厅的静态展示，充分运用技术手段让观众多维感官沉浸式体验，全方位感受文物背后的历史文化。西安博物院以 3D 互动为基，植入沉浸式体验、人机互动、情境带入等形式，通过领先的元宇宙技术让珍贵文物在元宇宙中"活"起来；陕西考古博物馆将遥感卫星技术、立体扫描成像技术、三维数字建模技术等现代科技手段融入博物馆展览，让观众沉浸式体验历史文化。同时陕西省积极推进智慧博物馆建设，通过互联网、大数据等技术，实现馆藏文物的线上展览，让更多观众足不出户也能欣赏文物，感受文化的熏陶。

3. 文物交流促进文化互鉴

构建独具陕西特色的文物巡展联展体系，推出成体系、多专题省外交流展览，近 10 年来，在全球 30 余个国家和地区成功举办以秦兵马俑和丝绸之路为代表的文物进出境展览近 110 个，与境外机构开展文物保护科技合作共签署合作协议、意向书、备忘录 100 多项，与 12 个共建"一带一路"国家、18 个研究机构建立合作关系。此外，还加强与港澳台地区的交流合作，开展交流活动 40 余项，促进港澳台同胞文化认同、历史认同和国家认同①。2023 年 3 月，"中国秦汉文明的遗产"展览在西班牙阿利坎特考古博物馆开幕，闭幕之前的两天，高峰时排队观众队伍长达 1 公里，需要等待近 5 个小时。

（五）宣教活动异彩纷呈

1. 体系完善

随着教育功能的进一步发挥，博物馆在促进人的全面发展和社会全面进步等方面的积极作用日益凸显。教育成为新时代博物馆传承文化使命的重要

---

① 《华商专访｜陕西省文物局局长贾强：博物馆已成为人民美好生活不可或缺的一部分》，华商网，https：//www.sohu.com/a/779349230_ 119659。

目标和神圣职责。陕西省博物馆在宣传教育方面作出大量有益实践，在全国率先将博物馆教育纳入国民教育体系，成立全国首家博物馆教育联盟、文博青年志愿者联合会，年均举办线上线下各类教育活动上万场次。建设首批25家中华优秀传统文化传承基地，被国家文物局确定为"博物馆历史文化进校园"试点省，形成常态化公众教育、传统节日文化教育和特色研学教育"三位一体"的博物馆教育工作方法。

2. 内容丰富

强化中华优秀传统文化弘扬传播，结合节庆民俗、社会热点等，策划开展相关活动。比如，陕西历史博物馆结合甲辰龙年主题，在馆内策划"探秘国宝"之寻龙记系列三期课程，与西影联合策划"2024'龙'重登场——西影专场"春节主题亲子活动，渭南市博物馆在元宵节策划"灯弄影 月流辉 人相约——2023渭博上元之夜系列活动"，均获得广泛好评。针对前沿学术成果，举办各类专题讲座，让学术研究走向大众。"历博讲坛""汉阳陵与汉文化研究学术研讨会"等学术活动在学界和公众间引起热烈讨论。

3. 形式多样

文物、教育、团委等部门联合开展优秀文化"六进入"活动，推动宣教活动打破博物馆场域限制。陕西历史博物馆在曲江书城主办"在历史长河中漂流——讲述你不知道的文物故事"主题分享活动，让文物背后的故事走向公众。西安博物院开展馆校合作"请进来、送出去"、校本教材编写等工作，10年间深入农村、社区、军营、企业、医院等举办文博宣传活动百余场，开展各类教育、研学活动千余场次。秦始皇帝陵博物院与美国史密斯尼协会合作教育传播项目入选全球世界遗产教育创新案例。西安曲江艺术博物馆主办的"趣聊曲艺博"活动每晚7点准时线上线下开启，馆长及专家导览，拉近游客与传统文化的距离。①

---

① 赵茁轶、张琪悦：《陕西文博行业多措并举提升服务质量》，《陕西日报》2024年8月26日。

（六）"博物馆热"持续升温

1.来访观众与日俱增

博物馆观众快速增长，数据显示，2024年"五一"假期，全省文博单位5天共计接待观众479.56万人次。热门博物馆如陕西历史博物馆、秦始皇帝陵博物院、西安博物院等均顶格接待可承载的观众量。由中国文物交流中心指导，博物馆头条统计的"中博热搜榜"发布2024年第一季度全国热门百强博物馆榜单，陕西省共6家博物馆上榜。一同发布的2024年第一季度"十大热门博物馆"，陕西历史博物馆入选。为应对节假日客流高峰，更好满足观众需求，多家热门博物馆宣布延时开放。

2.通过活化利用让文物"活起来"

统筹规划全省博物馆数字化工作，数字技术应用更加广泛。汉中市博物馆拜将坛馆区青少年研学体验中心推出3D裸眼四折幕情景演绎。陕西历史博物馆通过高清影像及数据采集，以数字化虚拟展示方式，让观众通过手机扫码就可以近距离、全方位观看唐代壁画。开发出更多亲民、接地气的文创品类，让文物承载的文化走入寻常百姓家。用好10家国家和省级文创产业试点文博单位，每年开发市场欢迎、大众喜爱的文创产品400余款，市场认可度逐渐攀升。陕西历史博物馆、秦始皇帝陵博物院在大唐不夜城文化街区分别开设文创形象店，陕历博淘宝店粉丝30余万人。以西安博物院馆藏文物"镇墓陶兽"为原型的"兽西西"系列，以丑萌的外形赢得消费者青睐。馆企合作不断深入，以文化促进创意发展、以创意推动文化传承。省文物局与陕文投集团联合成立陕西"互联网+中华文明"文博创意产业联盟，与腾讯合作"互联网+智慧服务"平台，联合上线《国宝故事》节目，与中国移动联合上线"互联网+革命文物"平台，为文物活化利用搭建广阔平台。

3.文博领域交流互鉴日益深入

推进与法国、英国、意大利等境外科研院所在文物保护、展览展示、教育宣传、学术研究等方面的交流合作，签署合作协议、意向书、备忘录等80余项，传播分享陕西文物保护经验，彰显"中国金色文化名片"。实施文物外展精品工程，先后在 52 个国家和地区举办展览 500 余场。秦始皇帝陵博物院社会教育活动先后走进中国香港、中国台湾、美国，与美国史密森尼协会合作的教育传播项目入选全球世界遗产教育创新案例。2024 年国际博物馆日主会场花落陕西，陕历博秦汉馆成为 2024 年国际博物馆日中国主会场活动举办地。配合 2024 年国际博物馆日，陕西省策划推出"博物馆月"系列宣传活动，省内 58 家博物馆同步推出 74 个原创特色展览，81 家博物馆策划和组织 147 场丰富多彩、别具特色的社会教育活动。

二 陕西博物馆事业高质量发展中存在的问题

陕西省博物馆事业发展虽然亮点诸多，但在实践中还有一些短板，特别是对标新时代高质量发展新要求，一些困难和问题还需关注。

（一）作用发挥不平衡

陕西省博物馆以事业单位性质为主，经费筹措渠道单一，受博物馆等级、文物数量、隶属关系等因素影响，每年获批资金数量差异较大，发展水平不一。从地区分布上看，西安市博物馆数量远超其他各市，一级馆也主要集中于此。从作用发挥上看，"冷热不均"现象突出，像陕西历史博物馆、秦始皇帝陵博物院、陕西考古博物馆、西安博物院等热度居高不下，出现一票难求进门难、参观人多体验差的情况，而省内其他博物馆却观众明显不足，影响力不足。比如国家一级博物馆汉景帝阳陵博物院，依托目前保存最为完整的汉代帝陵景帝阳陵建设而成，拥有我国最早的全地下式考古遗址展示厅，汉兵马俑让人惊艳，也是全国首批国家考古遗址公园之一，2024 年"五一"假期共接待观众约 1.15 万人次，与同类型的秦始皇帝陵博物院 28.87 万人次相差甚远。县级博物馆、未定级博物馆发展水平滞后，大多数小馆年预算不足 50 万元，在举办临时展览、开展教育活动等方面捉襟见肘，许多县级博物馆年接待观众量不足 1 万人次，地处偏远的博物馆更有每天参观人数以个位计的情况。多数高校博物馆如西安音乐学院艺术博物馆、西北政法大学西汉御史大夫张汤墓遗址陈列馆因人力、物力及经费等多方面制约，博物馆目前难以突破校园围墙，为社会所共享。

（二）基础设施需提升

基础设施方面，整体面临大馆待扩容、小馆需提升的问题。一部分大馆建设时间较早，或是以其他用途的建筑更改而来，建筑设施标准难以达到当前博物馆需求，在文物保存、陈列展示、开展宣教、配套服务等多个环节存在空间不足的问题，还有的设备老旧、线路老化，改造成本大、时间长，文物存藏状况不容乐观，遇上参观人数多时，观展体验不佳。以陕西历史博物馆为例，该馆最初设计的最大接待量为 4000 人／日，而当前接待的最大承载量已经达到 12000 人／日，馆内给排水系统、电气系统等均为 1991 年建馆时的设备，已运行 30 年以上，存在一定隐患。再如，西安博物院 2007 年建成，藏品库房位于展厅地下负一层，库房内潮湿缺氧、空气浑浊，至今仍无通风设备，工作人员在有限空间作业仅能维持 2～3 小时。小馆设施问题同样存在，陈列展示方式单一，很多展柜不具备恒温恒湿条件，文物库房不达标，文物存藏环境堪忧，还有的安防设施老化。

（三）陈列展览待升级

陈列展览是博物馆最核心的文化产品，是博物馆发挥公共文化服务功能的重要媒介、文化传承的重要载体。一方面，部分博物馆藏品来源渠道少，展陈体系更新改造提升慢。比如，宝鸡青铜器博物院展陈文物多为县区博物馆馆藏，受县区调回文物等因素影响，博物院展线文物数量由 1500 多件减至不足 1000 件。加之目前考古出土文物缺乏常态规范的移交机制，大馆藏品征集难度加大，藏品体系的局限性长期无法改善，策划新展实施困难。据了解，目前行业内领先博物馆基本陈列 5 年左右改造提升一次，而陕西省很多馆基本陈列已运行 10 年甚至 10 年以上。另一方面，陕西省文博领域展览交流以外方上门对接为多，主动"引进来"较少，很少引进具有国际影响力的大展、特展。陕西省文物与欧美及共建"一带一路"国家在展览方面交流不多，对外交流以省级单位为主、文物展览以秦俑为主，带动全省地市级及以下文博单位服务地方对外交流不够。

（四）宣教功能发挥不到位

随着"博物馆研学"成为热潮，大量学生走入"校外课堂"接受知识，然而受场地、人员限制，很多馆缺乏策划教育活动的能力，难以满足大量学生到馆体验自有研学课程的需求，低效、走马观花式研学仍然存在。一些地方还存在机构或个人以营利为目的在馆内开展非馆方认证讲解活动，夸大史实、掺杂野史等情况，带来不良影响。另外，陕西省博物馆宣教活动目前以学生群体为主，针对观众群体的细分性、专业性有待提升。以苏州市吴文化博物馆为例，除依托馆藏唐代文物推出针对学生的剧本游《丝路大唐》之外，在举办"仕业：徐谓礼和南宋时代百态"特展期间，还配合推出了针对成人的《南宋职场升职攻略》《人生暮年壮心不已》《如何评价徐谓礼》等特展系列课程。陕西省这类针对成人的宣教活动数量较少。

（五）文博队伍力量不足

基层博物馆专业人员缺乏，素质参差不齐，专业人才储备不足，存在招不来、留不住的问题。由于人员紧张，难以应对保护、展览、讲解、研究、安防等多重事务，文物在文化创新和科学研究方面的潜能无法发挥，大部分文物长期锁在库房，社会服务功能和经济效益无法体现。以仙游寺博物馆为例，该馆 2022 年在文管所基础上筹建，成立之初与仙游寺文管所对外两块牌子，内部一套人马。2019 年该文管所编制由 9 人增至 13 人，负责辖区一处国保单位、一处省保单位、一座博物馆，以及山区两个乡镇几十处文物点的管理保护工作。开馆以来，受编制所限，没有新招录引进博物馆专业人才，藏品搜集整理、保管研究、陈列展览、宣传教育等工作难以深入开展。

（六）文创产业发展不够充分

内容方面，由于缺少针对文创开发扶持的专项资金，陕西省大多数博物馆不具备开发文化创意产品的能力，很多文创产品在文化元素的提取和设计上仍有不足，存在同质化、定价高、盗版等问题，难以兼具实用性与独特性。调研中有观众反馈，参观完展区后，再到文创区会有落差，进店人多、购物人少，反映出文创产品竞争力相对不足。另外，文化创意产业链尚未完全打通，多数文创产品仅在设计时由博物馆把关，后续生产基本由外省承接。体制机制方面，自博物馆文创诞生以来，一直存在公益一类、二类事业单位能否从事文创开发销售这类营利性生产经营活动的问题，博物馆开发文创自身动力不足。调研中有企业也反映，缺乏与博物馆合作交流的渠道。

三　陕西博物馆事业高质量发展的建议

博物馆是保护和传承人类文明的重要殿堂，也是连接过去、现在和未来的桥梁。习近平总书记强调，"博物馆是保护和传承人类文明的重要场所，文博工作者使命光荣、责任重大"。陕西是"天然历史博物馆"，文物点密度大、数量多、等级高，面对新时代宣传思想文化工作的新要求，博物馆应胸怀"国之大者"，扛起增强历史自觉、坚定文化自信的责任担当，一体推进文物保护、文化繁荣、文明传承，坚决守护好中华文明、中国革命、中华地理的精神标识和自然标识。以新的方式勠力赓续中华文脉，不断增强中华文明传播力影响力。

（一）统筹推进博物馆建设，构建均衡化、特色化、差异化博物馆体系

统筹抢救性与预防性保护、本体与周边保护、单点与集群保护，强化黄帝陵、兵马俑、西安城墙等重点区域保护管理，加强馆藏文物保护修复，严厉打击文物犯罪，切实筑牢文物安全底线。坚持从实际出发，强化全省博物馆建设统筹规划，综合考量藏品体系、文物保护和研究能力、展示和公共服务能力等维度，分级分类促进博物馆差异化发展，逐步从数量增长走向质量提升，更好发挥博物馆建设综合效益。加强馆际协作，强化重点博物馆同县

级博物馆、行业博物馆等的合作交流，通过联合举办活动、业务交流、人员互派等形式共建共赢。优化博物馆预约服务，探索建立全省博物馆一体化预约平台，一个门户、一套系统，在预约端提供更多选择，实现观众引导和分流。切实发挥好行业博物馆、高校博物馆作用，类似西安音乐学院与陕西历史博物馆联合共建艺术博物馆，支持探索更多的合作展陈形式，一方面缓解热门馆预约压力，另一方面激活已有资源。鼓励社会力量参与博物馆建设，在加强监管、防范风险的前提下，鼓励社会资本以直接捐赠、设立基金会等形式支持博物馆事业发展。健全优化考古出土文物和执法部门罚没文物移交工作机制，同时着力搜集整理反映当代中国发展变化的代表性物证资源，切实履行好留存民族集体记忆、传承国家文化基因的重要职责。

（二）深化馆藏文物研究，积极推进研究成果转化利用

馆藏文物研究是博物馆开展一切工作的基础和前提。要扎实推进考古事业发展，积极参与中华文明探源工程，持续推进石峁遗址、太平遗址等考古发掘，加强对出土文物和遗址的研究阐释和展示传播，使中华优秀传统文化不断发扬光大。支持博物馆深化基础研究，不断提升学术研究能力，深入研究挖掘阐释文物的多重价值内涵，建立文博人才科研成果认定奖励、课题绩效奖励、职务科技成果转化奖励等渠道。鼓励多学科协同、多团队合作，定期发布文博领域社会科学重大课题，共建重点科研实验室，有效发挥科研课题引领带动作用，不断促进研究成果的应用转化，为文物保护、展示利用、社会教育提供坚实的理论依据。鼓励博物馆研究人员积极面向观众，将学术研究、学术资料转化为大众传播文化产品，形成保管、研究、陈列、宣教等多部门间良性互动。

（三）提升陈列展览多样性，让文物"活起来"

陈列展览是博物馆展示馆藏文物、传播研究成果、传递文化内涵的直接窗口。支持博物馆举办联合展览、巡回展览、流动展览、网上展览，推出更多富有知识性、原创性的主题展览，同步开展系列教育活动，开发系列文创

产品，出版精品文物宣传读物，满足不同层次群众精神文化需求。试点策展体制机制改革，树立"藏以致用"的价值理念，探索博物馆内部机构职能调整，建立考核激励制度，打破藏品保管、研究、展示和开发利用之间的障碍。加强文化遗产领域国际交流合作，坚持"引进来"和"走出去"相结合，加强省委外办、省文物局等相关部门联系协作，建立文物交流的平台和渠道。一方面加强本土文化宣传，把代表中华优秀传统文化的好展览推出去，讲好中国故事、丝路故事、陕西故事；另一方面，积极引进国内外知名展览，进一步激发文博领域"会展经济"。

（四）分级分类深化宣教，办好博物馆"大学校"

博物馆是国民教育的特殊资源和阵地，是社会教育的重要承担者。教育是博物馆公共服务的主要内容，也是博物馆的首要责任。[①] 持续优化服务能力，充分运用技术手段，推出多样化讲解方式，如智能语音导览、二维码介绍、虚拟讲解、云讲解等。加强人工讲解队伍建设，不断充实讲解力量，强化业务培训，提高队伍素质。用好志愿者群体，积极同高校、社区、研究机构开展合作共建，构建多元化讲解服务团队。提升博物馆开放水平，加强陈列展览、教育活动等统筹协调和组织调度，推动精品展览或活动馆际交流举办或联合举办，实现观众引流分流。优化入馆预约参观制度，降低预约参观成本，提高便利化水平。加强馆校合作，充分发挥青少年教育"第三课堂"作用，完善馆校合作长效机制，制定博物馆教育服务标准，开展多种类的主题教育，强化传承课程体系建设，既把学生引进来，又积极打破博物馆场域限制，把文物承载的文化传播出去，让更多学生从中受益。加强观众群体分类研究，进一步延伸宣教活动深度广度，增强博物馆专业属性，不定期配合展览开展针对成人、历史爱好者、专家学者等群体的学术沙龙、知识课堂等，为不同层次、不同类型观众提供更多分众化、精细化的宣教活动。用好博物馆微信公众号、网站等外宣媒介，明确"粉丝"受众特点，做好展览、

---

① 陆建松：《博物馆如何讲好中国文物故事》，《学习时报》2024 年 7 月 8 日。

宣教活动的宣传推广和预约服务，必要时配合展览推送相关拓展知识，全力打造知识型、服务型账号。

（五）引育结合，构筑高水平文博人才支撑

鼓励重点博物馆积极申报博士后科研工作站、研究生培养基地，加强人才培养，深化产教融合。适当增加基层博物馆专业技术人员编制，加大基层文博人才的培训、考核力度，完善评价及奖励机制，建立以量化工作业绩为基础的绩效奖励标准和制度，严格落实工作绩效管理，在职称评定方面给予倾斜。对接正面网红人士，引导地方知名自媒体运营者加入文博志愿者队伍，吸引多方人才力量共同发展文博事业，全面扩大陕西文物保护宣传的广度和深度。

（六）活用政策，推动博物馆文创创新发展

深入挖掘文物内涵，提高文化阐释能力，强化提炼文化要素和创新表达能力，进一步增强文创产品文化内涵。支持文博单位增加营收项目，通过入股或设立企业等形式，让有余力、有实力的博物馆自主开展文化创意产品研发和销售，明确营收使用分配明细，或支持博物馆以政府采购服务的方式，委托第三方企业进行博物馆文创产品的开发设计。推动试点单位与文化创意设计机构、科研单位、高等院校等开展合作，支持试点单位与职业学校合作建立实训基地，提升文化创意产品开发经营水平。建立陕西省文化和旅游创意产品开发信息名录，通过展会、比赛、论坛等形式，为创意设计机构、制造类企业、金融投资机构、渠道平台类企业等搭建平台，畅通信息渠道，培育一批文化创意产品开发示范单位。鼓励博物馆文创进景区、搞联名，相关单位做好审核把关工作，以文物为媒，讲好陕西故事，弘扬传承中华优秀传统文化，增强文化自信，推进中华文明传播。

B.8
陕西可移动革命文物研究报告

陕西省社会科学院课题组*

摘　要： 陕西可移动革命文物分布广泛，集中度高，主要保存在革命纪念馆等部门，是各地见证光荣革命历史、传承红色基因的重要资源。全省可移动革命文物具有时间跨度大、涉及地域广、文物等级高、文物种类丰富等特点。近年来，陕西高度重视革命文物的保护，举措得力，成效突出。为进一步加强可移动革命文物保护利用，应加强现代科学技术运用，加强弘扬革命精神的路径与方法探索，加大可移动革命文物与党史学习教育、红色教培、文化旅游等工作融合力度。

关键词： 可移动革命文物　文物保护　陕西

习近平总书记强调："加强革命文物保护利用，弘扬革命文化，传承红色基因，是全党全社会的共同责任。"① 陕西革命文物底蕴深厚，保护任务重，全省 10 个市 68 个县（市、区）列入国家公布的革命文物保护利用片区，涉及川陕、陕甘、长征和陕甘宁四个片区。厚重的革命历史为陕西留存了宝贵的革命文物资源。保护利用好包括可移动革命文物在内的革命文物是陕西弘扬革命精神、建设文化强省的重要工作。

---

* 课题组负责人：樊为之，陕西省社会科学院延安精神（陕甘宁革命史）研究所所长，副研究员。课题组成员：王天丹、许定国、高乐乐。执笔人：樊为之。
① 《加强革命文物保护利用》，《人民日报》2024 年 4 月 6 日。

一　陕西可移动革命文物概况

根据 2022 年发布的《陕西省可移动革命文物名录》，全省拥有可移动革命文物 41226 件（套）[①]，是陕西宝贵的革命历史资源。其基本概况如下。

（一）分布广泛，集中度高

全省各地均拥有一定数量的可移动革命文物，但主要分布在延安市、西安市、榆林市。从可移动革命文物数量看，可分为四个层次。第一层级是延安市。拥有可移动革命文物 36008 件（套），占全省总数的 87.34%。第二层级是榆林市和西安市。拥有可移动革命文物均超过 1000 件（套），其中榆林市 1923 件（套）、西安市 1248 件（套），分别占全省总数的 4.66% 和 3.03%。第三个层级是咸阳市、汉中市、渭南市和铜川市。拥有可移动革命文物均超过 100 件（套），其中咸阳市 897 件（套）、汉中市 478 件（套）、渭南市 292 件（套）、铜川市 214 件（套），分别占全省总数的 2.18%、1.16%、0.71% 和 0.52%。第四层级是宝鸡市、商洛市、安康市和韩城市。拥有可移动革命文物不超过百件（套），其中宝鸡市 96 件（套）、商洛市 36 件（套）、安康市 23 件（套）、韩城市 11 件（套），占全省总数均不超过 0.25%（见图 1）。

（二）保存单位主要为革命纪念馆等部门

陕西可移动革命文物分别保存在当地的纪念馆、博物馆等单位，革命纪念馆是可移动革命文物的重点保存单位。

延安市可移动革命文物数量多、等级高，分别保存在延安革命纪念馆、桥儿沟革命旧址管理处、延安南区供销合作社、延安新闻纪念馆、中国人民

---

① 《陕西省可移动革命文物名录》，陕西省文物局，http：//wwj. shaanxi. gov. cn/zfxxgk/fdzdgknr/tjxx/202212/t20221208_ 2268124. html。

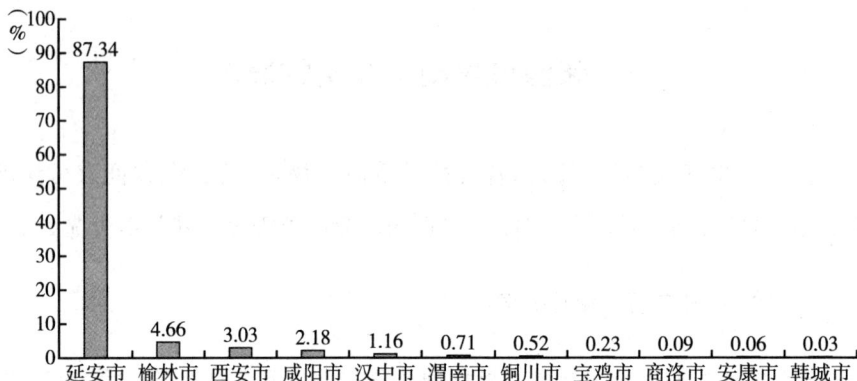

图1 陕西各市可移动革命文物数量占比

抗日军政大学纪念馆（延安抗日军政大学纪念馆）、延安凤凰山革命旧址管理处、西北财经办事处旧址（西北局财经办）、延安西北局革命旧址管理处、延安枣园革命旧址管理处、宝塔区文物保护中心、延长县文物保护中心、延安市文物研究院、志丹县文物管理所、吴起县文物管理办公室、甘泉县博物馆、洛川会议纪念馆、洛川县博物馆、第二战区司令长官部秋林旧址陈列馆、子长市瓦窑堡革命旧址文物管理所。延安革命纪念馆是延安市保存可移动革命文物最多的单位，所保存革命文物超过3万件（套），占全省可移动革命文物八成左右。

西安市可移动革命文物主要集中在八路军西安办事处纪念馆、西安事变纪念馆、葛牌镇区苏维埃政府纪念馆、西安市莲湖区档案馆、中共西安市委党史研究室、汪锋故居纪念馆、周至县博物馆、华清池文物保护管理所。八路军西安办事处纪念馆、西安事变纪念馆是保存西安市可移动革命文物较多的两家单位，前者保存的革命文物超过700件（套），后者达到294件（套），两者保存的革命文物占全市可移动革命文物近80%。

榆林市可移动革命文物主要由榆林市榆阳区文物保护考古研究所（榆林市榆阳区文物管理委员会办公室）、定边县文物保护中心、小河会议旧址、青阳岔中共中央驻地旧址、中共靖边县委旧址暨惠中权故居、绥德县博物馆、杨家沟革命纪念馆、佳县神泉堡革命纪念馆、佳县东方红纪念馆、吴堡县文物保护所、子洲县文物管理所。

咸阳市可移动革命文物保存较多的机构为马栏革命纪念馆、安吴青年训练班纪念馆、红26军军部旧址管理所、旬邑起义纪念馆、旬邑县马家堡关中特区旧址管理所、三原县博物馆、长武县革命历史陈列室、旬邑县看花宫陕北公学旧址管理所、爷台山战役纪念馆、淳化县档案馆。马栏革命纪念馆保存革命文物超过250件（套），安吴青年训练班纪念馆、红26军军部旧址管理所、长武县革命历史陈列室保存的可移动革命文物均超过100件（套）。

汉中市可移动革命文物主要分布在汉中市博物馆、川陕革命根据地纪念馆、城固县博物馆、洋县文物博物馆、文物广电局（西乡县）、宁强县博物馆、江神庙民俗博物馆、镇巴县博物馆。渭南市可移动革命文物保存单位主要有渭华起义纪念馆、白水县文物管理所、蒲城县永丰革命烈士陵园管理所、蒲城县杨虎城将军纪念馆、文庙博物馆（富平）、澄城县博物馆、潼关县博物馆、合阳县博物馆、临潼区博物馆。

铜川市可移动革命文物保存在陕甘边革命根据地照金纪念馆和耀州窑博物馆。其中陕甘边革命根据地照金纪念馆有211件（套），占到全市馆藏革命文物的98%以上。

宝鸡市可移动革命文物主要集中在扶眉战役烈士陵园管理处、麟游县博物馆和凤县博物馆。商洛市可移动革命文物分布于洛南县博物馆、商南县烈士陵园管理站、柞水县博物馆、镇安县博物馆。安康市可移动革命文物分布于平利县文物管理所、旬阳县博物馆。韩城市可移动革命文物主要分布在韩城市博物馆。

二 陕西可移动革命文物特点

（一）时间跨度大

保存的可移动革命文物时间跨度大，拥有从土地革命、抗日战争、解放战争一直到新中国成立后等不同时期的革命文物。延安革命纪念馆保存有"刘志丹用过的皮带""谢子长用过的眼镜""魏野畴用过的皮箱""陕西渭北游击第二大队关防章""陕甘边区革命军事委员会直辖赤安县游击队第一支队一中队队旗"等一级革命文物，是革命先辈传播马克思主义、在土地革命时期开展革命的历史见证。渭华起义、旬邑起义等是陕西土地革命时期重要的革命事件，保存在延安革命纪念馆等地的一级文物"渭华起义用过的军号""渭华起义用过的春秋刀""渭华起义用过的关山刀""旬邑起义时用的大鼓"等，从侧面展示了当时陕西轰轰烈烈的革命场景。

1935年中央红军来到陕北，开展各项工作，进一步巩固和扩大了西北革命根据地。革命文物再现了这段历史。其中"下寺湾苏维埃政府用过的算盘"等反映了当时对财会工作的重视。"陕北省委关于抗日主力红军已于二十日渡黄河东征的通知"反映了红军到陕北后进行东征的历史。"中华苏维埃共和国国家银行西北分行壹元纸币""中华苏维埃共和国国家银行西北分行伍分币"以及壹角纸币、壹圆纸币、贰圆纸币等文物反映了土地革命时期中共中央到陕北以后发展西北革命根据地金融事业的历史。

抗日战争时期的文物是可移动革命文物的重要组成部分。革命文物中的"八路军总指挥朱德、副总指挥彭德怀率全体指战员告抗日友军将士书""八路军为东下抗日告同胞书""18GA符号""八路军臂章""359旅炮兵训练一角""缴获日伪军二十四年式机关枪""缴获日本指挥刀""一二九师缴获日军的照相机、收音机"等文物是革命军队与日本军国主义奋战，取得最终胜利的历史见证。

陕西保存的解放战争时期可移动革命文物意义重大，如延安革命纪念馆二级文物"毛泽东转战陕北时用过的枕头""二斗桌和椅子""中国土地法大纲""中共中央关于公布中国土地法大纲的决议""中国人民解放军布告""西北战场一年来主要胜利图解""西北人民解放军一年辉煌战绩"等，杨家沟革命纪念馆的"陕甘宁晋绥四八年度供给标准""解放战争时期草绿色棉军帽"等文物，展现了解放战争时期中共中央转战陕北、领导全国解放战争的革命历史。

新中国成立后的文物内容也十分丰富，有些是反映延安时期的艺术创作，如一级文物"周正创作的油画：《吴起镇会师》"等；有些是社会主义建设时期的文物，如"1965年总第169期《解放军文艺》"等；有些是抗美援朝时期的文物，如"志愿军用过的铝筷子、铜勺"等。

（二）涉及地域广

陕西可移动革命文物不局限于省内，也有全国其他省区制作与使用的可移动革命文物。南方各路红军到陕北后，部分文物也随之带到了陕西。馆藏文物中有土地革命时期中央苏区和其他苏区的文物，如"瑞金县发给杨家祥的土地税免税证""中国农业工人工会兴国县委员会发给叶乾芙同志的会员证""中华苏维埃共和国国家银行湘赣省分行伍分纸币""中华苏维埃共和国中央政府粮食人民委员部八两米票"。抗战期间，陕甘宁边区是中共中央所在地，与各敌后抗日民主根据地有紧密联系。陕西保留了其他根据地的文物，如展现晋绥抗日民主根据地财经工作的"晋绥区粮票""晋绥边区旅途粮票拾贰两"等。还有晋察冀抗日民主根据地的"晋察冀边区行政委员会救国公债券壹圆""晋察冀边区银行伍圆币"等；晋冀鲁豫抗日民主根据地的"晋冀鲁豫边区生产建设公债券拾圆""冀南银行伍圆"等；山东抗日民主根据地的"鲁南凫山六区东垈斛贫农刘马氏的抗属证"等珍贵的革命文物。此外，亦保存抗日战争时期新四军的历史文物，如"国民革命军新四军证章"。解放战争时期其他解放区的文物，如反映山西文化事业的"解放区歌曲创作资料·4（晋西北及晋东南）"等文物。

（三）文物等级高

可移动革命文物分为珍贵文物与一般文物，珍贵文物指一级、二级、三级文物。陕西可移动革命文物等级高，包括了大量的一、二、三级革命文物，其中毛泽东、周恩来、朱德等党和国家领导人在陕西战斗生活时期革命文物占有一定数量。延安革命纪念馆等部门保存了多件毛泽东同志曾经用过的物品，如一级革命文物"毛泽东骑过的马""毛泽东同志给张林同志的题词手迹""毛泽东用过的手杖""毛泽东使用过的铜墨盒"等，二级文物"毛泽东用过的刮脸刀""毛泽东用过的肥皂盒""毛泽东用过的棉絮""毛泽东用过的椅子"等是毛泽东同志在延安时期珍贵的历史遗存。"周恩来关于学习日本同志对日军的宣传工作手迹""周恩来用过的小碗""朱德解放战争时用过的公文包"等历史意义非常重大，这些可移动革命文物是中共中央领导在陕北战斗生活的实物见证，是陕西珍贵的红色资源（见表1）。

表1 陕西部分单位保存珍贵革命文物数量

单位：件（套）

革命纪念馆名称	一级革命文物数量	二级革命文物数量	三级革命文物数量
延安革命纪念馆	189	2414	9010
八路军西安办事处纪念馆	53	50	92
桥儿沟革命旧址管理处	26	76	359
西安事变纪念馆	23	123	43
延安西北局革命旧址管理处	14	21	75
杨家沟革命纪念馆	5	3	32
子长市瓦窑堡革命旧址文物管理所	4	36	36
吴起县文物管理办公室	2	5	15
延安新闻纪念馆	1	5	4

资料来源：根据2022年《陕西省可移动革命文物名录》整理。

丰富的高等级革命文物具有典型代表性，从多个方面展现了陕西对中国革命的贡献。陕西的一、二、三级革命文物涵盖了政治、经济、文化、军事等多领域。延安时期各根据地重视对毛泽东思想的宣传，当时出版的"《毛泽东选集》"（一级文物）有效推动了对毛泽东思想的宣传。延安时期自力更生艰苦奋斗，通过开展大生产运动，克服了财政经济上的困难，一级文物"陕甘宁边区丰足火柴厂商标印模""马海德在大生产运动中亲手编织的草鞋"反映了边区经济建设的盛况。延安时期党领导军民开展了艰苦卓绝的军事斗争，一级文物"八路军兵工厂制造手榴弹的模具"是抗日战争时期人民军队反击日军侵略的真实写照；一级文物"彭德怀给'瓦子街歼灭战中的七一四团'题词木刻"是解放战争时期人民解放军在西北战场上捷报频传的反映。延安时期高度重视文化建设工作,一级文物"《解放日报》石刻"《边区群众报》是新闻出版事业蒸蒸日上的代表,而"李季写的《王贵与李香香》手稿""欧阳山的《高幹大》手抄本"等一批一级文物则是陕甘宁边区文化事业发展的见证。

(四)文物种类丰富

陕西的可移动革命文物反映了中国共产党领导革命、在各个领域取得的辉煌成就。可移动革命文物见证了延安时期政治建设取得的伟大成就。有的文物反映了延安时期对党建工作的重视,如《党的建设教程大纲》等;有的反映了延安时期对马克思主义的系统性翻译、出版与传播工作,如当时解放社出版的著作《列宁选集》《斯大林选集》等;有的反映了对人民选举参政工作的探索,如"特区选民大会选举票""志丹县常驻议会木刻章"等。

可移动革命文物见证了延安时期经济建设取得的伟大成就。"中华邮政贰分邮票"等反映了边区重视发展邮政事业,开展与其他地区通邮的历史。"延安难民毛纺厂生产的毛毯"等文物是边区发展经济取得重大成就的体现,这些革命文物极其珍贵,是延安时期党领导广大军民战胜敌人取得各个领域胜利的历史见证,意义巨大。延安时期党重视经济工作,通过奖励劳动模范,为经济发展鼓劲,"1943年陕甘宁边区政府奖给特等劳模折碧莲的织布梭子"等文物就是支持劳模发展经济的见证。金融工作是陕甘宁边区财经工作的重要组成,"光华商店代价券贰角纸币"、"陕甘宁边区银行贰角纸币"和"陕甘宁边区政府建设救国公债壹圆"等革命文物见证了边区金融事业发展状况。陕甘宁边区盐业生产销售对边区克服财政困难、应对贸易平衡方面发挥了重要作用,"陕甘宁边区盐务局食盐运销通行证"等文物就是当时大力开展这项工作的凭证。

可移动革命文物见证了延安时期文化建设取得的伟大成就。革命文物"抗大学员的领章""钟敬之戴过的鲁艺教职员证""延安大学校徽""鲁艺周年纪念章""《干部文化课本》"等反映了陕甘宁边区干部教育事业发展历程；"《政治课本（高级小学适用·第一册）》""《初级小学国语课本第二册》""《陕甘宁边区冬学课本：庄稼杂字》"等教材和其他教育部门文物反映了延安时期对普通教育、社会教育的重视；"冼星海等编写的《歌曲本》"、木刻画"《群众看护伤员》""《延安鲁艺大礼堂》""《八路军救了我》"、"《白毛女歌曲底稿》"等反映了边区音乐艺术等革命文化事业的繁荣。

可移动革命文物见证了延安时期为军事斗争取得伟大胜利作出的努力。二级革命文物"军委用过的电话总机"、"茶坊兵工厂制造的地雷"和制造子弹的模具、"沙家店自卫军用过的大刀"、"军事政策与战绩剪报"、"农民支前参战军政杂集剪报"等，从不同方面反映了党领导革命战争的成就。可移动革命文物见证了延安时期社会建设开展的工作和伟大成就。革命文物"乌鸦告状剪报"等反映了边区司法领域工作，"陕甘宁边区政府民政厅为印发执行本厅办事细则通知""新农民生活风俗汇集剪报"等反映了边区管理社会和农村事业发展的状况。

三 陕西可移动革命文物保护的主要做法

近年来，陕西要求县级以上人民政府将革命文物保护利用纳入本级国民经济和社会发展规划，明确了县级以上文物行政主管部门对革命文物调查、征集、整理、登记、建档、认定等方面的责任，强调对革命文物按照属地管理原则实行名录管理制度，并对革命文物名录实行动态调整，及时将新发现和认定的革命文物列入名录。同时，制定出台了《陕西省革命文物保护条例》，为全方位保护革命文物提供了地方法律保障。

（一）加强可移动革命文物的调查、征集、整理、登记、建档、保护等工作

陕西文物收藏单位重视馆藏文物的接收、鉴定、登记、编目、出入库、统计、保养、修复、注销、备案、档案管理、库房管理、复制拓印批准以及文物收藏单位之间借用馆藏文物管理等工作，并建立了相关制度。

通过调查、登记、建档等工作，对可移动革命文物信息进行了系统整理，于2022年底发布了《陕西省可移动革命文物名录》，公布了截至2022年的可移动革命文物数量、名称、级别、收藏单位及其所在行政区域等信息。各地重视可移动革命文物的征集工作。延安是全省可移动革命文物最多的地区，截至2024年初的近五年，延安征集包括冼星海音乐指挥棒、1939年《黄河大合唱》《生产大合唱》油印本等可移动革命文物18005件（套）。建立法规保障、体制创新、整体保护、安全长效、共建共享、立体展示机制的革命文物保护六项机制，通过完善机制，创设了文物保护机制体系。①

重视革命文物管理中的数据库建设工作。推动省文物行政主管部门开展革命文物数据库建设工作，建立了"陕西互联网+革命文物教育平台"等革命文物数据开放平台，实现分布全省各地的革命文物资源数据有效采集、系统保存、科学管理工作。

（二）发挥可移动革命文物在弘扬革命精神中的巨大作用

坚持价值引领。采取各种举措，充分利用可移动革命文物推动延安精神、照金精神、张思德精神、南泥湾精神的研究阐释，通过可移动革命文物见证革命历史的巨大作用，传承革命精神，弘扬革命文化。

各地革命纪念馆、革命旧址、博物馆等围绕重要革命历史事件、历史活动等，举办展览进行宣传，延安革命历史纪念馆、陕甘边革命根据地照金纪念馆、南泥区湾革命旧址纪念馆、枣园革命旧址等，发挥自身优势，利用可移动革命文物举办相关展览，通过革命文物和历史图片具象化革命精神，帮助参观者从文物与历史中感悟革命精神的真谛。

（三）构建省际片区可移动革命文物协商共建机制

为加强川陕片区革命文物保护利用工作，陕西和相关省市采取多种举措，大力合作开展文保工作。2024年，陕西省文物局和四川省文物局、重

---

① 《让革命文物在新时代焕发绚丽光彩》，《延安日报》2024年1月10日。

庆市文物局共同编制的《川陕革命文物保护利用片区专项规划》，以保护川陕片区 62 个县（市、区）内的革命文物资源，其中包括 3.3 万件（套）馆藏可移动革命文物。通过实施"红色资源+"战略，讲好川陕革命根据地故事。①

同时，陕西和相关省区共同努力，加强陕甘（陕甘宁）片区革命文物保护利用。陕甘（陕甘宁）片区涉及陕甘宁蒙 4 省（区）10 市 54 个县，2024 年陕甘宁蒙四省（区）文物局共同签署了《陕甘（陕甘宁）片区革命文物保护利用合作协议》，为保障《陕甘革命文物保护利用片区工作规划》《陕甘宁革命文物保护利用片区工作规划》落地见效，推进陕甘（陕甘宁）片区革命文物集中连片保护利用创造条件。②

（四）合理利用可移动革命文物，加强宣传

陕西共有各类革命纪念馆 76 座，有依托革命文物的全国爱国主义教育示范基地 13 处，国家级抗战纪念设施、遗址 10 处。陕西延安是全国唯一被批准创建革命文物类国家文物保护利用示范区的城市。陕西的革命纪念馆是保存可移动革命文物的主力，全省大部分可移动革命文物也珍藏在革命纪念馆。

各地革命纪念馆、革命旧址重视利用其珍藏的可移动革命文物开展展示宣传工作。"一个党史陈列，就是一部党史教科书"。陕西最大的革命纪念馆、首批国家一级博物馆延安革命纪念馆，陈列展出面积 1.43 万平方米，展出文物 2500 余件，历史照片 1400 余张，③ 再现了老一辈革命家在延安的光辉业绩。八路军西安办事处纪念馆保存了大批珍贵革命文物，办事处纪念馆举办的旧址复原陈列及"千秋七贤庄——八路军驻陕办事处史实展"等充分展示了革命文物的历史价值。

---

① 《川陕渝印发规划推进革命文物保护利用》，陕西省文物局，http：//wwj. shaanxi. gov. cn/sy/dtyw/wbyw/202406/t20240614_ 2333074. html。
② 《强化革命文物保护利用 陕甘宁蒙合作共进——陕甘（陕甘宁）片区革命文物保护利用工作会议在宁夏固原市举办》，中国农网，https：//www. farmer. com. cn/2024/09/21/99965296. html。
③ 《延安革命纪念馆》，延安市人民政府，http：//www. yanan. gov. cn/gk/fdzdgknr/shgy/wtly/yzya/zmjd/1800692999114465281. html。

（五）为利用革命文物开展宣传教育创造条件

陕西根据青少年认知特点，利用革命文物资源加强学校思想政治工作。2024 年 4 月，西安交通大学、八路军西安办事处纪念馆开始举办革命文物融入"大思政课"主题展览高校巡展。名为"我要去延安"的专题展览由陕西高校革命文化传承联盟主办，[①] 发挥革命文物的历史见证作用，帮助加强改进高校思想政治工作，推动革命文化融入"大思政课"建设，为在高校传承革命文化、弘扬延安精神进行新探索。

此外，陕西还致力于推进"中共中央转战陕北""川陕红色交通线""红色青年奔赴延安"等革命文物主题游径及长征历史步道建设工作，充分发挥革命文物在推动红色旅游、红色研学，宣传革命思想方面的重要作用。

四　加强陕西可移动革命文物保护与利用的建议

（一）进一步加强现代科学技术运用

一是加大馆藏可移动革命文物现代科学技术监管保护力度。利用红外监测、在线监测和环境监测等技术，实现对馆内温度、湿度、二氧化碳等环境因素与可移动革命文物状态的全面与实时监测，防止革命文物遭到自然和人为因素损坏，延长其保存年限。二是将现代科学技术与馆藏可移动革命文物建档工作紧密结合。运用激光扫描、结构光扫描、多图像摄影测量等技术实现三维数据采集，最大限度帮助革命文物永久性存放与管理。[②] 三是将现代科学技术与馆藏可移动革命文物修复紧密结合。通过引入显微 CT（计算机断层扫描）、多光谱成像系统、三维视频显微镜、离子色谱仪等设备与技

---

① 《陕西革命文物融入"大思政课"主题高校巡展启动》，陕西省文物局，http：//wwj. shaanxi. gov. cn/sy/dtyw/wbyw/202405/t20240506_ 2328159. html。
② 胡邦宁：《革命文物数字化保护利用的价值、挑战和路径》，《人民论坛》2024 年第 12 期。

术，提升文物修复工作的科技含量。四是利用现代科学技术加大可移动革命文物历史背景数字还原工作，加大革命文物与相关革命历史的契合度。结合革命文物历史背景，通过对文物资料的数字化收集、整理、制作，实现革命文物历史背景的数字化还原，并结合光影技术、（AR）、人工智能（AI）等数字化呈现手段，将革命文物与其相关历史背景、历史事件发生空间、历史人物融为一体，用可视化呈现实现红色元素从静态到动态、从现实到历史、从单一到立体的转变。

（二）进一步探索加强利用可移动革命文物弘扬革命精神的路径与方法

一是利用可移动革命文物举办弘扬革命精神专题展。利用丰富的可移动革命文物、照片等举办弘扬延安精神、西迁精神等展览，大力弘扬革命精神。二是利用可移动革命文物数字化成果，在线上开展革命精神弘扬活动。通过运用互联网、大数据、云计算、人工智能等数字技术手段，将相关革命文物通过数字技术在线上呈现，从传统形式发展到用数字教育形式弘扬革命精神，将革命文物、数字形式、革命历史素材等融为一体，实现多媒体宣传矩阵，让革命文物以数字形式更便捷、更有效、更贴近地弘扬革命精神。三是通过可移动革命文物及其复制品、照片等形式，开展延安精神进校园、进社区、进工厂等活动。充分发挥一般文物、珍贵文物复制品、照片等作用，为基层弘扬革命精神创造条件。四是通过可移动革命文物馆际交流，推动全国范围内弘扬伟大建党精神和延安精神、照金精神、南泥湾精神、张思德精神、西迁精神活动。

（三）进一步加大可移动革命文物与党史学习教育、红色教培、文化旅游等工作融合力度

一是加大可移动革命文物与党史学习教育融合力度。习近平总书记强调："红色基因就是要传承。中华民族从站起来、富起来到强起来，经历了多少坎坷，创造了多少奇迹，要让后代牢记，我们要不忘初心，永远不可迷

失了方向和道路。"[1] 革命文物在传承革命基因中发挥着不可替代的作用，利用革命文物展览全方位、全过程、全景式、史诗般展现党的革命历史与奋斗之路，与党史学习教育紧密结合，有助于更好推动学史明理、学史增信、学史崇德、学史力行。二是加大可移动革命文物与红色旅游融合力度。"革命文物资源与旅游事业相融合，催生红色旅游蓬勃发展"。[2] 陕西众多的革命纪念馆、革命旧址不仅是可移动革命文物的主要保存单位，也是开展红色旅游的重要资源，在利用可移动革命文物促进红色旅游事业发展中发挥重要作用。要在红色旅游发展总体规划中加大利用可移动革命文物力度，充分利用可移动革命文物强化红色旅游品牌培育，通过红色旅游助推老区乡村振兴、城镇建设和社会事业发展。三是加大可移动革命文物与红色教育培训、红色研学融合力度。大力发展"培训+"研学产业，支持有研究能力的革命场馆开展以弘扬延安精神为主题的红色文化培训、文化自信培训和大中小学校一体化思政课研学培训。[3] 依托革命文物和史料体系，加强红色教育培训的话语与理论体系建设，充分发挥革命纪念场馆个性化展示功能，提升红色研学水准。

---

[1] 《习近平李克强王沪宁赵乐际韩正分别参加全国人大会议一些代表团审议》，《人民日报》2018 年 3 月 9 日。

[2] 邓群刚、陈帅名：《新时代中国共产党保护利用革命文物的理论与实践》，《北华大学学报》（社会科学版）2024 年第 1 期。

[3] 刘妮：《传承红色文化 大力发展"培训+"研学产业》，《陕西日报》2024 年 5 月 30 日。

B.9
陕西提升文化传播力与影响力研究

马王平 苏书杰 惠阳*

摘 要： 本报告梳理了陕西提升文化传播力与影响力的主要做法及存在的问题和面临的挑战，并从顶层设计规划、人才队伍培育、文化内涵挖掘、传播渠道拓展、传播品牌建设、评估机制创建等方面提出意见建议，旨在促进陕西充分发挥历史文化资源优势，进一步提升文化传播力与影响力。

关键词： 陕西文化 传播力 影响力

党的二十大报告提出："增强中华文明传播力影响力。坚守中华文化立场，提炼展示中华文明的精神标识和文化精髓，加快构建中国话语和中国叙事体系，讲好中国故事、传播好中国声音，展现可信、可爱、可敬的中国形象。加强国际传播能力建设，全面提升国际传播效能，形成同我国综合国力和国际地位相匹配的国际话语权。深化文明交流互鉴，推动中华文化更好走向世界。"[1]

陕西是中华文明的重要发祥地之一，拥有深厚的历史文化底蕴、丰富的自然资源与独特的地理风貌，是连接中国东西部的重要桥梁，也是共建"一带一路"的重要节点。因此，提升陕西文化的传播力与影响力，加强陕

---

* 马王平，长安大学工程师，主要研究方向为文化旅游产业；苏书杰，长安大学高级工程师，主要研究方向为新媒体技术与文化传播；惠阳，长安大学高级工程师，主要研究方向为数字媒体形态设计。

[1] 《高举中国特色社会主义伟大旗帜 为全面建设社会主义现代化国家而团结奋斗——在中国共产党第二十次全国代表大会上的报告》，《人民日报》2022年10月26日。

西对外传播能力建设，对于提升陕西国际影响力、促进文化交流与合作、推动文化自信建设、促进文化产业发展具有重要意义。

一 陕西提升文化传播力与影响力现状

（一）文化内容丰富，传播形式新颖

陕西在文化传播上积极作为，从多维度创新探索。在内容甄选与呈现上，巧妙融合历史性、文化性、教育性与时代性。聚焦秦汉唐等辉煌时期文化瑰宝，让古老文明闪耀当下；精选地方戏曲、传统手工艺等非遗，使其重焕生机。同时，于现代文化创意领域发力，借文学、影视、音乐等形式，让传统文化与现代审美交融，展现文化现代魅力。

在多媒体传播领域，陕西借助电视、广播、互联网等多元平台，以纪录片、专题片、短视频等鲜活形式展现文化魅力。文化旅游中，依托丰富资源设计多样活动，游客在参观游览、体验民俗、品尝美食时，能深切感受独特韵味，增强认知与认同感。

积极举办各类文化交流活动，如文化论坛、艺术展览、民俗节庆等，搭建起与其他地区文化交流桥梁，促进交流互鉴，提升国际影响力。尤其是在数字化展示方面，运用虚拟现实、增强现实等前沿科技，对历史文化资源数字化复原呈现，让受众仿若身临其境，增强传播互动性与趣味性。

这些富有成效的传播形式协同发力，以吸引人、感染人的方式，将陕西文化推向世界舞台。不仅让中华文明以鲜活、生动姿态呈现，更提升了陕西文化知名度与美誉度，为中华优秀传统文化传承与传播贡献陕西力量，彰显出强烈的文化自信与民族自豪感，展现出陕西在文化传承与传播中的独特担当。

（二）传统媒体持续发力，新媒体作用日益突出

在传统媒体领域，报纸、电视等仍起着关键作用。如《陕西日报》开

设文化专栏，派记者深入考古一线，对石峁遗址等重大考古发现深度追踪报道，邀请专家参加访谈，详尽呈现发掘成果，剖析背后文化、历史意义。其他传播渠道效果方面，以陕西省文博单位为例，2024 年接待游客近 7200 万人次。

在新媒体领域，社交媒体平台和短视频平台正逐渐成为陕西文化传播的新高地。陕西文化旅游官方微博账号凭众多粉丝，常发文旅资讯，如西安城墙马拉松话题，阅读量达数亿次，评论数十万条，影响力颇大。短视频平台作用突出，大唐不夜城不倒翁小姐姐表演视频走红抖音，播放量达数十亿次，点赞量超千万，吸引大量游客体验唐朝文化。

（三）传播效果逐步提升，影响力显著增强

陕西文化在国内的传播力持续增强，其影响力愈发显著。以《国家宝藏》节目中的陕西文物展示为例，这一环节不仅让全国观众深刻认识到陕西文化在中华文明中的举足轻重之地，更激发了广大民众对文化遗产的崇敬与自豪之情。节目播出期间，相关微博话题阅读量飙升至数亿次，观众的热情留言纷纷表达了对陕西文化的深厚情感与高度认可。与此同时，陕西的旅游业也迎来了蓬勃发展，2024 年，全省重点文旅产业链营收达 8638 亿元，同比增长 11.7%。全年接待国内游客 8.17 亿人次，同比增长 14%；接待入境游客 46.77 万人次，按可比口径增长 77%。

在国际舞台上，陕西文化同样大放异彩，其文化形象得到了显著提升。兵马俑海外展览在多国引发了巨大轰动，特别是在法国卢浮宫展览期间，吸引了超过百万观众前来参观，国际媒体也纷纷予以报道，不仅展示了陕西文化的独特魅力，也为中国与世界各国的文化交流搭建了重要桥梁。

此外，陕西还积极开展国际文化交流活动，如丝绸之路国际艺术节，自2014 年创办以来，每届都吸引了来自 50 多个国家和地区的艺术家参与，参演节目丰富多彩。这一活动受到了国内外媒体的广泛关注，有力地推动了中外文化相互了解与尊重，为构建人类命运共同体贡献了陕西力量。

二 陕西在文化传播进程中面临的问题与挑战

（一）思想积淀的厚重与转型之困

陕西作为历史文化大省，文化积淀深厚。然而，这份厚重的历史遗产在带来荣耀的同时，也伴随着传播的挑战与转型的困惑。一方面，深厚的传统思想观念如同双刃剑，既赋予了陕西文化独特的韵味与深度，又在一定程度上束缚了创新的脚步。在文化传播与发展的征途中，人们往往不自觉地陷入传统思维模式的桎梏，对于新观念、新方法的探索与尝试显得相对滞后，难以充分释放文化创新的活力。[1]

另一方面，对传统文化的过度依赖，也导致了文化传播的单一化与片面化。在强调传统文化价值的同时，有时却忽视了现代文化的培育与发展，未能及时回应现代社会人们对文化内容多元化、个性化的迫切需求。这种单一的文化传播模式，不仅限制了陕西文化的广泛影响力，也难以满足受众日益丰富多样的文化消费诉求。因此，如何在传承与创新之间找到平衡点，既是陕西文化传播面临的挑战，也是其实现转型升级的关键所在。

（二）文化资源整合与开发不足

首先，缺乏统一规划与协调。各市在文化品牌建设和资源开发上往往各自为政，缺乏有效的沟通与合作。部分区域在开发历史文化景点时，仅着眼于局部利益，未能与周边地区联动，导致资源分散，难以形成规模效应。同时，文化资源的管理也呈现部门分割、职责不明的状况，多个部门分别管理不同的文化资源，缺乏统一的协调机制，使资源整合难度大、开发效率低。

---

① 陆卫明、邓皎昱、王文辛：《论中华文明精神标识与文化精髓的提炼及其价值》，《北京联合大学学报》（人文社会科学版）2023 年第 3 期。

部门间缺乏紧密的协作，难以汇聚成推动资源整合与开发的强大合力。

其次，陕西在文化资源的转化运用能力上显得相对薄弱。尽管陕西是文化资源大省，但并非文化强省。其文化资源虽然琳琅满目，但往往如同"满天星斗"，缺乏能够引领全局的"一轮明月"。文化符号繁多、文化遗址遍布、文化品牌林立，然而真正具有竞争力的相对较少。这些丰厚的文化资源并未得到有效传承与创新发展，难以转化为产业优势和现实生产力，使陕西在文化产业的竞争中略显逊色。

最后，文化资源的融合深度也显得不足。许多文化资源仍停留在原生态的展现阶段，其内涵价值并未得到充分挖掘。文化与旅游、金融、科技等领域的融合尚不够深入，文化资源的潜力未能充分发挥。历史文化景点往往只是进行简单的陈列展示，缺乏深度的内涵解读和创新表达，使游客的体验感不够深刻。同时，旅游开发中也缺乏足够的创意，产品形式单一，难以满足游客日益多样化的需求。这些问题都亟待陕西在文化资源整合与开发中加以解决，以实现文化资源的最大化利用和文化产业的蓬勃发展。

（三）传播力影响力不强

在传播内容方面，过度依赖传统的历史文化资源，而忽视了对现代文明成果的深入展示与解读，导致传播内容缺乏新意与时代感。部分文化内容仅注重历史展示，未能与现代生活紧密融合，难以触动年轻一代的心灵，引发他们的共鸣。此外，传播内容存在同质化现象，缺乏明确的品牌定位与有效的推广策略，与其他地区的文化内容相似度过高，缺乏陕西特色。

在传播方式、手段及渠道方面，传统传播方式仍占据主导地位，这些方式虽能起到一定的宣传作用，但传播范围有限，受众群体单一，且互动性较差。对于新媒体与数字化传播手段的运用尚不充分，未能充分发挥其优势来扩大文化的影响力。在国际传播方面，平台、策略与渠道均显不足，缺乏统一规划，导致国际传播能力薄弱。同时，传播渠道不畅、平台有限，难以满足广泛传播的需求，缺乏具有影响力的全国性或国际性平台来推广陕西文化。

在传播受众定位方面，缺乏精准的目标受众定位，难以根据不同群体的特点与需求进行精准传播，从而影响了传播效果。为了提升陕西文化的传播力与影响力，亟须在传播内容、方式、渠道及受众定位等方面进行全面的创新与优化。

（四）专业人才缺乏

陕西目前既具备深厚文化底蕴又精通传播之道，又拥有创新思维与实践能力的复合型专业人才较匮乏。

在文化资源挖掘、整理与解读上，缺乏能剖析陕西文化所蕴含中华文明精髓的学术骨干。而在文化传播策划、推广与运营方面，急需具备敏锐市场洞察力和卓越创新能力的人才，以便把丰富文化资源转化为吸引人的传播内容及产品，这样的人才同样稀缺。

同时，陕西教育体系在培养文化传播专业人才方面力有不逮。高校相关专业设置不完善，课程体系需优化，实践教学环节薄弱，难以培育出契合市场需求的高素质人才。并且，针对现有从业人员的持续培训及能力提升机制也不健全，专业素养与业务能力难以跟上文化传播环境快速变化的步伐，制约了陕西文化更好地传承与传播，亟待改善这一人才困局。

（五）文化产业竞争力不强

一方面，企业规模和实力相对不足。相较于其他发达地区，陕西的大型文化企业数量稀少，而民营文化企业则普遍呈现规模小、层次低的特点。这些企业固定资产有限，经营领域单一，难以支撑起大规模的项目开发与市场拓展。资金投入的匮乏，使这些企业在面对市场机遇时往往力不从心，无法有效推进项目的实施。同时，技术落后也成为制约其发展的重要因素，尤其是在数字文化产业领域，缺乏先进的技术支持，使陕西的文化产业在数字化转型的道路上步履维艰。此外，经营管理水平的不足，以及创新意识和市场开拓能力的缺失，也进一步加剧了陕西文化企业在市场竞争中的劣势地位。

另一方面，新兴文化产业的发展相对滞后。随着互联网的普及和数字技术的飞速发展，互联网信息服务、网络视听、动漫游戏等新兴文化产业逐渐成为文化产业的新增长点。陕西在这些领域的占比相对较低，发展速度滞后。这既源于对新兴文化产业重视程度的不足，以及政策支持的力度不够，也与缺乏必要的技术和人才储备密切相关。这些短板使陕西在新兴文化产业的竞争中处于被动地位，难以满足日益增长的市场需求。

（六）区域发展不平衡

陕西文化产业的区域发展呈现显著不平衡的态势，主要体现在关中、陕北、陕南的显著差异上。关中地区，特别是省会西安，凭借丰富的文化资源、坚实的经济基础和成熟的产业体系，稳居领头羊地位。而陕北、陕南虽同样拥有独特的文化资源，却因经济基础薄弱、开发程度低而滞后。陕北的红色文化和民俗文化未得到充分挖掘；陕南的生态文化资源虽具特色，但尚处于起步阶段，缺乏产业支撑。

此外，城乡文化发展差距也值得关注。城市文化设施完善、活动丰富，居民对文化资源利用程度高。相比之下，农村地区文化建设薄弱，设施简陋、活动稀少。受限于教育程度和经济条件，农村居民对文化资源认识和利用程度低。陕西需加强区域文化产业均衡发展，提升陕北、陕南文化产业发展水平，同时缩小城乡文化发展差距，促进文化资源的充分利用和城乡文化的共同繁荣。

三　陕西提升文化传播力与影响力的路径

（一）强化顶层规划，构建协同机制

为了更有效地推动陕西文化的广泛传播与深入发展，首要任务是强化顶层规划，并构建一个高效协同的机制。

首先要开展深入细致的调研工作，全面摸清陕西丰富的历史文化资源家底，准确把握当前文化产业的发展现状，并科学预测未来的发展趋势。在此基础上，需要制定一套既全面又具有前瞻性的文化传播战略规划。这一规划应分阶段明确文化遗产数字化传播的具体任务目标，并紧密结合国家战略，为陕西文化传播量身打造一系列子战略。规划内容不仅要涵盖传统的历史、民俗、红色文化的传承与传播，更要紧跟时代步伐，将新兴的数字文化、创意文化纳入其中，以确保文化传播的时效性和创新性。同时，还应积极响应国家重大文化发展战略，如共建"一带一路"、黄河流域生态保护和高质量发展等，精心策划与之紧密相连的子战略，为陕西文化的国际传播搭建更加广阔的舞台。

其次还要建立跨部门、跨行业、跨领域的协同机制。由宣传部门牵头，整合文旅、教育、科技等多部门，形成联动机制。加强区域间的协同合作，与周边省份携手共进，并与沿海发达地区建立"文化+科技+市场"的创新合作模式，共同打造一批具有国际影响力的文化传播项目，让陕西文化的璀璨光芒照亮世界的每一个角落。

（二）培育人才队伍，提升传播素养

在高校教育层面，着力优化传播学相关专业的课程设置，以强化学生对本土文化的深入理解与传播能力。同时，推动实践教学创新，建立校内实践基地，并加强与国际高校的交流合作，旨在培养出具有国际视野和本土情怀的文化传播精英。

针对在职人员，可以开展多层次、个性化的专业培训。由相关部门联合组织，根据文化旅游、文化企业等不同行业岗位的具体需求，量身定制培训课程。通过案例分析、实地考察等多样化的培训方式，切实提升学员的实际操作能力和文化传播效果。

在民间艺人传播能力提升方面，可以为他们提供系统的传播知识技能培训，助力其建立个人品牌，并设立工作室以提供更好的服务。同时，组织成立合作社，促进民间艺人的集体创作与推广，从而增强其整体影响力。

此外，还可以建设志愿者队伍。通过招募志愿者并进行系统培训，建立激励机制，如设立星级评定制度，以激发志愿者的积极性和创造力。鼓励志愿者开展自主创新的传播活动，并给予表彰奖励，共同为提升陕西文化传播的广度和深度贡献力量。

同时，还需高度重视高层次文化传播人才的引进和培养。通过制定人才引进政策，以优厚的待遇、良好的工作环境以及广阔的发展空间，吸引国内外优秀人才来陕工作，为陕西文化传播事业注入新的活力和动力。

（三）挖掘文化内涵，丰富传播内容

深度探寻陕西文化所蕴含的独特内涵与非凡价值，精心提炼那些极具代表性的文化符号以及特色元素，借助文学创作、影视作品、舞台剧等多元艺术形式，全方位展现陕西源远流长的历史以及璀璨夺目的灿烂文化。积极倡导作家、编剧以陕西深厚的历史文化为创作蓝本，匠心打造具有广泛影响力的作品，并精心编排舞台剧，如《大秦帝国》《长恨歌》这类佳作，它们生动地呈现历史文化的独特魅力，同时基于历史文化主题开发特色旅游产品，让游客能够亲身领略其中的迷人韵味。

深度挖掘红色文化内涵，紧紧围绕革命圣地延安，倾力打造特色品牌，精心开展教育旅游活动，保护并修缮革命旧址，规划开发红色旅游线路，有序组织主题教育，创作红色文艺作品，大力弘扬延安精神，让红色文化深入人心。

深度挖掘民俗文化内涵，充分利用秦腔、皮影戏、剪纸等非物质文化遗产精心塑造品牌，踊跃举办各类文化节以及技艺展示活动，积极组织民俗表演，巧妙开发创意产品，如精美的脸谱工艺品、别致的皮影摆件等，使游客在感受民俗独特魅力的同时，深入了解陕西民俗文化的深厚底蕴。

（四）拓展传播渠道，实现多元覆盖

拓展传播渠道是实现多元覆盖的重要手段。充分利用传统媒体与新媒体平台，拓展文化传播渠道，提高文化传播的覆盖面与影响力。首先，要加强

传统媒体传播。通过加强与中央广播电视总台、《人民日报》等主流媒体的合作，加大对陕西文化的宣传力度。在陕西卫视等地方媒体开设文化专栏，制作播出文化专题节目，展示陕西文化的魅力。其次，拓展新媒体传播，充分利用微博、微信、抖音等新媒体平台，开设官方账号，发布文化资讯与旅游信息，吸引更多的人关注陕西文化。例如，在微博上发起"陕西文化之美"话题讨论，吸引网友分享自己眼中的陕西文化；在抖音上举办"陕西民俗文化挑战"短视频大赛，展示陕西的民俗风情等。同时，加强对外传播，通过海外媒体平台和文化交流活动，向世界传播陕西文化，提升文化传播的国际化水平。

（五）科技助力赋能，创新传播形式

利用现代科技手段，创新文化传播形式，提高文化传播的效果与吸引力。利用虚拟现实、增强现实、人工智能等技术，打造沉浸式文化体验项目，如秦始皇兵马俑 VR 展览、西安古城墙 AR 导览等。利用大数据、云计算技术分析受众需求，精准推送文化内容。利用互联网、移动终端技术开展在线文化活动和教育课程。例如，开发陕西历史文化虚拟现实教育课程，通过虚拟现实体验秦始皇统一六国、汉武帝抗击匈奴等历史事件。同时，还可以利用大数据技术，分析游客的需求与行为，为文化传播提供精准的决策依据；分析文化传播的效果与影响力，为文化传播策略的调整提供参考依据。

（六）创新多元方式，增强传播吸引力

采用多种传播方式，满足不同受众的需求，提高文化传播的吸引力与影响力。采用故事化传播方式，挖掘陕西的历史人物、民间传说、当代奋斗故事等，以生动故事传播陕西文化。采用体验式传播方式，开展文化旅游、民俗体验、非遗传承等活动，让观众亲身感受陕西文化魅力。采用互动式传播方式，利用新媒体平台开展互动活动、问答比赛等，增强观众参与感和互动性。例如，在博物馆举办文化知识问答活动，让观众在互动中学习历史文化知识；在民俗文化节上设置互动游戏，让游客在游戏中感受民俗文化的乐趣。

（七）加强品牌建设，提升传播影响

加强历史文化品牌建设，以秦始皇兵马俑、西安古城墙、法门寺等为代表，提升陕西历史文化的知名度和美誉度。加强红色文化品牌建设，以延安革命圣地为核心，弘扬延安精神，传承红色基因。打造以秦腔、皮影戏、剪纸等为代表的民俗文化品牌。最终形成"陕北红色文化""关中历史文化""陕南山水文化"等特色文化品牌。通过品牌建设，提高陕西文化的知名度与美誉度。同时利用各种媒体平台和宣传渠道，广泛宣传陕西文化品牌，加大对陕西文化品牌的推广力度。还应加强对文化品牌的保护与管理，维护文化品牌的形象与声誉。建立品牌评价体系，定期对文化品牌的价值进行评估和调整，确保品牌的持续发展和提升。

（八）增强受众互动，提升传播效果

加强与受众的互动交流，了解受众的需求与反馈，提高文化传播的针对性与有效性。首先，建立官方网站、微博、微信等互动平台，及时发布文化资讯与旅游信息，与受众进行互动交流。回复受众的留言与评论，解答受众的疑问与问题，提高受众的参与度与关注度。开展文化互动活动，如文化知识竞赛、文化创意大赛、文化体验活动等，吸引受众参与互动。其次，通过互动活动，提高受众对陕西文化的了解与认识，增强受众对陕西文化的认同感与归属感。最后，建立受众反馈机制，通过问卷调查、网络评论、热线电话等方式收集反馈信息，及时调整文化传播策略，提高文化传播的效果与质量。

（九）深化国际交流，构建传播网络

首先，创新国际文化交流活动形式和内容，在举办传统活动的同时打造创新性互动形式，如开展"文化交换生"项目、举办"国际文化创意集市"。加强国际文化交流活动数字化转型，举办"云端丝绸之路国际艺术节"，建立国际文化交流社区。建立国际文化传播战略合作联盟，如打造"丝绸之路文化传播联盟"，整合各方优势提升陕西文化全球传播效果。其

次，开展定制化国际文化传播推广活动，根据不同国家和地区特点，针对欧美重点推广历史文化遗产和高端艺术产品，对亚洲周边突出民俗文化和旅游资源，利用当地渠道和伙伴精准营销推广，提高文化传播针对性和有效性，促进不同文化创意碰撞与交流，突破地域限制，降低成本，提高参与度和影响力。同时，在国际传播交流方面，增强文化敏感性，尊重并理解不同文化，提高跨文化沟通能力；建立跨文化沟通机制，促进相互了解和信任；培养全球公民意识，推动文化交流互鉴等，以应对文化差异与语言障碍等挑战。

（十）建立评估机制，注重传播成效

建立科学合理的评估指标体系，包括传播覆盖面、受众满意度、社会影响力等方面的指标。通过评估指标体系，对文化传播的效果进行量化评估，为文化传播策略的调整提供参考依据。定期开展文化传播效果评估工作，收集和分析相关数据，对文化传播的效果进行评估与反馈。根据评估结果，及时调整文化传播策略与内容，提高文化传播的效果与质量。加强对评估结果的反馈与应用，将评估结果反馈给相关部门和单位，为文化传播工作的改进提供参考依据。

B.10
陕西话剧发展研究报告

杜　睿*

摘　要： 作为陕西文化品牌之一，陕西话剧从 20 世纪初至今已经发展了百余年。近年来，陕西话剧坚持现实主义题材，根植于地方民俗文化，传承红色文化和人文精神，形成了极具地方特色的文化品牌。但同时，陕西话剧在公共文化服务、文旅融合、人才队伍建设、资金支持等方面存在一些短板和不足。结合陕西实际，建议增加小剧场话剧演出，盘活话剧小空间；提供互动仪式链传播空间，增强话剧文化惠民；致力于"文化+"，运用新科技助力话剧发展；增加政策和资金支持，带动话剧院团高质量发展；创新陕西演艺联盟服务，积极寻求与高校的合作，促进创新性发展。

关键词： 陕西话剧　现实主义　文化品牌

2021 年，习近平总书记在给中国国家话剧院艺术家的回信中强调："希望你们再接再厉，紧扣时代脉搏、坚守人民立场、坚持守正创新，用情用力讲好中国故事，创作出更多无愧于时代、无愧于人民的优秀作品，为新时代文艺事业繁荣发展、为丰富人民精神世界作出更大贡献。"① 陕西作为文化大省，有着深厚的文学积淀，不仅有文学陕军"三驾马车"的辉煌，还有陕西话剧、西部影视、长安画派、陕北民歌的品牌建构。作为近年来异军突起的文化品牌，陕西话剧依托陕西文学经典，在遵循原著和典型人物的基础

---

* 杜睿，文学博士，陕西省社会科学院副研究员，主要研究方向为当代陕西文学与文化。
① 《坚守舞台初心 谱写话剧艺术发展新篇章——习近平总书记给国家话剧院艺术家的回信引起热烈反响》，新华网，http://www.xinhuanet.com/2021-12/28/c_ 1128210716.htm。

上，拓展文学底蕴，强化地域特色，挖掘人物特征，弘扬时代主旋律，同时更加注重现实主义题材的舞台表现，在舞台张力与人物故事催化中，不断推进文化自信自强。

一 陕西话剧的历史脉络与现状

（一）陕西话剧的历史脉络

话剧不是中国本土的戏剧形式，是随着近代文明的曙光从欧洲而来的舶来品。每当时代风云骤起，中华历史迈出和即将迈出新的一步时，话剧就会以其独特的艺术功能弘扬时代精神，激发群众情绪，寄托人民理想。中国最早接触的话剧是澳门大三巴前的话剧演出，之后经历了晚清戏曲改良运动和白话文运动，西方戏剧——话剧才得以逐渐传入中国。

话剧是在卢沟桥事变之后，中国的文学中心发生了转移，从北京、上海两大中心，转向重庆、延安等地，才真正进入高速发展期。延安时期，陕西话剧在战火中锤炼，时任延安鲁迅艺术学院戏剧学科主任的张庚就曾提出"话剧民族化与旧剧现代化"的主张，一时间话剧从最初以小剧场为主的爱美剧发展为延安时期的大众戏剧形式，把话剧搬到广场中、搬到人民群众的生活之中。这一时期涌现了一大批优秀的戏剧，《白毛女》《兄妹开荒》《把眼光放远一点》《粮食》《抓壮丁》《同志，你走错了路》等实现了话剧的中国式表达。新中国成立之后，陕西话剧继续表现出不俗的成绩，不仅从抗战题材迅速转入对新中国的抒写和歌颂之中，而且开启了集体创作之路。《如兄如弟》《幸福》《巴山红浪》《车站新风》《延水长》《西安事变》等剧目在全国上映并接连获奖，受到各界关注和好评。

随着改革开放的逐渐深入，陕西话剧进入新的发展阶段，在重新崛起中既表现了自己固有的特色和风格，又表现出新的发展和探索，先后出现了《安家小院》《古城墙下》《苍凉青春》《毛泽东的故事》等作品，成为具有地方特色和时代表达的话剧形式。进入 21 世纪，随着陕西话剧院团的转型与改制，陕西话剧也在探索中不断突破和创新，分别排出了《钟声远去》《天心顺》《灯火阑珊》《两万五》等话剧佳作，2007年，陕西人民艺术剧院应文化部、中宣部邀请，赴北京参加"纪念中国话剧诞辰100周年暨第五届全国话剧优秀剧目展演"，话剧《钟声远去》受到了各界的广泛好评。

（二）陕西话剧发展现状

作为陕西文化品牌之一，近年来陕西话剧成绩优异。借助文学陕军的经典创作和陕西特有的红色文化传统，陕西话剧院团先后改编创作了《白鹿原》《平凡的世界》《麻醉师》《柳青》《路遥》《主角》等剧目。以陕西方言演绎文学经典《白鹿原》的原创话剧《白鹿原》，2015年底于西安人民剧院首演，一上演就赢得了观众的好评和市场的认可，并在持续9年全国巡演中取得了显著的成绩。此外，自原创话剧《麻醉师》荣获第十五届中国文化艺术政府奖"文华大奖"之后，《柳青》《主角》分别荣获第十六届、第十七届中国文化艺术政府奖"文华大奖"。改编自文学经典《平凡的世界》的同名话剧在2018年首演于国家大剧院，3108张门票提前两个月售罄，一次性签下了3年200场的演出协议，并荣获第十五届精神文明建设"五个一工程"奖。《路遥》荣获第十六届精神文明建设"五个一工程"优秀作品奖、入选"中国百部文艺作品榜单"，《平凡的世界》荣获第九届陕西省艺术节文华优秀剧目奖，《红箭 红箭》荣获第十届陕西省艺术节"文华大奖"、第二届陕西戏剧奖·剧本奖、第三十一届田汉戏剧奖剧本一等奖。《延水谣》入选国家艺术基金2024年度大型舞台剧和作品创作资助项目，《唱支山歌给党听》荣获第十届陕西省艺术节"文华大奖"，《长安第二碗》获"国家舞台艺术精品创作扶持工程重点扶持剧目"等。

陕西话剧目前主要以陕西人民艺术剧院和西安话剧院两大话剧院团为支撑，覆盖了陕西实验话剧院、西安儿童艺术剧院、宝鸡艺术剧院等，同时带动西安电子科技大学、西北农林科技大学、西安外事学院、榆林学院等高校话剧社合作发展。在话剧创作方面，主要表现在以大IP制作为主，通过文学陕军与陕西话剧的融合凸显浓郁的陕西地域特色。近年来，陕西人艺改编的大IP话剧《白鹿原》《平凡的世界》《主角》《生命册》，实现了文学经典向话剧经典的转化，文学经典的话剧呈现不仅融合了舞台艺术的魅力，而且强化了陕西地方语言和地方风俗，成为陕西话剧的一大亮点。西安话剧院的话剧《柳青》《路遥》从经典作家的创作事迹入手，还原文学经典背后的作家心路历程，对经典作品进行了补充，对经典人物和事迹做了戏剧化处理，更直观、立体地把"为人民书写"的作家形象展现在观众面前，融合了文学陕军的时代背景和话剧艺术的舞台表现，成为近年来叫好又叫座的话剧精品；西安话剧院创作的《麻醉师》、陕西实验话剧院与西安电子科技大学联合出品的《毕德显》、西北农林科技大学的《雕虫沧桑》《嘉禾·国兴》等话剧，从陕西代表性人物入手进行话剧呈现，展现了西京医院麻醉科副主任陈绍洋、中国科学院院士毕德显、昆虫专家周尧等人物的先进事迹和奉献精神；还有弘扬红色文化，以延安精神为引领，通过话剧的形式再现红色文化及延安精神的《延水谣》《唱支山歌给党听》《共产党宣言》；彰显时代精神，体现人文情怀的话剧《红箭 红箭》《樱花再开时》；展现陕西风土民情的话剧《长安第二碗》《面皮》等，都是陕西话剧近年的力作。西安话剧院成立了"火柴戏剧"全资子公司，运用先锋派手法大胆创新了多部小剧场话剧，如《厨子、罐子、诚管儿子》《震惊》《哈姆雷特》《朱尔旦》《死无对证》《狄仁杰之月夜金魂》等。在新时代发展征程中，陕西话剧坚持以现实主义为创作土壤，专注原创，打造精品，逐步形成以"现实题材、黄土味道、中国精神"为主的创作风格。

（三）2024年陕西话剧的主要成就

1.彰显陕西本土特色，聚焦聚力创作演出

2024年，陕西话剧在延续2023年成果的基础上开启了新的话剧演出筹备工作。陕西人民艺术剧院2023年圆满完成"茅奖系列"新剧《生命册》创演任务，话剧《生命册》经过近五年创排准备，于2023年5月14~18日在西安人民剧院正式首演，荣获了第七届华语戏剧盛典最佳剧目奖、最佳编剧奖，入选"第23届中国上海国际艺术节"参演剧目，同时受邀参加第九

届丝绸之路国际艺术节和2023年度"大戏看北京"闭幕大戏展演活动,并于11月5日在北京召开文化和旅游部"2023~2025舞台艺术创作行动计划话剧《生命册》研讨会",获专家一致好评。2024年,陕西人艺"茅奖系列"继续全国巡演,自1月1日从内蒙古鄂尔多斯出发,截至6月23日四川成都站归程,其间还受邀参加广西南宁纪念西南剧展80周年暨第八届全国话剧优秀剧目展演、中央电视台《我的艺术清单》栏目、保利院线"2024戏剧·舞蹈演出季"、"跟着演出游陕西"暨文娱演艺产业链推进大会、鄂尔多斯2024暖城开年大戏、第十三届西安戏剧节等共计20个高端艺术平台展演活动。目前,"茅奖系列"累计演出996场,演出覆盖123座城市、143座剧场,服务受众132万人次。用经典的秦人秦事、地道的陕西味道,向全国观众展示了文学与戏剧碰撞产生的强大能量,彰显了文学经典的魅力和舞台艺术的感染力。

西安话剧院同样亮点纷呈,《延水谣》成功入选纪念西南剧展80周年暨第八届全国话剧优秀剧目。2024年7月7日至8月2日,话剧《红箭 红箭》第二轮全国巡演,跨越7省1自治区1直辖市共9城,演出20余场。西安话剧院的两部作品《延水谣》和《共产党宣言》分别入选大型舞台剧和作品创作项目与传播交流推广项目。"火柴戏剧"国风肢体剧《朱尔旦》同时入选第二届全国小剧场戏剧优秀剧目展演和第28届BeSeTo(中韩日)戏剧节,并于2024年9月20日、21日在中国江苏苏州湾大剧院·戏剧厅上演,10月19日、20日在韩国光州亚洲文化殿堂(ACC)第一剧场上演。《朱尔旦》题材取自中国经典文言小说《聊斋志异·陆判》,改编中增添了独具陕西地方特色的方言叙事。悬疑话剧《白城诡事》,采用经典"暴风雪山庄模式",以"复仇"为核心布局杀人,严谨的杀人手法与多年前的阴谋一一吻合,形成最具"仪式感"的终极复仇,既弘扬传统文化、传播正能量,又与时俱进,让青年观众爱上话剧艺术。2024年"廉洁文化三秦行"上演了廉政轻喜话剧《家风》,《家风》是一部结合税务干部工作和生活实际而创作、编排的正能量教育喜剧,通过轻松幽默的风格,以寓教于乐的方式让观众在轻松的观看体验中感受到家风的重要性。9月1~3日,西安话剧院联合中国航空工业集团自控所出品的话剧《凌云之志》在西安首演。"该剧以我国航空工业机载系统奠基者昝凌的故事为蓝本，讲述了新中国航空工业创业者听党指挥、以身许国，以创新奋斗跻身世界航空强者之林的历程，展现了新中国航空工业在党的领导下取得的丰功伟绩，史料翔实、情节感人。"① 此外，宝鸡艺术剧院方言版话剧《面皮》也首次在国家大剧院演出，通过地域风味浓郁的方言话剧，以宝鸡人津津乐道、引以为豪的面皮为楔子，展现了改革开放以来陕西农村的变迁历程。话剧《面皮》不仅带火了西府方言，还促进了宝鸡擀面皮在全国范围的传播。

高校话剧社团也有不错的发展，西安电子科技大学创作演出的话剧《毕德显》在宝鸡文理学院演出，西北农林科技大学话剧《雕虫沧桑》上演十年仍广受欢迎，目前正在筹备话剧《麦济苍生》。

2. 探索话剧新业态，不断深化融媒体合作

2024 年，陕西话剧继续探索文化与科技发展新业态。1~11 月，微信公众号"陕西人民艺术剧院"累计推文 52 次，网络阅读量约 4.2 万次。陕西人艺抖音号、视频号制作推送短视频 33 条，累计播放量约 5.3 万次。改编自李佩甫茅盾文学奖同名小说的话剧《生命册》，历时 5 年创作改编，通过上、下两部 5 个小时的时间，采用现实和历史空间故事交织的方法，以现实空间的戏为主，同时将历史空间的戏不断融入现实空间的人和记忆中，最终实现现实和历史的互动。西安话剧院积极参与国家级重大文艺活动，通过文化艺术交流推动文旅融合和文化交流模式升级，并不断深挖优质 IP 资源，在剧本授权、网络播映、品牌跨界等方面积极展开"文化+N"产业拓展。西安话剧院的先锋小剧场不断通过形式创新实现现实与未来、空间与时间、观众与演员之间的互动，不仅打破了舞台与观众之间的界限，而且实现了历史、现实、未来的时空切换，深受年轻群体的喜爱。

3. 院团及其人才不断成长，促进话剧长足发展

话剧院团是话剧创新发展的基石，人才是院团长久发展的根本。陕西人

---

① 《西安话剧院不断推出精品力作——讲好中国故事 讴歌时代精神》，http://v.xiancity.cn/folder6/folder75/folder665/m/2024-10-20/288329.html。

艺入选中共陕西省委宣传部发布的《2024 年陕西省文化改革发展要点》，荣获陕西省第二届文化产业"十百千"工程、"骨干型"文化企业称号，同时获得陕西省文化和旅游厅颁发的"全省最具发展潜力文艺院团"荣誉。西安话剧院获评"2023 年度十大著作权人"。在人才获奖方面，李宣入选陕西省文化产业协会首批入库专家，李俊强入选陕西省"百青"文艺家人选，袁海波、陈龙飞、杨朝鹏、廖峰、马润森获第六届陕西省舞台美术作品展一等奖。陕西实验话剧院积极举办的第八届话剧演员学员班结业汇报演出圆满落幕，是陕西实验话剧院连续举办的第八次话剧演员学员班，为培养话剧人才做出了重要贡献。

二 陕西话剧发展中的短板与不足

近年来，陕西话剧不断取得新成就，成为叫得响的陕西文化品牌之一，但在公共文化服务、文旅融合、"文化+"等方面还缺少延伸性和兼容性，在资金融合、政策扶持以及人才队伍建设方面还存在一些不足。

（一）陕西话剧与公共文化服务兼容性不足

近年来，陕西话剧蓄势而上，一批优质好剧获得了市场和口碑的双赢，但同时由于话剧本身作为舞台艺术，其呈现方式更多以现场观看为主，而剧场话剧的票价偏高，多数百姓无法真正获得低价格、高质量的话剧体验，限制了受众群体，割裂了文化资源与基层群众之间的通道，也阻碍了陕西话剧的发展。因此，陕西话剧在惠民服务、深入基层等方面还有很大的发展空间，如何既能满足人民群众的公共文化服务需求，让优质话剧直达基层，又能让话剧院团获得较高收益和票房以支撑其基本的运营和发展，这是目前陕西话剧面临的一个重要问题。

（二）陕西话剧与旅游融合力度不足

近年来，陕西在文旅融合方面有着非常亮眼的成绩，特别是旅游与传统文化、红色文化相融合形成许多现象级文旅景区。相比之下，陕西话剧在旅游融合方面还有很多不足。目前，陕西话剧主要侧重现实主义题材，更致力于当代文学方面，对传统题材的探讨还有待深化，陕西话剧与汉唐文化旅游的深度融合还有很大发展空间。从剧场方面而言，陕西话剧目前仍以传统的剧场模式为主，与旅游景区融合的话剧新模式还没有完全形成。从宣传角度而言，陕西话剧的宣传方式只是通过传统媒介和网络媒介，通过文化街区、商业广场、旅游景区等方式对话剧进行宣传的方式还远远不够，话剧的文旅融合力度和对文化周边产品的开发力度不足。

（三）陕西小剧场话剧发展与人才队伍建设滞后

小剧场话剧发展不足是制约陕西话剧多元化探索的因素之一。大 IP 的话剧制作需要一定的周期，耗费大量的人力、物力、财力，且需要专业团队打造和专业演员支撑，演出成本高、票价高、演出难度大。而小剧场话剧则不同，投入成本小、费用低、剧本创演难度较小，需要的人力、物力、财力较少，而且形式较为灵活，探索性更高，因此更适合青年演员进行早期磨炼。目前，陕西小剧场话剧以陕西人艺和西安话剧院两大院团为主。陕西人艺在探索初期曾经有小剧场话剧的周期性演出，但是近年来由于重心转移而逐渐淡出。西安话剧院探索的"火柴戏剧"风格大胆，虽然广受好评，但受众以年轻人为主，没有充分考虑到其他年龄层次的观众，因此受众面较小。此外，小剧场话剧没有充分利用戏剧节的影响力探索更多的形式，无法满足更多受众群体的需求。

小剧场话剧的不足也从侧面折射出陕西人才队伍建设滞后的问题。一方面，话剧编剧人才队伍建设不足。虽然前期陕西话剧院团通过"引进来"（请外援）和"走出去"（向外学习）的发展之路，培育了一批重要的话剧编剧，但随着话剧市场的发展、话剧需求量的增加，原创话剧剧本成为话剧发展的重要基点，使编剧的数量和日益增加的市场需求量之间出现不平衡。小剧场话剧需要大量青年编剧进行创新和探索，而编剧队伍长期人才短缺，青年编剧接续不足，直接影响了陕西话剧的发展。

另一方面，话剧演员存在断层问题，一是资深演员严重不足，一些资深演员往往需要兼顾多个剧组，导致部分话剧因演员档期问题而不得不调整时间；二是青年演员缺乏，演员风格无法固定，演员素养参差不齐，导致话剧，特别是小剧场话剧无法兼顾，不仅失去了市场占有率，而且优质文化资源也无法与百姓直接面对面。虽然陕西话剧院团在深化与高校合作方面做了积极的努力，但从高校学生到话剧演员的培养需要较长周期，院团与高校的融合模式还有待进一步创新。总之，目前陕西话剧院团在人才队伍建设、培养、优化配置方面还存在诸多问题，传统的人才培养模式已经无法适应当前话剧高速发展的需求，创新性人才培养模式尚未建立，成为阻碍话剧发展的因素。

（四）陕西话剧的"文化+"模式发展不足

目前文化与高科技、新媒体融合已经成为重要发展态势，陕西话剧院团近年来虽然也有一些探索，但仍有很大不足。一是话剧与高科技融合发展不足。现在 VR/XR、人工智能等新科技迅猛发展，但是相比其他文化样态，陕西话剧在高科技手段运用方面还有很大的空间，话剧舞台的布景、效果呈现、声控等方面还需要更多科技加持，沉浸式话剧表演创新度不足。二是话剧与新媒体融合发展不足。陕西话剧院团在宣发方面运用了网络、自媒体、短视频等方式，但在话剧播放方面，通过短视频直播、录播等方式对前期已经下线的话剧进行线上播放的渠道还没有完全打通，使百姓与话剧院团存在一定隔阂，话剧难以真正深入基层。

（五）陕西话剧资金和政策输入不足

陕西话剧院团的收益主要依靠经营演出的票房收入。近年来，话剧投入成本增加，特别是大 IP 制作的话剧，前期需要大量的财力支撑话剧的筹备，而这些资金需要话剧院团先行垫付，但往往由于资金缺口大、资金回笼周期长，话剧院团在人才培养、剧本选取、前期投入等方面存在较大困难，单靠院团自身垫付，很难解决庞大的资金缺口，而政府的支持力度有限，融资难度大，投入成本高、创作周期长、回收资金慢、推广运营难，都成为制约陕西话剧发展的重要因素。

三　陕西话剧创新发展的策略探析

随着近年来公共文化服务体系的不断完善，文艺需要直达基层，而文化与科技的强效融合、小剧场的不断呼吁则需要话剧在紧跟时代潮流基础上，做到既接地气又高端大气。因此，与短视频结合、互动仪式链融入、高科技植入以及与旅游融合，是陕西话剧创新发展的重要方式。同时，在文艺逐渐走向基层、惠及普通百姓的同时，更需要政府的资金、政策支持和民间资本的输入来支撑话剧良性循环和前期筹备，从而让话剧为陕西文艺高质量发展做出更大贡献。

（一）增加小剧场话剧演出，盘活话剧小空间

陕西话剧近年来更多走向现实主义大制作，催生了一批大 IP 制作话剧。但是，由于场地、票房、资金、运营等原因往往很难深入普通百姓之中。小剧场话剧恰好能够解决这些问题，因其自身优势更易成为公共文化服务中的重要文化资源。陕西省政协委员、西安市妇联副主席孙维建议，"依托大节庆，开辟小戏节，以陕西省艺术节、丝绸之路国际艺术节、陕西省阅读文化节等大型文化活动为依托，开辟小剧场戏剧节；依托商业体，盘活小空间，推动大型商业体、文化街区、旅游景区、电影院等不同空间多方式利用，打造小剧场文化场所新业态"。① 在此基础上，本文建议大力拓宽小剧场话剧渠道，打造全年龄段、多层次的话剧。从火柴剧场到人艺小剧场，一方面继续火柴剧场的探索创新，走年轻人喜欢的先锋路线；另一方面打造短小、接地气、有陕西特色的话剧。小剧场话剧还可以从剧场内走向剧场外，通过乡

---

① 宋光：《填补小剧场话剧市场空缺、与高校联合培养人才……政协委员围绕文化建设提了这些建议》，《文化艺术报》2024 年 1 月 29 日。

村艺术节、文化进社区等让话剧下乡、话剧进社区，家门口的演出不仅为陕西话剧打开文化知名度，也能够让优质文化资源直达基层。同时，大力拓宽拓展话剧的题材与形式，比如通过话剧与网游结合、与热播影视剧的结合等，拓宽话剧题材；将戏曲元素与话剧融会贯通，拓展话剧的形式。

（二）提供互动仪式链传播空间，增强话剧文化惠民

美国社会学家兰德尔·柯林斯结合社会学理论提出，互动仪式是际遇者由资本和情感的交换而进行的日常程序化活动，人类日常生活和社会交往中的很多情景反应都可以被视为一种"互动仪式链"[1]，话剧本身是一种观众和舞台演员之间的情感交换，但是受剧场限制，与其进行情感交换的观众只能限制在剧场内，而短视频传播的形式和内核与互动仪式链的内在机制保持一致。如果把话剧通过短视频的方式进行线上直播、录播等，就可以实现更为广泛的传播。可以把准备封箱的话剧作品，通过抖音、快手、哔哩哔哩、小红书、微信公众号等平台免费播放，同时把正在上演的话剧通过碎片化的方式进行拼接、加工，通过短视频的方式展示宣传。

互动仪式链可以通过话剧与旅游融合的方式进行展现。陕西文化旅游有着较多可以借鉴的范例，比如大唐不夜城、大唐芙蓉园等文旅景点，长安十二时辰、长恨歌、赳赳大秦等文旅演艺项目，通过文化植入旅游的方式完成文旅融合，成为现象级的文旅产业和文化项目。话剧同样能够借鉴这些范例，一是经典话剧实行"剧场游"。对于大 IP 话剧而言，可以利用话剧的环境效应，融入旅游之中。在白鹿原影视城、大唐不夜城、易俗社、老菜场等热门景区，通过旅游景区景点与相关话剧题材的情景式融合，演出《白鹿原》《平凡的世界》《主角》等，每日定点演出，让旅游群众转变为潜在观众。二是在小剧场话剧中开启"剧情游"。对于小剧场话剧而言，让观众成为话剧角色，舞台设立在观众之间，邀请观众深度参与到剧情之中，通过

---

① 毋彬：《陕西文化短视频传播研究》，载程宁博等主编《陕西文化发展报告（2024）》，社会科学文献出版社，2024，第84页。

话剧演员与观众的互动完成陕西话剧的渗透和宣传。三是挖掘传统题材与秦汉唐文化旅游的深度融合。加强传统题材话剧的制作，特别是秦汉唐话剧题材，同时在大明宫遗址公园、兴庆公园、华清池等遗址进行实时演出，拓宽陕西话剧的内容，扩大陕西话剧的影响力。同时还可以通过制作话剧文创产品、周边产品、话剧与流行消费娱乐活动相结合等方式，加大话剧的全领域文化服务产业链开发力度。

（三）致力"文化+"，运用新科技助力话剧发展

一是加大高科技在话剧舞台中的运用力度。通过现代声光电、机械装置、数字光影等手段合力展现出绚丽多姿的舞台效果，比如在陕西话剧《路遥》《平凡的世界》中，可以打造奇幻而又真切的演出空间，通过 XR 等高科技手段让路遥在舞台上呈现出来，与观众进行虚拟对话，达到逼真的效果。二是通过三维音效和环境音场构建技术为舞台艺术提供更加立体的声场。陕西人民艺术剧院和西安话剧院等话剧院团可以通过创新舞台声、像、景环境，打造全新的话剧呈现效果。通过精确的声音定位与环境模拟，让每个观众感受到音域空间；开启三维音效和环境音场，使场景随剧情流畅转换，让观众身临其境；通过全息影像勾勒出立体轮廓，把经典人物柳青、路遥等投射出来，与观众进行虚实互动，增强《平凡的世界》《路遥》《柳青》等话剧的感染力。三是通过光雕投影技术，形成全新的戏剧叙事模式。将影像投射到舞台表面，使静态结构化为动态叙事，在技术与舞台的深度融合中形成新的戏剧叙事方式。特别是对先锋派小剧场话剧，可以通过光影技术投射到舞台中，先锋人物随着光影游走，营造话剧舞台的逼真效果。四是运用 VR、XR 等技术手段，打造全新的线上观看模式。优化话剧的线上观看效果，达到身临其境的感受。观众只需要支付很少的费用就可以享受到高质量的线上话剧表演，既能满足百姓的精神文化需求，又能保障话剧创作的版权。

（四）增加政策和资金支持，带动话剧院团高质量发展

政策支持和资金融合是话剧持续发展的动力。一是在院团原有的专项资

金外，由政府制定相应的政策，设置前期储备金缓解话剧院团资金周转困难等问题，保障前期筹备工作的顺利进行。二是搭建融资渠道，拓宽资金来源。除了相应的政府资金投入外，还应当由政府主管部门牵头，搭建资金融合渠道，让更多民间资本介入到陕西话剧发展中，权责共担、收益共享，有效地缓解前期资金困难和后期宣发难题，同时话剧版权和创演主导权掌握在院团手中，做到有的放矢。三是介入话剧票房预售制。增加话剧自身的资金循环，提前预热话剧演出，加快资金循环回流速度。

（五）创新陕西演艺联盟服务，积极寻求与高校的合作

陕西话剧的长效发展，最终应落实到人才上。一是发挥陕西演艺联盟的创新服务优势。利用陕西演艺联盟搭建覆盖全省的话剧资源共享机制，全力繁荣全省话剧市场、引导群众文化消费，寻求话剧院团与高校更多深度合作机会。二是加大与高校的合作力度。一方面，通过兼职、外聘等方式引进专业人才；另一方面，在高校中设立长期培训基地，既培养人才又节约成本。在话剧创作中，同样可以和高校合作，高校提供资金和人力支持，院团提供技术指导，达到双赢效果。三是以导师制培养青年话剧编剧。通过引入知名编剧，"传帮带"年轻编剧，实行导师制，在三年内合作完成编写项目，通过导师一对一指导促进青年编剧人才的迅速成长。四是完善人才交流机制。对青年的编剧、演员要实时进行人才交流，到北京、上海等地学习培训，邀请各地话剧人才来陕进行交流学习，举办各级各类话剧培训班，加强话剧人才队伍建设。

文化产业篇

B.11
陕西文旅产业高质量发展的实践与思考

陕西省社会科学院课题组*

摘　要： 当前，陕西省的文旅产业正迎来强劲的复苏势头，其发展动能持续增强，新业态新模式竞相涌现，融合创新能力稳步提升，新质生产力正在加快培育。但是，产业规模与文化强省目标仍有差距，文旅融合程度仍然不深，创新能力仍旧偏弱，区域发展仍不均衡。对此，本报告提出陕西文旅产业高质量发展的七方面建议：一是聚力区域均衡发展，更好发挥链主链群企业带动作用；二是强化创意创新，深化文旅融合跨界融合；三是推进数字化转型升级，大力发展文旅新质生产力；四是加快市场主体培育，构建产业创新生态系统；五是提升文旅产业发展能级，打造更多文旅新场景新业态新体验；六是优化政策扶持体系，推动文旅市场更加规范有序发展；七是加强文旅产业研究，构建政产学研金互动机制。

关键词： 文旅产业　新业态　融合创新　新质生产力　陕西

* 课题组组长：赵东，博士，陕西省社会科学院文化与历史研究所副所长，副研究员，陕西文化产业发展研究中心主任，硕士研究生导师，主要研究方向为文化数字化与文化产业。课题组成员：颜鹏、曹云、张寅潇、张敬川、陈渊。

习近平总书记强调："新时代新征程，旅游发展面临新机遇新挑战。要以新时代中国特色社会主义思想为指导，完整准确全面贯彻新发展理念，坚持守正创新、提质增效、融合发展，统筹政府与市场、供给与需求、保护与开发、国内与国际、发展与安全，着力完善现代旅游业体系，加快建设旅游强国，让旅游业更好服务美好生活、促进经济发展、构筑精神家园、展示中国形象、增进文明互鉴。"① 党的二十届三中全会提出"优化文化服务和文化产品供给机制""健全文化和旅游深度融合发展体制机制"。

2020 年 11 月，文化和旅游部印发《关于推动数字文化产业高质量发展的意见》，提出从改造提升传统业态、健全现代文化产业体系、加快发展新型文化业态、促进产业链和创新链精准对接、扩大优质数字文化产品供给等方面推动数字文化产业高质量发展。2023 年 9 月，国务院办公厅印发《关于释放旅游消费潜力推动旅游业高质量发展的若干措施》，提出从加大优质旅游产品和服务供给、激发旅游消费需求、加强入境旅游工作、提升行业综合能力、保障措施等五方面推动旅游业高质量发展。

2022 年 9 月，陕西省委宣传部、省文化和旅游厅联合印发《陕西省打造万亿级文化旅游产业实施意见（2021~2025 年）》，提出构建产业发展新格局、推动市场主体提质增效、促进融合发展、丰富文化旅游产品供给、发展数字文化旅游产业、激发文化和旅游消费潜力、扩大开放水平、优化设施和服务等八大任务。2023 年 12 月，陕西省政府办公厅印发《陕西省关于加快文旅产业发展的若干措施》，提出以文塑旅、深化融合等五项内容 26 条具体措施，促进文旅产业高质量发展。

一 陕西文旅产业高质量发展现状

近年来，陕西坚持以习近平新时代中国特色社会主义思想为指导，认真

---

① 《着力完善现代旅游业体系 加快建设旅游强国 推动旅游业高质量发展行稳致远》，《光明日报》2024 年 5 月 18 日。

贯彻落实习近平文化思想，贯彻落实习近平总书记历次来陕考察重要讲话重要指示精神和党中央决策部署，不断推进文旅产业高质量发展。

（一）陕西文旅产业取得的发展成就

1. 文旅产业强劲复苏，产业运行态势良好

2024 年前三季度，全省 1666 家规模以上文化及相关产业企业实现营业收入 811.85 亿元，比上年同期增加 4.82 亿元，增长 0.6%。全省文旅产业呈现"高开高走、强劲复苏"态势，文旅消费者出游意愿、文旅消费预期和文旅产业信心快速增长。2024 年前三季度，全省共接待国内游客数量、国内游客花费分别实现了 17.16%、20.51% 的增长；全省共接待国内游客 6.86 亿人次，国内游客花费 6367.79 亿元。

2. 重大项目加快推进，产业发展动能不断增强

积极推进万亿级文化旅游产业集群建设，并实施针对重点文旅产业链的三年行动计划，以加速构建一个现代化的文化旅游产业体系。依托重大文旅项目，持续优化文旅产业的区域布局，并实施区域协调发展战略，打造"一核四廊三区"新发展格局，包括关中综合文化产业带、陕北民俗及红色文化产业带、陕南自然风光生态旅游产业带。2024 年，全省"四个一批"文旅项目 1171 个，总投资 3434.25 亿元，完成投资 331.27 亿元。[①]

3. 新业态新模式竞相涌现，融合创新能力稳步提升

文旅新供给、新业态、新模式不断涌现，成功打造了多个在国内外具有显著影响力的文化旅游品牌。通过精心设计和组织文化旅游活动，有效激发了文旅消费的潜力，促进了乡村旅游、康养旅游、工业旅游、体育旅游以及休闲娱乐等多种业态的健康发展。2024 年前三季度，全省文化新业态营业收入占文化企业营业收入的 17.8%；"互联网其他信息服务"营业收入

---

① 《陕西今年前三季度接待国内游客 6.86 亿人次》，中国日报网，https://baijiahao.baidu.com/s?id=1815752379977024012&wfr=spider&for=pc。

56.19亿元，占文化新业态营业收入的39.0%。①

4.数字文旅动能凸显，新质生产力加快培育

坚持以产聚才、以才兴产，用科技优势塑造文化产业优势，以科技创新赋能文旅产业高质量发展。西安高新区、西咸新区数字文化企业较为集中，已入驻腾讯、喜马拉雅等众多数字文化企业。借助新技术、新经济和新业态等新质生产力的广泛应用，全省文旅产业实现了提质扩容、业态创新、加速发展，文化与科技之间的融合进一步深化，实现了"双向奔赴"。

（二）陕西文旅产业存在的短板弱项

1.产业规模与文化强省目标仍有差距

2024年，全省文旅产业8条重点产业链营业收入离万亿元目标尚有一定距离，产业总体实力还不够强。2024年前三季度，全省规模以上文化及相关产业企业数量占全国的2.1%，营业收入占全国的比重偏低，文化产业增加值增速较慢，整体实力偏弱。陕西省旅游业人气与整体收入不相匹配，人均旅游消费水平总体偏低，与沿海发达省份相比仍有较大提升空间。

2.文旅产业区域发展仍不均衡

各市（区）文旅产业资源优势日益显现、发展基础日渐雄厚、发展空间不断拓展，全省文旅产业均衡化发展取得一定成效，但是整体上仍表现为西安"一枝独秀"的态势。各市（区）文旅产业发展仍然相对粗放、市场化程度相对较弱，产业规模影响力仍旧偏低。在产业发展基础、经济发展水平及资金、项目扶持等方面各不相同的情况下，如何进行区域均衡发展还存在挑战。

3.文化和旅游融合程度仍然不深

与一些发展较为成熟的省份相比，陕西在文旅产业创新创业孵化环境及其配套设施方面尚显不足，高品质的文旅品牌建设和产品开发力度有待加

---

① 《前三季度全省规模以上文化企业运行分析》，陕西省统计局网站，http://tjj.shaanxi.gov.cn/tjsj/tjxx/qs/202411/t20241119_ 3197716. html。

强，总体上还缺乏有深度、全方位、全产业链的实质性融合，特别是产业融合程度较低，具有国内国际重大影响力的文旅品牌还不多，还需要开发更多具有鲜明特色的文旅产品以实现"破圈"。

4. 文旅企业创新能力仍然偏弱

人才、科技和金融三要素集聚度整体偏低，具备卓越技术能力、高增长潜力、文化科技融合型企业以及独角兽企业的数量相对较少，文旅企业在科研技术创新能力和关联性创新创业服务领域的竞争力相对较弱。特别是对于大多数中小型文化旅游企业来说，自主创新投入大、风险高、周期长。这导致企业在研发资金上的投入不足，对构建文旅产业的创新链条产生了显著的影响。

二 陕西文旅产业高质量发展典型案例

在文旅产业高质量发展中，陕西塑造出大唐不夜城、《长恨歌》演艺、袁家村乡村旅游等具有全国影响力的典型成功案例，挖掘其经验做法可为全省文旅产业高质量发展提供借鉴启示。

（一）大唐不夜城

大唐不夜城不断深化"盛唐文化+沉浸式文旅+商业"文旅商融合创新，成功入选第一批国家级夜间文化和旅游消费集聚区名单，成为文旅产业高质量发展的典范。

1. 深耕"盛唐文化"，打造沉浸式文旅新体验

大唐不夜城以"盛唐文化"为主题，不断构建以"轻演艺"为核心的沉浸式、社交式文化体验。"轻演艺"将行为艺术表演、情景演艺和氛围演艺等形式植入街区景观之中，从"不倒翁小姐姐"、"华灯太白"到"盛唐密盒"，街区共设置11个演出舞台、7组主题演艺，使大唐不夜城成为"全年没有淡季"的热门旅游目的地。

2. 以旅聚商，激活文旅产业新生机

大唐不夜城的"小店经济+大型商业"模式有效实现了街区文商旅融合

发展。"小店经济"位于步行街两侧，涵盖唐食荟萃、百艺文创、沉浸式演艺、综合商业等多种休闲业态，将独特的"大唐烟火气"转化为新鲜的消费体验。街区周边的大悦城、威斯汀酒店等大型商业体，为大唐不夜城赋予了充满现代气息的购物、住宿、休闲等功能。

3. 加速数字化，赋能文旅产业新升级

大唐不夜城不断加速街区数字化，结合流行元素及年轻消费群体喜好，构建专属网红 IP，频频收获流量。顺应数字化趋势，建设"VR 体验中心"，打造"雁塔流光"沉浸式 AR 秀；开发"大唐不夜城"App、建成全国首个刷脸支付商圈，为游客提供景点介绍、消费导引等便捷服务；建立智慧化指挥中心、街区客流监控体系，实现游客管理智能化；加强网络宣传营销，注重网络数据分析，实现社会效益和经济效益双提升。

（二）《长恨歌》演艺

《长恨歌》系中国首部大型实景历史舞剧，被誉为"旅游演艺的天花板"，其"旅游资源+文化创意+标准管理"的创新实践为陕西乃至全国文化旅游产业发展提供了借鉴。

1. 以旅游演艺盘活历史文化资源

《长恨歌》演艺凝聚华清宫唐皇家园林、骊山自然山水、白居易传世名篇三大至高性文化旅游资源，以创意为核心，通过真山、真水、真故事、真情感的科技化、艺术化呈现，实现优势文化资源创造性转化。《长恨歌》年年改版、常演常新，18 年来累计演出超 5000 场次、接待观众超 1000 万人次，实现营收超 20 亿元，带动周边综合收入 70 亿元以上。

2. 以"实景演艺+科技赋能"实现文化科技融合

《长恨歌》70 分钟 11 幕场景，演出以骊山山体为背景，以华清池九龙湖作舞台，运用领先世界水平的高科技手段，通过三组约 700 平方米的 LED 软屏和近千平方米全隐蔽式可升降水下舞台，将历史与现实、自然与文化、人间与仙界、传统与时尚有机交融，实现了文化创意与现代科技的深度融合。

3.以精细化、标准化模式助推旅游演艺高质量发展

《长恨歌》以精细化为切入点，在演出接待服务、安全管理、舞台保障、演员管理、突发事件处置等方面，制定了252项企业标准，形成了3项国家标准、8项地方标准、47项企业标准，成为全国文旅产业融合、高质量发展的典范。

（三）袁家村乡村旅游

礼泉袁家村原本是一个普通的北方小村落，近年来不断深化乡村旅游实践与创新，创造了多个全国第一。2023年，袁家村年游客接待量在800万人次以上，年旅游总产值超过12亿元，村民人均年收入达15万元。

1.乡村旅游发展历程

袁家村创新性地将关中传统民俗、村民真实生活作为旅游吸引物，经过3个发展阶段，逐步实现从卖产品到卖品牌的产业高端化。第一阶段，主要围绕民俗旅游"聚人气"，以农家乐和小吃街为主要业态。第二阶段，围绕休闲度假"留住人"，建设了农家客栈、精品民宿、酒吧街、书院街等，逐渐具备乡村生活综合体功能。第三阶段，围绕旅游品牌输出"进城出省"，开设了西安、咸阳、宝鸡等17家进城店和山西、海南等5个省份不同风格的出省店。

2."三产带二产促一产"实践探索

乡村旅游初具品牌效应后，袁家村商业板块逐次向二产、一产延伸，形成了完整的"农产品种养殖—加工制造—终端销售"产业闭环。在旺盛的乡村旅游需求推动下，2010年袁家村将酸奶、醋、辣子等产品的家庭作坊改制为股份制合作社，产能放大至原先的15倍，带动以农副产品加工为代表的第二产业规模化发展，形成"三产为一二产开拓市场、一二产反哺三产"的良性循环。

3.以集体合作组织为纽带构建村民共同富裕机制

袁家村形成了以村党支部引领村民创业、以集体合作组织为纽带、以民俗旅游赋能三产融合的发展模式。以集体合作组织为纽带的利益分配机制是

袁家村组织模式的关键，村民年均收入约五成来自合作社分红。通过集体合作社调节收入分配和再分配，村民之间形成紧密联结的乡村利益共同体。截至2023年末，袁家村汇集创业主体、投资主体1500多人，解决了周边3500~4500名村民就业，带动了近2万名农民通过文旅产业实现收入增加。

三 国内先进经验借鉴与启示

全国其他省份在推动文旅产业高质量发展中也在积极探索，并取得了一定成效。其中，浙江、山东和福建等省份的一些创新做法，可以为陕西省提供参考和借鉴。

（一）浙江大力发展乡村文旅产业

浙江结合文旅促进共同富裕建设目标，聚焦乡村发展的薄弱环节、文化产业的突出短板，谋篇布局，多措并举，大力发展乡村文旅产业。

一是系统谋划，全省一盘棋。建立省级部门协同、省市县三级联动机制，形成共抓大项目、共促大发展的工作合力。创立13个省级试点，在体制机制、发展举措、产业导入、政策保障等方面先行先试，提供"一地先行、复制推广"的新路子，引领全省乡村文旅产业发展。二是创客引领，联动长三角。以创业创新为目标，以长三角乡村文旅创客大会为平台，推出"特派员"制度，培育一支强大的乡村文旅创客人才队伍。目前，已联动长三角两省一市文旅部门成功举办四届长三角乡村文旅创客大会，筑巢引凤成效显著。三是深挖资源，构建新生态。差异化培育艺术乡建、非遗研学等地域特色资源，开发乡宿、乡购、乡娱、乡学、乡旅等综合体验项目，打造一批富有乡村特色的消费热点区和网红打卡点。截至2023年6月，全省累计建成A级旅游景区化村庄11531个，打造覆盖全省的"15分钟品质文化生活圈"11730个。建成省、市、县三级非遗工坊1059家，产业链延伸带动就业552.7万人。

（二）山东以数字技术赋能文旅高质量发展

近年来，山东以供给侧结构性改革为主线，以科技创新为动力，以

"互联网+"为手段,致力于增加数字化文旅产品的供应,扩大在线消费的领域,并集中力量开创新时代文化旅游强省建设的新局面。

一是强化顶层设计,注重市场主导与政府引导相结合。2023年,山东省委、省政府印发《关于促进文旅深度融合推动旅游业高质量发展的意见》,明确提出加快发展智慧旅游、拓展文旅新场景、创新发展未来业态等举措,推动数字赋能文旅高质量发展。山东文旅发展正日益凸显科技创新的引领和支持作用,科技在文旅行业的应用变得更加普及,数字文化旅游产业的规模在不断增长,智慧化的文旅市场监管体系也在逐步建立和完善。二是发展数字文旅新业态,为游客提供丰富体验。山东省紧跟科技发展的步伐,综合运用先进的技术手段,推动文旅产业在内容、业态、技术、模式和场景上的全面创新。通过促进数字化、网络化和智能化的转型与升级,实现文化旅游产业的质量提升、效率提高和动力转换。"好客山东 云游齐鲁"智慧文旅平台、"智慧鲁博——山东博物馆智慧化管理服务平台"等数字平台为游客提供了更为丰富便捷的旅游体验。三是有效整合资源,构建文旅数字生态系统。山东依托互联网技术和高新技术,对文旅资源进行优化配置,推动各类要素的互通融合,促进文化旅游与数字经济、实体经济的开放共享,构建文旅数字化生态系统。通过升级"山东公共文化云"平台,山东省打造了一个基于"礼乐文化号"的开放式业务管理平台,该平台整合了PC端、H5移动站、微信小程序和App等多种应用形式。此外,山东省还整合了全省220家博物馆的文物信息资源,推动了文物资源的整合与利用,使之成为全国规模较大、功能较全面的文博平台之一。

(三)福建激活八闽文化,引领文旅经济浪潮

近年来,福建大力推进八闽文化的保护、传承、传播和发展,打造"常来常往、常来常想、常来常新"世界知名旅游目的地,掀起福建文旅经济的发展浪潮。

一是依托八闽文化,打造全新旅游IP。2021年,福建将文旅经济纳入四大经济支柱之一,全力打造"海丝起点 清新福建"的全新文旅IP。依托

福建的茶文化、土楼等五大文旅资源，福建省、市政府联合实施"一市一品、一品一策、一策一业、一业一龙头"的品牌塑造工程，共同塑造具有福建特色和国际风范的旅游品牌。二是文化遗产赋能，打造文旅融合的福建样本。福建通过实施"11537"工程，将文化遗产与旅游经济相结合，打造世界知名的旅游目的地。该工程计划打造5个以世界遗产地为核心的文化和旅游集聚区，构建3条特色文化旅游带，以及7条文化和旅游线路，实现文化和旅游资源的整合，使"文化遗产游"成为福建旅游的新亮点。三是争先创新，创新文旅经济的福建路径。福建通过创新铁路旅游模式，推出"清新福建"旅游列车，实施"百趟专列进福建"计划，并推出世遗游、非遗游等旅游产品；探索"一程多站"的跨区域合作机制，建设1号滨海风景道、成立文化和旅游推广联盟，并推出300多条旅游精品线路；创新省、市、县联动和厅领导挂钩联系文旅项目的机制，推动211个重点项目和94个文旅经济大会签约项目成功落地。

国内其他省份在文旅产业方面的发展思路与创新做法，为陕西文旅产业高质量发展提供了宝贵的经验借鉴。一是解决文旅发展不平衡问题，促进城乡均衡化发展。在乡村旅游逐渐成为乡村振兴重要引擎的背景下，通过文化和旅游赋能乡村振兴，促进城乡一体发展。推进乡村旅游提质升级，推动旅游增收、促进农民就业。二是深入推动文化与科技融合，促进文旅产业数字化转型。利用大数据、元宇宙、人工智能等新技术，积极开展数字文博、云展览、云演播、网络直播等服务，推动线上线下融合创新发展，激活文旅新业态。三是推进文化和旅游深度融合发展，促进文旅产业高质量发展。充分用好陕西丰富的历史文化和红色文化资源，加强文化和旅游业态融合、产品融合、市场融合、服务融合，建设集文化创意、旅游休闲等于一体的文化和旅游综合体。

四 陕西文旅产业高质量发展对策建议

陕西文旅产业在高质量发展实践与探索中不断取得新突破，但同时也存在一些短板不足。按照党的二十届三中全会部署，借鉴陕西省大唐不夜城、

《长恨歌》演艺、袁家村乡村旅游等成功案例以及浙江、福建等外省发展文旅产业的先进经验，本报告提出进一步推动陕西文旅产业高质量发展的七方面对策建议。

（一）聚力区域均衡发展，更好发挥链主链群企业带动作用

1. 大力推进关中、陕北、陕南三大文旅板块协同发展

发挥省会西安文旅产业比较优势，加强跨区域合作以及周边城市间合作联动。持续推动陕北、关中、陕南文旅产业协调发展，形成三大区域相互照应、相互衔接、相互融合、相互促进的共同发展格局。加强省市相关部门紧密配合，建立目标统一、行动协同的文旅协调合作长效体制机制。探索省际毗邻区域文旅产业协同发展新机制，提升区域文旅产业发展整体水平和效能。

2. 着重发挥产业链链主企业、链群企业带动作用

全面整合文旅产业资源，策划、打造陕西文旅目的地整体品牌形象。着力完善现代旅游业体系，不断壮大现代文旅产业链群，抓好重点产业链，充分发挥陕旅、陕文投等产业链链主企业、链群企业带动作用，持续培育更多市县骨干文旅企业。加强项目招引，主动与国内外头部企业、一流机构合作，吸引专业团队向市县文旅产业投资或提供服务。优化提升国家级、省级文化旅游产业融合示范区，引领全省文旅产业高质量发展。

（二）强化创意创新，深化文旅融合跨界融合

1. 高度重视创意策划

在全省文旅项目发展中，不断加大创意创新力度，以深化文旅融合和跨界融合做大做强。项目应有专职创意策划人员，规模以上文化企业或园区管委会应设置专门的文旅项目创意策划部门，大力推动文旅产业由资源驱动向创新驱动转变。在文旅项目建设前期充分策划论证，对项目背景、相关资源、市场需求、开发优势、项目定位、运营模式等进行深入分析研究。

2. 善于利用现有文化资源

健全文化和旅游深度融合发展体制机制，充分利用现有博物馆、图书

馆、文化馆等公共文化资源，发挥政府、民间投资等力量，融入文化创意、旅游元素，形成高质量文旅产品。修缮、改建有开发价值的古村落、旧厂区，通过有机更新使其成为文化旅游空间。注重利用文学、影视作品文化IP，坚持文化创意优先，尽可能利用原有旧地旧址，将虚拟的文学影视形象具象化，打造文创产品或旅游景区。

3. 加快文旅产业和其他产业充分融合

文旅企业经营管理者应不断学习各方面知识，不断促进文化旅游与各行各业深度融合。立足文化旅游而不限于文化旅游，跳出文化旅游发展文旅产业。充分发挥文化旅游对其他产业的赋能、促进作用。注重各行业文化旅游价值挖掘，以适应不断变化的消费需求，顺应市场发展。

（三）推进数字化转型升级，大力发展文旅新质生产力

1. 深化对文旅产业数字化转型认知理解

加强理论知识普及和政策文件指导，深刻理解文旅新质生产力的内涵与特征，鼓励以新质生产力赋能文旅产业。支持高校、科研院所、行业协会和文旅企业共同举办文旅新质生产力与数字化转型发展论坛，支持文旅企业经营管理者参与省内外数字化转型与文旅新质生产力发展相关研讨。

2. 加快文旅数据开放和共享

秉承开放和共享理念，在保护知识产权基础上，最大限度地实施文旅数据开放和共享。加快文旅数据分级分类，强化数据确权基础，推动跨行业、跨部门、跨企业数据交流互通，加强数据交易和基础设施建设，建立省市文旅大数据交易中心，完善文旅数据交易体系，促进不同层级、不同领域、不同部门之间的数据传递。

3. 加强文旅数字化人才扶持与培养

加快适应信息技术迅猛发展新形势，将文旅数字化人才作为特殊人才专门引进，在现有人才引进政策中增加文旅数字化人才相关政策，在待遇、职称、晋级等方面给予更多政策倾斜。深入推进"产教融合"，大力推行"校企联合"项目制，鼓励省内高校将人工智能、大数据、云计算等融入相关

学科，依托文化产业、旅游管理等专业培育形成规模宏大的复合型文旅数字化人才队伍。

（四）加快市场主体培育，构建产业创新生态系统

1.夯实陕西文化制造业基础

加快打造高端化、高质化先进文化制造业，大力引进先进文化制造业企业落户陕西，加快培育文化制造业产业基地，补足陕西文化产业发展短板。鼓励研发具有自主知识产权的可穿戴设备、智能硬件、应用软件，推进智能制造、人工智能等先进技术成果服务应用于文化旅游产业，加快先进舞台设备、新型影院系统等集成设计和市场推广。

2.加快培育文旅市场主体

深化文化领域国资国企改革，做强做优做大国有文旅企业，培养更多的省内文化旅游行业的龙头企业。积极与京津冀、长三角、粤港澳大湾区等地区的领军企业和上市公司建立联系，共同推进一系列重要的文旅项目和标志性的文旅工程建设。按照"产业链+市场主体"培育模式，梯度培育文旅产业链主企业、专精特新企业、中小微企业"三类市场主体"，健全文化产业体系和市场体系。

3.构建文旅产业创新生态系统

鼓励文旅链主企业组建跨区域的创新合作组织，实施协同创新项目，联合高校及科研院所共建文旅产业重点实验室、示范基地，带动上下游企业融入产业链供应链。推动文旅产业创新链、产业链、资金链、人才链深度融合，不断提高文旅科技成果转化和产业化水平。为文旅产业创新创业者营造一个宽松的商业环境，为更多企业提供一个舒适的创业孵化环境以及全链条、一站式的创业服务。

（五）提升文旅产业发展能级，打造更多文旅新场景新业态新体验

1.提升文旅产业发展能级

深化智慧文旅服务赋能，推动全省文旅产业在资源端、生产端、经营端

和消费端持续提升数字化和智能化水平。依托"文化陕西"、"丝绸之路起点"、"兵马俑的故乡"以及"三秦四季"等文化旅游品牌，深入探索文旅市场的潜在价值，创造新的文化旅游体验，以文化旅游产业的高质量发展更好地满足人们对美好生活的追求，推动经济增长，构建精神文化家园，展现中国文化形象，促进不同文明之间的相互理解和交流。

2.大力培育文旅产业新业态

坚持守正创新、提质增效、融合发展，积极培育新兴文化业态，重点推进国潮国风、沉浸式体验和数字文旅产业的发展，推出一系列时尚、潮流、年轻化、个性化的文旅产品，增强对年轻一代的吸引力。持续开发带有陕西文化特色的文学、戏剧、影视、动漫、游戏等衍生文创产品以及数字文旅产品，拓展"新主题、新场景、新玩法"文旅项目，加快让"追着文物游陕西""跟着演艺游陕西""诵着诗词游陕西"成为潮流。

3.激发文旅产业消费活力

鼓励各地举办文化消费季、消费月、消费周等系列活动，联动文旅机构、景区景点以及行业组织等，融合新业态推出新玩法、新体验，以活动聚人气、扩消费。持续推进国家级和省级夜间文旅消费集聚区、旅游休闲街区的建设，推进国家级文旅消费示范（试点）城市及省级文旅消费示范城市创建。以新场景提升消费体验质量，以新业态深挖消费潜力、激发消费活力。

（六）优化政策扶持体系，推动文旅市场更加规范有序发展

1.系统构建文旅产业政策体系

立足陕西文旅资源优势，不断适应新的文旅消费需求，明确文旅产业高质量发展方向目标，优化文化经济政策，构建一个更加高效和系统的文旅产业政策框架。协调省市相关部门制定、完善文旅产业发展政策，为文旅产业高质量发展提供全方位、多层次、跨领域的政策支撑。进一步加大省级文旅产业发展专项资金的支持力度，确保这些资金得到科学有效的管理与使用。

2.推动文旅市场更加规范有序发展

创新服务举措，优化服务流程，延伸服务链条，规范市场行为，扎实推进文旅产业营商环境优化升级，不断提升文旅产业供给水平和服务质量。深化文娱领域综合治理，加强大型营业性演出活动、剧本娱乐、电竞酒店等领域执法监管。优化文旅产业生态、文旅消费氛围等"软环境"，以真心、诚心待客，把"头回客"变成"回头客"，更好地将"流量"转化为"留量"、将"存量"转化为"增量"。

（七）加强文旅产业研究，构建政产学研金互动机制

1.加强文旅产业常态化研究

鼓励省内高校和科研院所整合文化旅游相关科研资源，组建实体性文旅产业研究院（中心），加强文旅产业常态化研究。支持省市社科基金、软科学项目以及科研机构等定期发布文旅产业研究课题。鼓励市县和大中型文旅企业组建文旅产业研究中心，并向省内外招标文旅产业研究和项目策划设计。

2.构建政产学研金互动机制

坚持党的统一领导，由主管部门或行业组织召集文旅企业、科研院所、高校以及金融机构等定期研讨，或不定期互访、考察调研，研判文旅产业发展形势，充分利用政策、智力、人才、技术、资金等力量，及时解决实际问题，促进陕西省文旅产业做强做优做大、高质量发展行稳致远。

B.12
陕西打造万亿级文化旅游产业发展报告

曹云*

摘　要： 本报告全面回顾了2024年陕西文化旅游产业发展的总体情况，指出全省文化旅游市场热度持续走高，重点文旅产业链群建设成效进一步凸显，省级旅游目的地体系持续完善，市场主体竞争力增强、规模不断壮大，文化和旅游深度融合热点、亮点频出，文化旅游品牌建设取得积极成效。但是，旅游人均消费不足、重点产业链群建设质效有待提升、以城市为主的旅游目的地体系不够完善、省市文化品牌打造仍显不足。基于以上研究，本报告从六个方面提出对策建议：实施人均旅游消费倍增计划，补齐陕西旅游消费政策短板；坚持问题导向，提升重点文旅产业链群建设质效；以"三权分离"改革为契机打通资源转化通道；构建文旅产业多元化资金投入机制；完善以城市为主的旅游目的地体系；打造省、市两级文旅IP矩阵等。

关键词： 文化旅游产业　品牌建设　陕西

2024年，陕西深入学习贯彻习近平文化思想，以打造万亿级文旅产业集群为抓手，持续完善现代旅游业体系，加快打造世界级旅游目的地。总体来看，全年陕西文化旅游产业持续释放市场潜力，政策发力促消费、供给持续创新、需求高位运行三方共奏，文旅融合层次更深、范围更广、质量更高，产业规模进一步壮大。

---

* 曹云，陕西省社会科学院文化与历史研究所副研究员，主要研究方向为文旅产业。

一 2024年陕西文化旅游产业总体情况

（一）陕西文化旅游市场热度持续走高

2024年陕西省文化旅游市场热度持续走高，旅游目的地吸引力进一步增强。全省接待国内游客8.17亿人次，同比增长14%；国内游客总花费7668亿元，同比增长16.5%。入境游市场持续复苏，暑期、国庆期间陕西入境游订单同比分别增长144%、152%。[①] 西安市各项旅游接待指标继续高位运行，以暑期旅游旺季为例，西安铁路运输累计发送旅客1714.2万人次，日均发送27.6万人次，同比增长6.0%；民航累计运送旅客921.3万人次，西安咸阳国际机场共有29天单日旅客量突破15万人次，总客运量排全国第6位，两项指标均创历史新高；[②] 入境游方面，2024年西安口岸入境外国人超过12.9万人次，同比增长1.4倍，其中使用免签政策入境的外国人5.3万余人次，同比增长8倍，"老外在十三朝古都点赞中国"[③]、通过"Xi'an Travel"深度了解中国等，显示了西安作为国际旅游目的地的强大吸引力。

（二）重点文旅产业链群建设成效进一步凸显

聚焦"万亿级"建设目标，陕西积极推动文旅产业集群式发展，共布局建设8条重点文旅产业链群，包括8条子链、6个子群、链群单位54家，基本形成"链主企业引领、骨干企业支撑、中小企业配套"的链群式发展格局。一是重点产业链群建设成效显著。旅游景区及旅游线路、出版发行、文娱演艺等3条产业链群建设进展相对较快，乡村旅游、文化创意和赛事经

[①] 任丽：《国庆假期 陕西入境游市场强劲增长》，中国旅游新闻网，2024年10月10日，https://www.ctnews.com.cn/dongtai/content/2024-10/10/content_165831.html。

[②] 肖祎凡、张倩：《1714.2万人！2024年暑运收官 陕西铁路民航客运量再创新高》，西部网，http://news.cnwest.com/sxxw/a/2024/09/03/22765763.html。

[③] 蔡馨逸、王佳琳：《老外在十三朝古都感受文化底蕴》，新华网，http://sn.news.cn/20240625/42711db697744d628a472e51547f5f01/c.html。

济等 3 条产业链群进展居中，会展经济、商旅名街发展次之。2024 年链群预期总营收 8500 亿元，实现万亿级目标的 85%，其中旅游景区及线路、文娱演艺、文化创意链、乡村旅游产业链约占重点文旅产业链群营收八成以上。二是财政支持力度持续加大。针对重点产业链项目及重点企业，全省统筹 1.85 亿元旅游发展专项资金重点支持 239 个项目，相关项目及企业贴息补贴达 1300 万元；针对链群中小微企业，在银行贷款风险补偿金下设立"文旅贷"，缓解小微文旅企业融资难题；针对产业链企业（项目）招商引资，编制了重点文旅产业链招商引资项目册，征集遴选 231 个招商引资项目，总投资 769.4 亿元，力求项目建设实现量的合理增长和质的有效提升。三是重大项目支撑力度加大。"四个一批"入库文旅重点项目 1171 个，总投资 3434.25 亿元，完成投资 331.27 亿元，同比分别增长 20.7%、21.5%、17.8%，[1] 西安开元大剧院、宝鸡大剧院等一批地标性演出场所、丝路欢乐世界等 56 个重点项目建成运营。

（三）以城市为主的省级旅游目的地体系持续完善

陕西以城市为主的旅游目的地格局持续完善，西安以外的其他地市文旅产业发展取得显著成效，以城市为主的省级旅游目的地体系建设初见成效。一是重振关中"西线游"取得良好进展。宝鸡市通过实施文化旅游创新突破"八大行动""引客入宝"旅游奖励等，共 3 县 1 区上榜 2024 年中国县域旅游综合竞争力百强县市（扶风县）、中国县域旅游发展潜力百强县市（眉县、凤县）、中国市辖区旅游综合竞争力百强区（金台区），2024 年旅游综合收入有望突破 1000 亿元；咸阳市以"两河两山"为抓手布局"3+N"文旅产业体系，咸阳文旅各新媒体平台客户端关注度突破 2.1 亿人次，上半年共接待国内游客 5596.78 万人次，同比增长 25.50%。二是关中"东线游"热度持续升温。渭南市以华山、司马迁祠两个"龙头"为重点打造特色旅游品牌、丰富旅游业态，成功创建韩城古城全国研学旅行基地，启动司马迁

---

① 李卫：《今年前三季度陕西接待国内游客 6.86 亿人次》，《陕西日报》2024 年 11 月 15 日。

祠 5A 级景区创建工作，在全国打响"岳渎相望、华夏根脉、大美渭南"文旅品牌，2024 年文化产业生产总值和旅游综合收入有望突破 800 亿元。商洛市持续打造"中国康养之都"，2024 年以发展赛事节会经济为重点开辟"文旅体"融合发展新赛道，以 2024 国际排联沙滩排球 U19 世界锦标赛为代表实现月月有赛事，带动商洛走向流量高地。三是陕南、陕北等城市旅游目的地吸引力逐步提升。2024 年陕北新增赤牛坬民俗文化村景区等 3 个国家 4A 级旅游景区，其中延安市聚焦红色旅游，全年接待游客有望突破 4600万人次、旅游综合收入 360 亿元以上；榆林市前三季度接待游客 3354.93 万人次、游客总花费 245.62 亿元，同比分别增长 18.16%、19.27%。[1] 汉中市成功创建国家级旅游休闲街区和夜间文旅消费聚集区 2 个、省级旅游度假区（休闲街区）2 处，青木川、华阳、火烧店等特色小镇成为网红打卡地，全市接待游客、旅游收入分别较上年增长 10%、27%。[2]

（四）市场主体竞争力增强，规模不断壮大

随着重点文旅产业链群建设的推进，陕西文化旅游市场主体规模不断壮大。一是重点企业竞争力不断增强。在陕西演艺集团、西安演艺集团等10 个文娱演艺链主企业合力推动下，西安成为全国旅游演出项目数量最多、最集中的旅游目的地城市，截至 2024 年 5 月，文娱演艺产业链群企业数量达 2281 家；陕旅集团在重组陕体集团、陕西实业集团后，成为陕西文旅全产业链链主企业，旗下陕西旅游、骏途网两家企业挂牌新三板，是国内品类最齐全、产业链条最完整、综合效应凸显的旅游企业之一；陕文投集团通过"文化+金融""文旅+科技"的融合创新，打造了独具优势的影视产业链，构建了艺术品+科技+金融产业链、文创产业链和传媒产业链，成为具有较大品牌影响力、较强产业竞争优势的全国综合性文化企业；西影集团用电影基因赋能"城市更新"，带动上下游企业 40 余家，

---

[1] 李旭佳：《前三季度榆林接待游客同比增长 18.16%》，《陕西日报》2024 年 11 月 5 日。

[2] 《汉中市人民政府 2025 年政府工作报告》，汉中市人民政府，http：//www. hanzhong. gov. cn/hzszf/zwgk/ghjh/zfgzbg/szfgzbg/202502/1dec612abe57463c9ca2210f2d6bb82e. shtml。

2024 年以 XR 电影为突破口打造 XR 全产业链，有望成为全国 XR 电影产业的示范标杆。二是"骨干"企业及园区规模不断壮大。截至 2024 年，陕西已有易点天下网络科技股份有限公司等领军型文化企业 10 家、西部电影集团有限公司等骨干型文化企业 100 家、西部国家版权交易中心有限责任公司等省直高成长型文化企业 41 家。年度新增西安文化科技创业城产业园等省级文化产业示范园区 10 家、曲江演艺文化中心产业园等省级文化产业重点园区 16 家、老城根 Gpark 等省级文化产业示范基地 50 家，全省文化产业规模化、集约化、专业化水平有效提升。三是重点景区数量稳步增加。截至 2024 年，共建成 5A 级旅游景区 14 家、国家级旅游度假区 2 家、国家级旅游休闲街区 4 家，商洛朱家湾村被世界旅游组织命名为"最佳旅游乡村"，袁家村乡村旅游模式在全国推广。

（五）文化和旅游深度融合热点、亮点频出

在持续探索文旅融合发展新路径的过程中，陕西文旅新业态、新场景、新赛道不断涌现，为产业发展带来更加多元的价值挖掘和场景创新的想象空间。一是头部景区呈现"强者恒强"的特点，华清池、华山、延安革命纪念馆等传统景区不断转型升级，成为陕西"高流量旅游目的地"；文博场馆类景区持续创新文物保护利用方式，陕西历史博物馆、秦始皇帝陵博物院双双入选国内文博游热门场馆 TOP10，西安碑林博物馆、陕西考古博物馆入选国内专题类热门博物馆 TOP10①，形成"追着文博游陕西"的旅游新风尚；大唐不夜城、长安十二时辰等数字底座与流量池价值愈发凸显，《唐朝诡事录·西行》《永恒之美·巴黎圣母院》《消失的法老》等新产品、新 IP，以新奇的体验、联动社交的形式释放出文化经济能量；《长恨歌》打破传统景区"门票经济"瓶颈，带动周边酒店、民宿、康养、文旅综合收入超过 70 亿元，"长恨歌模式"成为国家实景演艺行业标准缔造者，为其持续"领

---

① 《文博游热度持续走高，博物馆变身文化体验新高地》，https：//baijiahao. baidu. com/s？id＝1799267566915530171&wfr＝spider&for＝pc。

跑"全国提供了有力支撑。二是新业态、新赛道持续涌现。在文娱演艺产业链建设、西安市"盛唐IP"共同助推下，陕西汉服、化妆等领域形成新优势，全省聚集了全国25%以上的汉服相关企业，西安市成为全国汉服消费体验第一城；陕西的微短剧产业在2024年呈现强劲的发展势头，相关企业数量、作品市场占有率在全国具有绝对优势，实现产业链上游剧本创作、中游拍摄制作的全覆盖，"繁星指数"展示了陕西省在微短剧评价标准上的创新和领先，以微短剧为代表的数字内容产业成为陕西文化创意产业链发展新风口。

（六）文化旅游品牌建设取得积极成效

打造文旅IP是构建现代旅游业体系的重要内容。按照《陕西省打造万亿级文化旅游产业实施意见（2021～2025年）》（陕文旅发〔2022〕64号）、《陕西省关于加快文旅产业发展的若干措施》（陕政办发〔2023〕29号）等政策要求，陕西省结合自身文化资源优势，积极实施"文化IP"培育计划，以西安"千年古都·常来长安"、延安"革命圣地"、渭南"黄河华山·家在渭南"为代表，城市旅游品牌影响力不断增强，确定了"兵马俑""大雁塔""黄河文化""秦岭山水""秦文化"等标志性符号作为陕西文旅宣传的主要代表元素，通过上述主要代表元素提炼标识，让陕西丰富的历史文化资源"立"起来、"活"起来，有力助推"陕西世界级旅游目的地"建设。

二 当前陕西打造万亿级文化旅游产业存在的问题

（一）人均旅游消费不足的现象依然存在

人均消费不足是长期制约陕西文旅产业高质量发展的核心问题。尽管2023年以来陕西省投入大量营销资源提升自身人气和流量，但没有人均消费作为支撑，体现在收入端的增长方面并不理想。从陕西省近年三大指标的表现来看，2023 年陕西省旅游接待人次、旅游综合收入分别居全国第 12 位、第 16 位，与 2019 年相比变化不大，但旅游人均消费居全国第 23 位，比 2019 年低 124.9 元，与西部的新疆、青海分别相差 201 元、38 元。2024 年前三季度全省旅游接待人次、旅游综合收入同比维持高位增长，人均旅游花费 928.2 元，低于全国平均水平 98.5 元。从省内表现最好的西安市来看，2019 年西安市旅游总收入在全国城市中排第 8 位，人均消费为 1045 元，在总收入 TOP50 城市中排第 44 位，2023 年西安市旅游人均消费 1205 元，与同为省会城市的云南昆明市相比接待人次基本持平，但旅游人均消费较之低391 元。

（二）重点文旅产业链群建设质效有待提升

打造重点文旅产业链群对于提升陕西省文旅产业规模、培育产业竞争新优势、激发企业创新活力等方面具有重要而深远的意义。从当前链群建设实际情况来看，一是重点链群建设尚未对陕西文旅产业规模形成有力支撑。2023 年以来，陕西省文旅综合收入的全国排名与 2019 年相比变化不大，客观上说明相关链群建设质效仍有很大提升空间。二是市场主体规模偏小、创新型企业偏少。截至 2023 年底，陕西省规模以上文化及相关企业 1641 家，约为四川的 3/5，独角兽企业仅 2 家（骏途网、易点天下），仅 1 家企业（华夏文旅）入围 2024 年全国成长性文化企业 30 强，省级层面的旅游上市公司、瞪羚企业尚处缺位。三是头部景区的产业转化深度不够。无论是票房收入突破 5.7 亿元的《长恨歌》，还是年接待旅客过亿、网红 IP 粉丝总数过千万（抖音平台）的大唐不夜城，离世界级 IP 如迪士尼、华强方特等，在多元化营收策略、全方位娱乐生态链布局等方面仍有很大差距。

（三）以城市为主的旅游目的地体系不够完善

从区域空间来看，一些长期掣肘陕西省文旅产业发展的基本问题仍未得到实质性改善。一是"关中强、陕南陕北两翼弱"的现象依然存在。陕西旅游资源数量分布比重中，关中地区旅游资源占全省的 53.3%，陕北地区占

24.2%，陕南地区占 22.5%①，体现在收入端，关中、陕北、陕南地区旅游收入占全省比重分别为 78.7%、8.4% 和 12.9%。② 二是省内各城市发展差距明显。西安市旅游能级占全省一半左右，在 2023 年全国旅游收入普遍恢复性增长的情况下，全省除西安外，旅游收入过 500 亿元的城市仅 3 个（宝鸡、咸阳、渭南），第一名西安市的旅游收入相当于第二名宝鸡市的 4.7 倍。综上所述，未来陕西要实现产业规模总量的突破，核心在西安，重点应在其他地市。

（四）省市文旅品牌打造仍显不足

现阶段陕西省文旅 IP 开发存在明显的不充分、不平衡等问题。目前仅有西安市聚焦"盛唐文化"成功打造了"千年古都·常来长安"的文旅 IP，而散落在关中其他地市的周秦汉人文历史、文物资源以及陕南、陕北独特的生物地貌自然资源，则不同程度受制于文旅 IP 开发不足，未能实现文化资源的有效转化。主要表现在：一是从省级层面来看，"三秦四季"作为陕西省旅游宣传品牌近年来积累了一定知名度，但缺少对于陕西省文旅资源整体性、突出性的生动体现，尤其缺少竖屏时代互动性、社交传播故事力的深度挖掘；二是从各地市情况来看，除西安外，其他地市不同程度存在官方文旅 IP 缺失或雷同、IP 定位不够精准、文旅 IP 产业转化深度不够等突出问题；三是从宣传推广来看，各地文旅 IP 宣传人才缺失、各自为政、无法形成传播合力，对陕西全省域、全链条文化旅游形象的整体传播形成一定制约。

三　陕西加快打造万亿级文化旅游产业的对策建议

（一）实施人均旅游消费倍增计划，补齐陕西旅游消费政策短板

人均消费不足是长期制约陕西文旅产业发展的核心问题。从 2023 年旅

———

① 郭秦川：《今天的陕西旅游资源》，黄河文化网，http：//www.hhwhw.com/huanghewenhualvyou/246.html。
② 数据来源于各市国民经济和社会发展统计公报、各地政府网站。

游业高位复苏以来全国整体情况看，21个省份旅游接待人次超过2019年同期水平，仅有15个省份的旅游收入恢复到或超过2019年，这一背景下，"人均旅游消费"作为核心关切进入多个省份的政策视野，云南、福建等省先后出台专门文件着力提升人均旅游消费，反映出未来旅游业将从"接待人次、总消费量"的评价指标，逐步拓展至"人均旅游消费"含金量的挖掘上来。从陕西的情况看，假设陕西省旅游接待人次较2023年保持不变，旅游人均消费较2023年增加56%达到1400元（大致相当于湖南省2023年人均旅游消费水平），全省旅游总收入即可达万亿元规模。因此，建议陕西省制订、实施"人均旅游消费倍增计划"，将提高人均旅游消费纳入文旅工作的施策重心中来，下大力气提高省外游客、过夜游客、入境游客旅游二次消费比重，以8条重点产业链群为抓手，着力实现"吃住行游购娱"消费链条的横向拉长、每个独立要素的纵向拓宽，逐步构建市场化、多元化、立体化的消费生态，实现陕西省旅游收入规模的总量突破。

（二）坚持问题导向，提升重点文旅产业链群建设质效

2025年，陕西省重点文旅产业链群建设进入整体冲刺期，应着力梳理重点产业链群建设成效与问题，精准强优势、补短板、疏堵点。具体建议如下。一是开展重点文旅产业链群建设整体评估，聚焦当前链主企业磁场效应不强积极性不高、链群企业偏小偏弱、瞪羚企业缺失、部分链群合力不足、人才流失等问题开展专题研究，为启动新一轮行动计划提供研究储备。二是制定重点产业链群建设效能提升方案。包括制定现阶段"链主"企业、骨干企业能力提升需求清单，建立专精特新、瞪羚、"小巨人"企业库，指导重点企业入库培育、政策对接、卡位招引等。三是制订实施市场主体倍增计划，针对陕西省文旅产业市场主体规模偏小、偏少的问题，围绕培育市场主体类型、提升产业园区聚集能力、千方百计促消费、加强项目策划和招商引资等方面，做大做强市场主体，形成多业态融合发展的新格局。

（三）推动国有景区所有权、管理权和经营权分离，打通文化旅游资源转化通道

陕西文旅资源数量多、体量大，长期以来存在资源盘活难、体制机制运行不顺等问题，致使丰富的旅游资源得不到有效开发，市场化运营能力和竞争力较弱。全省现有 A 级旅游景区 565 家，权属关系上大多为国有及国有控股企业、地方文物局运营管理，行政事业管理有保护环境和资源的优势，但不可避免地缺乏市场活力和发展动力。具体建议如下。一是以国有景区"三权分离"为突破口，开展国有景区体制机制改革。梳理建立国有 A 级景区"三权分离"试点名单，逐步开展国有旅游景区所有权、管理权和经营权分离，建立专业化运营的现代企业制度。二是开展涉旅文保单位"三权分离"评估，总结其体制机制改革规律，以"文物+景区""文物+研学""文物+演艺""文物+数字化"等方式，推动重点文物的活化利用，让"追着文博游陕西"走向产业纵深。三是以产权制度改革为契机盘活文化资源，打通资源变资产、资产变资本、资本变股本通道，以优质资产吸引国内外社会资本、品牌旅企参与景区开发运营，进一步形成陕西文旅产业发展新优势。

（四）设立文旅产业投资基金，构建多元化资金投入机制

"旅游+百业""百业+旅游"一方面显示了旅游业产业辐射面广、就业带动力强、消费潜力大，另一方面也增加了相关政策制定的难度和复杂性。文旅项目具有投资金额大、回报周期长、投资收益波动大的特点，决定了文旅产业更加需要长期资本、耐心资本的支持。现阶段陕西省文化旅游领域融资以银行信贷为主，市场化的股权融资比例不大，对陕西省文旅重点产业链群打造、文旅创新型企业培养形成一定制约。对此，建议进一步发挥市场在资源配置中的决定性作用，设立陕西省文化旅游产业投资基金，构建多元化资金投入机制，引导金融机构和社会资本加大文化旅游领域投入，发挥基金管理人资源和专业优势帮助企业发展，以市场化手段为陕西省文旅产业打开更加广阔的成长空间。对此建议：一是由陕西省政府引导基金下设文旅产业

创新发展子基金，发挥政府投资的引领作用，鼓励母基金和引导基金直接投资创新型企业和项目，如"游戏+文旅""影视+文旅""科技+文旅"等，激活陕西省文旅产业的社会资本和股权投资市场，力争实现独角兽企业、瞪羚企业、上市企业数量有所突破；二是发挥陕西文化产业投资基金、陕西旅游产业投资基金等作用，支持相关文旅企业设立子基金，针对重点产业链"投早"（成长型企业早期阶段）、"投小"（小微创新企业），进一步增强产业链发展合力。

（五）完善以城市为主的旅游目的地体系，将西安市的旅客"流量"转化为全省的"留量"和产业的"增量"

旅游目的地的空间范围决定其供给规模、需求规模和经济实力。对于陕西来讲，如何将西安市的旅客"流量"，通过其他地市协同发力，转化为全省的"留量"，进而形成产业的"增量"，通过旅客的省内跨市流动、产业链条的延伸为"一核四廊三区"的空间骨架填充结实的"肌肉"，是陕西省文旅产业高质量发展的当务之急。建议在全力支持西安世界级旅游城市建设的基础上，花大力气提升宝鸡、延安、汉中等其他地市旅游经济能级。一是交通先行，完善"城市—城市"民航、铁路、高速等大交通，构建各地市以"大景区"为核心、便捷且适宜"慢游"的公共小交通，包括地铁、公交、网约车、租车、共享单车等；二是打造消费场景，长期应重点聚焦各地市的高 A 级景区，将其培育为综合性休闲旅游吸引物，短期可关注哈尔滨冰雪大世界等的成功经验，高质量策划、实施一批独具特色、高性价比的文旅活动，逐步实现陕西省从观光旅游向"观光+休闲度假"旅游的转变；三是做好旅游目的地管理、营销，注重与西安相关精品线路、品牌营销的资源链接，同时坚决维护市场秩序，完善地市级旅游基础设施与服务效能。

（六）打造省、市两级文旅 IP 矩阵，形成陕西全域文旅品牌一体打造、聚力推进新格局

城市文旅 IP 是构建现代旅游业体系的重要内容，提炼、挖掘城市文旅

IP 正在成为各省市文旅产业高质量发展的"文化芯片"。例如，贵州聚焦"多彩贵州"的省级文旅 IP，2024 年将省内的标志性景区 IP 化为"黄小西吃晚饭"，六个景区在地图上形成贵州大环线，将省内其他散落的旅游景点串珠成线；山东则建立了"好客山东"（省级）、泉城济南好运荣成等（17个城市）省、市两级 IP 矩阵，开展"联合推介、捆绑营销"。建议陕西省借鉴相关省份经验，将打造"省、市两级文旅 IP 矩阵"作为当前陕西培育"文化 IP"的重点工作，通过构建主线清晰、各具特色、相互关联、整体联动的文旅 IP 矩阵，形成陕西旅游品牌省、市一体打造，聚力推进新格局。一是聚焦陕西独有的周秦汉人文历史、文物资源以及陕南、陕北独特的生物地貌自然资源，全面盘点、梳理陕西省及各市文化资源，精准挖掘、提炼具有唯一性、代表性、互动性、社交传播故事力的文化旅游 IP，形成省、市两级立体式文旅 IP 矩阵。二是策划制定全省、全域、全媒体整体联动的传播策略，进行台、报、网、微、端、号的全媒体传播推广，构建省、市两级文旅 IP 矩阵标准化、体系化、模块化的运营机制。三是围绕短视频制作、目的地营销、宣传推广、平台运营等，培育一支懂历史、会策划、懂经营、善营销的新时代高素质全媒体宣传人才队伍，为陕西文旅产业高质量发展提供坚实有力的人才支撑。

B.13
陕西文化新业态发展研究[*]

赵 东[**]

摘 要： 文化新业态是文化和科技不断深化融合的结果，以数字化、网络化、智能化为主要特征，表现为数字创意、网络视听、数字出版、数字娱乐、线上演播等系列新型文化业态，是当前文化产业发展中最为活跃、增长最快的领域。近年来，文化新业态各个行业小类在陕西文化产业发展中不断涌现，2023 年陕西文化新业态、实现营业收入 234.42 亿元，在全部规模以上文化企业中占比 20.1%。陕西应大力发展文化新业态，一是加强政策引导支持，布局培育壮大文化新业态；二是深入实施国家文化数字化战略，加快文化产业数字化转型；三是加快文化产业区域协调融合，以西安引领其他各市文化新业态发展；四是加强创新，持续推进文化新业态繁荣发展；五是加强协同促进，不断做大做强陕西文化新业态。

关键词： 文化新业态 文化科技融合 数字文化产业 陕西

文化新业态是当前文化产业发展中最为活跃、增长最快的领域，在文化各行业都有不同程度的呈现。党的二十届三中全会提出，"探索文化和科技融合的有效机制，加快发展新型文化业态"，文化新业态将形成新一轮发展

---

* 基金项目：陕西省软科学研究计划一般项目"陕西文化产业数字化协同发展路径研究"（项目编号：2024ZC-YBXM-156）。
** 赵东，博士，陕西省社会科学院文化与历史研究所副所长，副研究员，陕西文化产业发展研究中心主任，硕士研究生导师，主要研究方向为文化数字化与文化产业。

高潮。陕西作为文化大省和科技大省，认真贯彻落实国家重大决策部署，文化新业态不断成为文化产业发展的重要组成部分。

一 文化新业态的基本内涵

"文化新业态是在新历史条件下文化所呈现新内容、新形式、新模式的总称"①，存在广义和狭义之分。在广义上，凡是基于新的科学技术、新的文化理念、新的消费观念等出现的新的文化业态都可称为文化新业态。狭义上，文化新业态是指随着文化和科技不断融合创新发展而形成的文化行业，重点以数字技术为基础支撑、以"互联网+"为主要表现形式的业态。② 在表述上，文化新业态有"新兴文化产业"③"新型文化产业"④"文化产业新业态""新兴文化业态"⑤ 等略有差异但内涵基本一致的提法，也被强调为"互联网文化新业态"或"数字文化产业新业态"。党的十七大报告提出"培育新的文化业态"，党的十八大报告确定为"新型文化业态"，一直沿用至今。随着近年来文化和旅游不断深化融合，在文化新业态和旅游新业态基础上又出现了"文旅新业态"的概念。⑥

文化新业态以数字化、网络化、智能化为主要特征，主要包括"数字媒体产业、数字电竞产业、动漫及衍生品产业、数字营销产业、网络文学产业、虚拟现实产业、数字教育产业、数字出版产业、数字音乐产业、数字文

① 王林生：《互联网文化新业态的产业特征与发展趋势》，《甘肃社会科学》2017 年第 5 期。
② 王林生：《"十四五"时期文化新业态发展的战略语境、历史机遇与行动路线》，《行政管理改革》2021 年第 8 期。
③ 祁述裕、韩骏伟：《新兴文化产业的地位和文化产业发展趋势》，《马克思主义与现实》2006 年第 5 期。
④ 李培元、魏亚平：《基于新型文化产业视角的直接融资模式研究》，《山西财经大学学报》2008 年第 S2 期。
⑤ 王晨：《专家热议文化产业新业态》，《中国文化报》2008 年 5 月 16 日。
⑥ 江凌：《文旅新业态的生成机制、发展逻辑与高质量发展路径》，《贵州师范大学学报》（社会科学版）2023 年第 3 期。

旅产业、数字直播产业、沉浸式产业等"。① 文化新业态一方面是数字网络时代的新生产业，另一方面也是通过传统文化产业数字化转型而形成的产业，即文化领域的"数字产业化"和"产业数字化"，两者相互交织，在文化产业发展中占有越来越大的份额。文旅新业态是文化新业态和旅游新业态相互融合形成的业态，主要是文旅产业发展中形成的新场景、新模式等。结合相关研究与实践，国家统计局在颁布《文化及相关产业分类（2018）》后公布全国规模以上文化及相关企业数据时，将文化新业态单列，并准确表述文化新业态特征较为明显的 16 个行业小类。

文化新业态特征较为明显，实际就是在文化产业中数字科技的作用比较明显。虽然 16 个以外的很多行业小类也因时代发展而不断渗入数字科技因素，但是总体特征还不够明显，目前暂时还不纳入统计。在确定的 16 个行业小类中，包括了数字文化内容服务、数字文化传播以及相关设备制造三个层面。数字文化内容服务包括动漫游戏数字内容服务、互联网游戏服务、数字文化艺术业、增值电信文化服务、互联网其他信息服务以及其他文化数字内容服务 6 个小类。数字文化传播包括广播电视集成播控、互联网搜索服务、互联网广告服务、数字出版、互联网文化娱乐平台、游戏动漫和数字出版等软件开发、版权和文化软件服务 7 个小类。相关设备制造包括娱乐用智能无人飞行器制造、可穿戴智能文化设备制造、其他智能文化消费设备制造 3 个小类。按照统计规则，目前我国主要统计规模以上企业的营业收入等数据，因此各地文化新业态发展情况便以其为代表。

二　陕西文化新业态发展现状

随着数字科技等新质生产力在文化领域广泛应用，文化新业态各个行业小类在陕西不断涌现，引领着文化产业发展趋势。

---

① 张伟、吴晶琦：《数字文化产业新业态及发展趋势》，《深圳大学学报》（人文社会科学版）2022 年第 1 期。

（一）陕西文化新业态总体情况

据统计，2021～2023 年来陕西文化新业态特征较为明显的规模以上文化企业在 150 家左右，约占全省规模以上文化企业的 8.7%～9.5%。2021 年，全省共有 145 家，营业收入 192.8 亿元，占全省规模以上文化企业的 15.9%；2022 年全省共有 150 家，营业收入 236.87 亿元，占全省规模以上文化企业的 20.2%；2023 年，全省共有 157 家，营业收入 234.42 亿元，占全省规模以上文化企业的 20.1%。其中，互联网其他信息服务是陕西文化新业态的重要类别，包括网上新闻、网上软件下载、网上音乐、网上视频、网上图片、网上动漫、网上文学、网上电子邮件、网上新媒体、网上信息发布、网站导航和其他互联网信息服务等系列内容，是数字化时代文化产业发展的基本表现。2022 年，陕西互联网其他信息服务营业收入达 120.97 亿元，占文化新业态营业收入的 51.1%；2023 年，陕西互联网其他信息服务营业收入 118.86 亿元，占文化新业态营业收入的 50.7%。连续几年，互联网其他信息服务营业收入均居陕西文化新业态首位，在陕西文化新业态中占比最高。

（二）西安文化新业态迅猛发展

西安是陕西文化产业发展的集中代表，2022 年文化产业增加值达到 488.01 亿元，占全省的 62.5%。文化新业态作为文化产业发展的前沿阵地，更主要集中在西安，涉及文化新业态的所有类别。

西安高新区按照文化和科技、金融、贸易融合的"文化+"发展定位，致力于发展数字出版、互联网广告、互联网信息服务、动漫游戏、创意设计、现代传媒等高附加值文化创意产业，形成了西安高新数字创意产业园、思禾文化创意产业园、电子谷数字创意产业园、三人行数字信息产业园、浙文创·数创中心等一批新兴文化产业园区，聚集了易点天下、三人行传媒、诺瓦星云、博得网络、西安微聚、荣信文化等多家新型文化企业，整体上形成龙头企业引领示范、文化+科技撬动产业新动能、文化服务业集聚发展的局面，先后被授予"国家数字出版基地""国家文化和科技融合示范基地"

等称号。

作为首批国家级文化产业示范基地的西安曲江新区，近年来持续推进文化科技融合，加快文化产业数字化转型，重点培育新一代信息技术产业、数字创意产业等战略性新兴产业，数字出版、数字内容服务、互联网信息服务、数字藏品、数字演艺、数字文博等文化新业态不断涌现，形成了曲江电竞产业园、北极星数字文化产业园、曲江369互联网创新创业基地、曲江创客大街、曲江创新创业园等新兴文化产业园区，获得国家文化和科技融合示范基地2个，国家级众创空间、孵化器7个，省级文化科技融合示范基地7个，省级众创空间、孵化器10个，秦创原协同创新基地1个，文化新业态蓬勃发展。

西安市碑林区是陕西省的重点文化产业区县，近年来形成了三大数字文旅聚集区域：以陕西动漫产业平台为核心的动漫文化产业圈，以碑林环大学创新产业带为核心的"文化+科技"类文化企业群和以旗众文化科技产业园为核心的互联网视觉设计、文化设计产业中心等。其中，旗众数字文化产业园成立短短3年，迅速成为腾讯排名前三、阿里排名前五的优质供应商，业务覆盖视觉、数字文旅、AIGC应用、短视频等多个产业链条。

西咸新区是陕西文化产业的新兴板块，近年来数字文化产业快速发展，腾讯、喜马拉雅、字节跳动等多家头部数字文化企业纷纷入驻，成为陕西文化新业态的重要力量。秦汉新城依托丰厚的历史文化资源，打造了秦汉新丝路数字文化众创空间，入驻量子信息、赋能云信息、睿智芯能、牧艺云桑文化科技等一批优质企业。截至2024年底，累计孵化企业147家，其中认定科技型中小企业71家、高成长企业23家、规模以上企业4家。陕西数字基地出版传媒集团是位于浐灞国际港的一家大型数字文化企业，涉及网络文学、手机阅读、动漫影视制作、游戏开发、数字转码加工、红色平台、数字出版、移动外呼、数字图书馆等多种文化新业态，年营业收入超过1亿元。

（三）省内其他各市积极布局文化新业态

除西安外，近年来省内其他各市也加快文化产业数字化转型，积极布局发展文化新业态。宝鸡市出台了《宝鸡市元宇宙产业发展行动计划（2023～2026 年）》，由市数字经济局牵头建成西北首个元宇宙体验馆，宝鸡青铜器博物院推出"秦吕不韦八年戈""西周鲤鱼尊"等 16 种数字文化创意产品，太白山景区打造了知名的《寻仙》手游，金台区长乐塬抗战工业遗址公园开发了《西迁记·陈仓往事》在线游戏。金台区理想共创文化科技创意产业园深耕文化新业态，着力打造有区域影响力的数字音视频产业基地，先后被认定为单体类和集聚类陕西省文化和科技融合示范基地。咸阳市大力发展数字文化产业，先后成立陕西循天广播技术有限公司、咸阳高新数字文化产业发展有限公司、咸阳经开数字文化产业有限公司等新型文化企业。作为咸阳市文化新业态排头兵的咸阳高新区，聚梦悠咕数字文汇中心聚集了 20 多家直播电商、数字文化、游戏动漫、影视传媒类企业，并布局建设中国西部 AI 创新港，打造"中国西部 AI 第一城"，着力发展数字文旅沉浸式体验等新业态。延安市先后成立延安开拓者文化产业有限公司、延安红云文创发展有限公司等新型文化企业以及延安华创数字文旅产业研究院等机构，加强红色文化资源数字化保护、传承与弘扬，打造中国最大的红色资源大数据云平台，研发系列数字化红色文化产品。延安旅游集团和延安文投集团等也积极开发系列数字红色文化项目，活化延安红色历史。

三　陕西文化新业态发展存在的问题

文化新业态随着文化和科技融合创新而不断形成，是文化产业发展的新趋势，属于向"新"而行的事物。由于"新"，目前陕西文化新业态发展还存在一些需要解决的问题。

（一）在整个文化产业中占比不高

近年来，数字科技在文化产业发展中的作用呈倍速式增强，文化新业态在文化及相关产业中的占比越来越大。陕西文化资源丰富，科技实力雄厚，但是文化和科技融合创新仍在探索深化，文化产业还在加快数字化转型，文化新业态总体上还处于起步阶段，在整个文化产业中占比不高，与先进省份有一定差距。2023年，全国文化新业态实现营业收入52395亿元，比上年增长15.3%，快于全部规模以上文化企业7.1个百分点，占比40.5%，是陕西占比的2倍多。在公布的2023年文化产业数据中，北京文化新业态在规模以上文化企业营业收入中占比66.8%，广东占比34.8%，四川占比34.5%，安徽占比28.3%（见表1）。

表1　2023年陕西文化新业态与全国及先进省市比较情况

单位：亿元，%

项目	文化企业营业收入	文化新业态营业收入	所占比重
全国	129515	52395	40.5
陕西	1166.88	234.42	20.1
北京	20140.1	13787.7	66.8
广东	22483	7814	34.8
四川	5633.6	1941.1	34.5
安徽	2440.8	689.9	28.3

注：本表根据国家统计局和各省市统计局数据制成，表格中数据均是对规模以上文化企业的统计。

（二）业态结构不均衡

在文化新业态发展中，全国和很多省市实现16个小类全覆盖，但是陕西只有15个小类，在行业小类上不够齐全。在陕西文化新业态15个小类中，"互联网其他信息服务"和"互联网广告服务"营业收入连年居前两位。2022年，陕西"互联网其他信息服务"和"互联网广告服务"营业收入分别为120.97亿元和60.96亿元，分别占文化新业态营业收入的51.1%和25.7%；2023年分别为118.86亿元、58.10亿元，分别占比50.7%和24.5%。两个行业小类占到了陕西文化新业态营业收入的3/4，其他13个行业小类总营业收入只占1/4。2023年，陕西文化新业态呈下降趋势，很大原因在于"互联网其他信息服务"和"互联网广告服务"两个小类营业收入下降（见表2）。

表 2 　2022 年、2023 年陕西文化新业态发展比较

单位：亿元，%

年份	总营业收入	互联网其他信息服务	占比	互联网广告服务	占比	其他行业小类	占比
2022	236.87	120.97	51.1	60.96	25.7	54.94	23.2
2023	234.42	118.86	50.7	58.10	24.5	57.46	24.8

资料来源：陕西省统计局。

（三）区域发展不协调

文化产业是以文化创意为核心的产业，由于当前创意人才及相关要素大多聚集于城市，文化及相关企业也大多聚集于城市，尤其是大城市。在陕西文化产业发展中，西安占全省六成。文化新业态更加强调文化创意和科技的融合，相关要素更聚集在城市，相应企业更容易在大城市形成和发展，而西安以外的区域则发展较慢，企业较少。根据西安市统计局数据，2021 年西安文化新业态规模以上文化企业共有 125 家，实现营业收入 158.64 亿元。2021 年，陕西文化新业态规模以上文化企业共有 154 家，实现营业收入 192.8 亿元。西安文化新业态规模以上文化企业主体占全省的 81.2%，营业收入占全省的 82.3%。从 2022 年、2023 年陕西文化新业态发展数据以及实际调研状况分析，西安文化新业态规模以上文化企业和营业收入仍占八成以上。相关情况表明，除西安以外各市文化新业态发展颇为薄弱，需要着重发力。

（四）各方协同促进不足

文化产业发展涉及众多行业部门和相关要素，文化新业态更加复杂，更加强调科技以及综合型人才的作用，工信、知识产权等部门的支撑作用更加明显。全省各级政府、文化产业园区、文化企业、高校与科研院所、公共文化机构、金融机构等相关各方有效支撑与协同促进，有利于文化新业态快速

发展。其中，政府部门之间、各类园区之间以及不同类型文化企业、不同层级高校、各类公共文化机构和金融机构等的协同促进，更是文化新业态快速发展的重要因素。当前，陕西文化和科技融合在不断深化，各个高校在不断探索文化科技综合型人才培养，相关部门和文化产业发展的关系越来越密切，相关研发成果越来越多。但是，根据对陕西省文化新业态发展现状的调研，还存在文化产业与相关部门融合不足、高校学科目录与企业需求人才匹配度不高、研究成果与市场发展不够适应、文化数据等资源共享不多、资本与项目互相找不到、龙头企业带动作用不够明显等问题。各方协同促进陕西文化新业态发展亟待加强，以达到"1+1>2"的效果。

四　加快发展陕西文化新业态的对策建议

文化新业态是今后陕西文化产业发展的重点方向。结合当前形势以及省内外文化新业态发展现状趋势来看，建议在以下几个方面做出更大努力。

（一）加强政策引导支持，布局培育壮大文化新业态

文化新业态不断加快文化产业迭代升级，这就需要尽快优化陕西省原有加快文化产业发展的相关政策文件或制定专门促进文化新业态的政策文件，加强顶层设计和规划部署。

一是加强行业布局。巩固现有互联网其他信息服务和互联网广告服务行业优势，面向省内外深入开拓业务，孵化更多更优新业态。引导支持动漫游戏数字内容服务、互联网游戏服务、数字文化艺术业以及多媒体、游戏动漫和数字出版软件开发等企业兼并重组，做大做强。鼓励陕西省三大电信运营商加强增值电信文化服务业务，同时按照工信部《关于创新信息通信行业管理 优化营商环境的意见》，积极推进电信业务向民间资本开放，加大对民营企业参与增值电信文化服务支持力度。支持头部企业设立在陕西省的互联网搜索服务、互联网文化娱乐平台等业务深化拓展，大力培育本土较大规模互联网文化娱乐平台。按照"一企一策、一事一议"原则，着力扶持一批

娱乐用智能无人飞行器制造、可穿戴智能文化设备制造以及其他智能文化消费设备制造类新型业态。

二是依托秦创原创新促进中心及各分中心，优化空间布局。根据现有基础，做强做优西安高新区数字创意产业园、数字信息产业园等，聚集更多数字文化企业，拉长产业链条；整合省市力量，在曲江新区布局一批数字出版、数字内容服务、数字藏品、数字演艺、数字文博等新型文化项目，做实做强新兴数字文化产业园区，加快曲江"再次创业"。举全省之力，支持位于西安市碑林区的陕西动漫产业平台更名为陕西动漫游戏产业基地，引导更多省内外动漫游戏企业入驻，壮大产业和企业规模。结合西咸新区文化新业态发展现状，鼓励各头部企业围绕创新链，部署产业链，形成更多优质项目。在西安市以外，结合各市（区）情况，尽快规划部署推进本地数字文化产业园区建设，进行政策倾斜和配套支持，不断引进和培育数字文化项目和企业。在各市辖区积极发展数字文化艺术、数字文化内容服务等业态，引导培育规模以上企业；在各县域通过各种优惠政策引进数字设备制造企业。

（二）深入推进文化数字化，加快文化产业数字化转型

实施国家文化数字化战略是我国大力发展文化新业态的重要战略部署，也是加快文化产业数字化转型的重要支撑。陕西作为文化和科技大省，推进文化数字化有着先天优势，但从文化新业态和文化产业数字化转型发展现状来看，还需加快步伐。

一是全面加强陕西省各类文化资源端、生产端、消费端和云端数字化设施建设，形成具备云计算能力和超计算能力的文化计算体系。积极搭建陕西文化数据服务平台，为数字文化内容提供多网多终端分发服务，不断深化"互联网+公共文化"，为陕西省文化新业态发展和文化产业数字化转型提供畅通的数据渠道。二是加快推进陕西省各类文化资源数字化、网络化、智能化，加强个性化、可视化、互动化传播，深入推进"文学陕军""长安画派""西部影视""陕西戏剧""陕北民歌"等文化品牌数字化，实施"国风秦韵"数字文艺创作项目，为文化新业态发展和文化产业数字化转型提

供便捷的数字材料。三是加快陕西省文化数字化建设标准研究与制定，推动数字文化产业规模化、标准化、集群化、品牌化发展，加快新产品、新型经营模式培育和文化产业数字化转型。在数字版权保护、经营管理规范等基础上，全面推行包容审慎的监管手段，倡导敏捷治理、适应性治理、探索性治理，筑起保护和规范新业态创新发展的牢固屏障。四是不断创新文化表达方式，推动图书出版、广播电视、内容创作、娱乐演艺、会展广告等传统文化业态转型升级，大力发展数字出版，培育更多广播电视集成播控业态，强化版权和文化软件服务业务，加快数字内容产业化和专业化。鼓励各种艺术样式运用数字化手段创新表现形态，丰富数字内容。五是注重文化企业数据采集、加工、交易、分发、呈现等业务，加快文化产业数字化建设与转型，推动文化产业以数字化方式与新型农业、制造业、现代服务业以及战略性新兴产业融合发展，加快文化产业结构优化和调整。

（三）加快文化产业区域协调融合，以西安引领省内其他各市文化新业态发展

文化产业是文化新业态发展的基础。多年来，西安以外各市文化产业基础较为薄弱是文化新业态发展较慢的重要因素。当前，加快陕西文化产业区域协调融合既是文化产业高质量发展的内在要求，也是文化新业态快速发展的重要路径。陕西文化产业发展要坚持系统观念、树立"全省一盘棋"思想，鼓励西安带动其他各市文化产业发展。这样，一方面使陕西文化产业发展更加均衡、总体规模快速增长；另一方面也有利于为文化新业态发展提供更为宽广而坚实的基础。在文化新业态发展中，西安更是要以突出的文化科技优势引领其他各市快速发展。

一是注重全省统筹谋划、整体推进，强化资源整合、项目统筹、平台共享、政策衔接、基础连通。加强陕西省跨区域合作，引导多类主体参与文化产业特别是文化新业态的发展，培育多种文化市场主体，建立健全全省相关要素平等交换、双向流动政策体系，构建起有效的文化产业要素市场，畅通文化市场要素流动，突出人才、科技、资金等要素更多地向西安以外城市流

动。二是充分发挥重大文化项目在产业规模、转型升级、辐射带动、提质增效等方面的引领支撑作用，以西安为核心，在全省打造文化新业态发展引擎和源头活水。加强各类文化产业示范园区（基地）的规划建设和管理，使其成为各市县文化新业态孕育发展的重要前沿阵地。三是引导西安和其他各市重大文化项目、文化产业园区结对帮扶，密切合作，孵化布局项目，加强产业融合，延伸产业链，辐射带动区域发展文化新业态，并推动数字文化产业融入新型城镇化建设和乡村特色文化产业发展，大力促进乡村文化新业态发展。四是西安以外各市应注重发挥区域产业政策、文化资源、土地、劳动力等文化产业要素优势，精准对接西安文化企业发展需求，积极招引相关文化产业项目；结合文化资源及产业实际谋划项目，招引、委托西安优秀文化企业运营，着力谋划文化新业态项目。

（四）加强创新，持续推进文化新业态繁荣发展

文化新业态的本质是文化产业，核心是文化内容，利用数字科技实现创意创新是其基本表现形态与必要手段。与传统文化业态相比，文化新业态更加突出创新。文化新业态延长产业链、拓展价值链，扩大规模、提质增效、繁荣发展，创新是必由之路。

一是立足丰富的文化资源创新。有计划、有步骤地对陕西省在国内外具有巨大影响力的文化资源进行艺术加工，形成源源不断的数字文化产品，使其走进人们日常生活，不断实现艺术生活化、生活艺术化。不断创新文化产品表达形态，开拓文化空间和视域，打造系列 VR 主题公园、VR 文博展览和 AR 场景。不断突出数字文化产品场景特色化、演艺审美化，强化思维创意化、内容 IP 化，基于文化艺术创作，充分挖掘 IP 含量丰富的文化新业态产品与服务，大力延伸供应链、产业链，培育和创建一批文化新业态示范项目。二是加强数字科技赋能创新。强化文化科技企业的创新主体地位，持续激发创新活力，重点攻关文化和科技深度融合发展的关键共性技术，运用数字技术进一步推动文化新业态全链条创新。引导支持 5G、交互式虚拟现实等数字技术在文化领域广泛融合应用，培育壮大云旅游、云直播、云娱乐等

消费新形态，着力发展云演艺、数字艺术、网络视听、沉浸式体验等文化新业态。三是大力实施"文化+""互联网+"发展战略，融合创新。促进各类文化新业态要素融合和行业互融，多措并举增强融合发展的内生动力。加强线上线下融合创新发展，不断塑造新场景、新业态，创新发展模式，积极构建陕西省层次丰富、产业链完整、体系健全的文化新业态体系，力争实现跨越式发展。

（五）加强协同促进，不断做大做强陕西文化新业态

文化新业态发展属于系统工程，需要通过科学的体制机制加强协同，实现资源互补、要素共同促进。结合陕西省现状来看，当前协同促进文化新业态发展的重点是健全优化相应体制机制，通过各种平台将协同各方紧密联系起来，加强相互交流与合作。

一是优化陕西省文化体制机制改革与文化产业发展领导小组和陕西省万亿级文旅产业集群高质量发展工作领导小组，增补相关成员单位，使其更好发挥作用。借鉴其他省份经验，成立陕西省文化大数据有限公司，成为重要的协同主体，大力促进文化数据要素市场流通，把全省文化数据采集、加工、挖掘与数据服务纳入经常性工作，推动不同层级、不同平台、不同主体之间文化数据分享，加快市场化和产业化步伐。二是支持和鼓励更多文化企业、高校、科研院所全方位、多形式、广领域、高水平参与国内外文化科技交流与合作。通过政策引导，让高校、文化企业、公共文化机构、科研院所等协同主体突破原有界限、壁垒，促进相关要素流动，大力发展文化新业态。加强专业高校与文化企业的联系合作，推动专业设置、人才培养与市场需求紧密对接，必要时可打破学科目录，灵活设置课程，深度"产教融合"，为陕西省文化新业态培养急需人才。三是充分发挥秦创原、陕西省文化产业协会等平台作用，使其成为协同促进的重要纽带和桥梁，深度对接政策、文化创意、人才、技术、资本、资金等资源要素，促进文化新业态项目孵化成长。充分发挥文化企业无形资产评估机构、担保机构等中介作用，鼓励金融机构以知识产权质押、应收账款质押、收益权质押、融资租赁售后回

租等创新融资工具优先支持文化新业态发展，着力解决轻资产文化企业融资难问题。四是建立健全知识产权、安全保障等政策法规体系，加强文化数据要素市场交易监管和知识产权保护，形成跨地区、跨部门、跨层级协同治理和跨行业主管、审判、执法等部门的涉知识产权案件的协作机制，加大侵权行为打击力度，为文化新业态品牌创建、精品创作和高质量发展保驾护航。五是运用法律、行政等手段加强保障协同各方的合法权益，注重各方利益协同，强调协同各方密切互动，增强协同创新活力，提升协同的科学性和有效性。建立和完善协同各方的风险共担机制和利益补偿机制，注重良性运转。完善协同促进文化新业态的财政和税收扶持机制，鼓励引导全社会对文化新业态协同发展的投入。构建以共性关键技术研发为手段、以知识产权利益分享为纽带、以文化新业态创新成果有效转化应用为目的的产学研金各方协同发展。

B.14
文旅融合背景下陕西影视拍摄基地发展研究[*]

杨艳伶[**]

摘　要：　影视与文旅双向赋能为陕西影视及文旅产业发展提供了更多机遇，也让影视基地逐渐走上了特色化、主题化发展道路。本报告从系统梳理陕西影视拍摄基地发展现状入手，对陕西影视拍摄基地面临的困难与挑战进行分析，进而从加强顶层设计与指导、完善产业链服务链、推动与文旅产业深度融合、促进跨区域联动协作、加大科技创新投入力度等维度提出了推动陕西影视拍摄基地高质量发展的方法及路径。

关键词：　文旅融合　影视拍摄基地　外景地　产业集群　全域旅游　陕西

改编自马伯庸同名小说的古装悬疑剧《长安十二时辰》于 2019 年 6 月开播，以该影视 IP 为核心的全国首个沉浸式唐风市井生活体验街区于 2022 年 4 月 30 日正式对外开放，电视剧 IP 和以唐风市井文化内容为主的新型文旅主题空间成为影视 IP 赋能城市文旅商体融合发展的有益实践。"长安十二时辰"无疑是影视"IP"向文旅"爆款"转换的成功范例，一座城成就一部剧、一部剧带火一座城的案例并不少见，其核心是实现了城市文化底蕴与影视作品内容的双向奔赴与成就。影视 IP"能够引起游客的同源情感，通过移情作用与共感作用将对影视剧中人物形象、故事情节等的感情带入影视

---

　　*　本文系陕西省电影局"陕西省电影评论与理论研究项目"研究成果。
　**　杨艳伶，博士，陕西省社会科学院文化与历史研究所副研究员，陕西电影产业发展研究基地主任，主要研究方向为影视产业、少数民族文学、地域文化。

基地中，从而对景区产生好感"①，影视拍摄基地兼具文化展示与文化体验双重特性，深入发掘历史、自然及人文景观优势资源，以影视拍摄基地带动文旅产业提质升级，推进"影视+文旅"协同发展和深度融合，继而促进交通、餐饮、住宿、服装、文创等相关行业的繁荣已成为各地共识。

2022 年 2 月，国家电影局、国家发展改革委等六部门联合印发的《关于促进影视基地规范健康发展的意见》指出，影视基地是"采取市场化、企业化方式建设运营，实行封闭或半封闭管理，以人工实景、摄影棚等为主要内容，拥有音视频编辑机房、器材装置库等设施设备，为电影、电视剧、网络电影、网络剧等提供拍摄、制作等专业化服务的园区"②。影视基地建设是提高影视制作水准、完善影视工业化体系、提升影视产业发展水平的必然要求，"依托于影视基地拍摄制作的大型影视剧一直是全球影视产品的主要构成。影视基地的发展水平直接影响所产出影视剧的质量"③。1987 年，为拍摄《唐明皇》、《三国演义》以及《水浒传》，中国中央电视台用"以戏带建"方针在无锡市滨湖区建立了中央电视台无锡影视基地，这是国内首家影视与旅游相结合的主题园，也是国家首批 5A 级旅游景区，标志着我国影视基地真正诞生，同时也标志着我国影视旅游业的开始。在各种扶持激励政策的驱动下，影视城、影视基地和影视主题公园等如雨后春笋般争相涌现。这些影视基地中，既有浙江横店影视城、宁夏镇北堡西部影视城、中国（怀柔）影视基地（又称"中国影都"）、上海影视乐园（又名"车墩影视基地"）、象山影视城等产业集聚度比较高的影视基地，以及中影数字基地、青岛东方影都、无锡国家数字电影产业园等聚焦数字影视制作的电影产业园，也有不少"造血"能力差、竞争力不足、风险防范能力低的电影基地。如何强化优势、补齐短板是全国各地也是陕西影视拍摄基地亟须解决的重要命题。

---

① 李佳颖：《文旅融合背景下影视基地发展管理策略》，《中国电影报》2024 年 8 月 7 日。
② 《国家电影局等印发〈关于促进影视基地规范健康发展的意见〉的通知》，中国文明网，http：//www. wenming. cn/qwfb/202203/t20220302_ 6305607. shtml。
③ 支菲娜、武建勋：《中国影视基地（园区）发展的行业摸底与路径前瞻》，《当代电影》2023 年第 6 期。

一 陕西影视拍摄基地发展现状

陕西是众所周知的文化大省、旅游大省,中共陕西省委宣传部、陕西省文化和旅游厅于 2022 年 8 月印发《陕西省打造万亿级文化旅游产业实施意见(2021~2025 年)》(陕文旅发〔2022〕64 号),陕西省人民政府办公厅于 2023 年 12 月印发《陕西省关于加快文旅产业发展的若干措施》(陕政办发〔2023〕29 号),推进"文旅+""+文旅"融合发展都是其中的重要任务,影视与文旅的双向赋能为陕西影视及文旅发展提供了更多机遇,也让影视基地逐渐走上了特色化、主题化发展道路。

(一)重视类型特色,不断扩大覆盖范围

依据《陕西省影视拍摄基地认定办法(试行)》(陕影发〔2020〕2 号),经过规范严格的遴选认定程序,特色鲜明、类型多样、前景可期的 12 家影视拍摄基地成为省级影视拍摄基地(见表 1)。第九届丝绸之路国际电影节期间推介的"陕西十大电影外景地"、第十一届丝绸之路国际电影节期间推介的圣地河谷·金延安等,更是从"影视+文旅"视角出发,对陕西知名景区与影视拍摄之间合作及互动空间进行了深入探索(见表 2)。另外,陕西省网络影视产业基地授牌启动仪式于 2023 年 1 月 12 日在西安浐灞生态区举行,该基地落户于沣东文化商务区,为陕西省首家省级网络影视产业基地,也是推动陕西网络影视产业专业化、规模化、集约化发展的全新尝试。

表 1　陕西 12 家省级影视拍摄基地基本情况

名称	地址	成立时间	认定时间	取景拍摄或出品的重要影视作品
西咸新区秦汉新城影视拍摄基地	西安秦汉新城	2016 年 9 月	2020 年 7 月 16 日	电视剧《兰桐花开》,电影《长安道》,纪录片《从秦始皇到汉武帝》《帝陵》,城市微电影《爱上一座城》

续表

名称	地址	成立时间	认定时间	取景拍摄或出品的重要影视作品
延川全域影视基地	延安市延川县	2019 年	2021 年 12 月 1 日	电视剧《建国大业》《信仰》《我们的队伍向太阳》《啊,摇篮》《光荣与梦想》《西北岁月》,电影《高楼万丈平地起》《贞胜者也》《巧儿》《给嫦娥的一封信》,纪录片《美术里的中国》《国家记忆》
白鹿原影视城	西安市蓝田县	2016 年 7 月	2023 年 1 月 2 日	电视剧《白鹿原》《兵出潼关》《装台》,电影《百鸟朝凤》《柳青》
电影圈子·西影电影产业集聚区	西安市雁塔区西影路	2018 年 10 月	2023 年 1 月 2 日	电影《小毛今年四十五》,纪录片《灯火里的中国》《千年陕菜》
西安奥体中心	西安市灞桥区	2020 年 11 月	2023 年 11 月 27 日	—
宝鸡长乐塬抗战工业遗址	宝鸡市金台区	2020 年 11 月（一期开园）	2023 年 11 月 27 日	电视剧《沸腾人生》,网络电影《天虎突击队》,纪录片《廉鉴》（第五集）、《斯诺·未竟之路》（中美联合）
商洛市洛南音乐小镇	商洛市洛南县	2017 年 1 月	2023 年 11 月 27 日	电视剧《日头日头照着我》《花溪往事》,电影《远山花开》,花鼓戏曲电影《带灯》,网络微电影《被毒品吞噬的母爱》
西安市新城区全域影视基地	西安市新城区	2021 年	2024 年 9 月 24 日	《跑男》《爸爸去哪儿》《好样的!国货》等综艺节目在此录制,电视剧《高兴》开拍
咸阳市聚梦·悠咕数字影视拍摄基地	咸阳市高新技术开发区	2022 年	2024 年 9 月 24 日	入驻影视企业参与拍摄《摩登澡堂》《爱无所依》等 11 部电影
汉中市青木川古镇影视拍摄基地	汉中市宁强县	2012 年	2024 年 9 月 24 日	电视剧《一代枭雄》《落泪成金》,电影《青木川传奇》《秦巴之恋》《风过菜花黄》《云朵上的绣娘》《葬风雪》
安康市全域影视拍摄基地	安康市汉滨区一江两岸、石泉县	2020 年 6 月	2024 年 9 月 24 日	电视剧《白色城堡》,纪录片《天坑秘境》《玄妙鬼谷岭》《中国影像方志》《国宝档案——子午古道上的鎏金铜蚕》
榆林市清涧县人生影视城拍摄基地	榆林市清涧县	2022 年	2024 年 9 月 24 日	电视剧《人生之路》,电影《小小的少年》《远方》

表 2　丝绸之路国际电影节推介的陕西电影外景地基本情况

名称	地点	景区特色
张裕瑞那城堡酒庄	西咸新区秦汉新城	集葡萄种植、葡萄酒生产、旅游观光、餐饮会议等功能于一体的综合性葡萄酒主题庄园，国家 AAAA 级旅游景区、全国休闲农业与乡村旅游示范点、国家首批工业旅游创新单位
西安城墙景区	西安市中心区	中国现存规模最大、保存最完整的古代城垣，第一批全国重点文物保护单位、国家 AAAA 级旅游景区
大唐不夜城景区	西安市曲江新区	以盛唐文化为背景，以唐文化和夜游文化为主线，以体验消费为特征，国家 AAAAA 级旅游景区
华清宫景区	西安市临潼区	中国四大皇家园林之一，景区内集中着唐御汤遗址博物馆、西安事变旧址——五间厅、九龙湖与芙蓉湖景区、唐梨园遗址博物馆、庆山寺珍宝馆等标志性建筑群，国家首批 AAAAA 级旅游景区、第一批国家级风景名胜区、全国重点文物保护单位
诸葛古镇景区	汉中市勉县	以武侯祠、马超墓、诸葛古镇、《出师表》实景演出、青舍精品客栈、诸葛水城、360 极限飞球、欢乐世界游乐场等八大板块组成的集文化体验、休闲度假以及休闲娱乐于一体的体验型主题类古镇
兴汉胜境景区	汉中市汉台区	以汉中享誉世界的汉文化遗存以及优良的山水生态为依托，按照国家 5A 级景区标准建设的以汉文化为核心的景区
圣地河谷·金延安	延安市宝塔区	以延安记忆为主题，以延安城市发展的历史文化为脉络，恢复重建历史上的老延安主要建筑，南街以 20 世纪 30 年代"陕甘宁边区"的老延安街景为基础，镜像复原安澜门、新华书店、天主教堂等文化建筑；北街以"最宋意街区、最边塞小镇"为主题，再现千年延州的历史场景

注：已被认定为省级影视拍摄基地的 4 家除外。

（二）整合各类资源，持续推进全域化发展

2017 年 6 月，国家旅游局印发的《全域旅游示范区创建工作导则》对"全域旅游"作出明确界定，即"将一定区域作为完整旅游目的地，以旅游业为优势产业，进行统一规划布局、公共服务优化、综合统筹管理、整体营

销推广，促进旅游业从单一景点景区建设管理向综合目的地服务转变，从门票经济向产业经济转变，从粗放低效方式向精细高效方式转变，从封闭的旅游自循环向开放的'旅游+'转变，从企业单打独享向社会共建共享转变，从围墙内民团式治安管理向全面依法治理转变，从部门行为向党政统筹推进转变，努力实现旅游业现代化、集约化、品质化、国际化，最大限度满足大众旅游时代人民群众消费需求的发展新模式"。① 全域旅游可以实现区域资源的有机整合，能够带动和促进经济社会协调发展，自然也为影视拍摄基地建设提供了全新的发展理念与模式，全域化发展成为陕西影视拍摄基地统筹相关产业、提升竞争力的重要选择。

作为全省第二个省级影视基地的延川全域影视基地，依托其独特的"古镇古寨古村落"自然景观以及黄河文化、黄土风情文化资源，按照"整体保护、活化利用、以用促保、持续发展"原则，全力打造了以甄家湾村、马家湾村、碾畔村等古村落为主线的全域影视基地，主要包括甄家湾古村落影视基地、马家湾黄土文化影视基地、碾畔红色文化影视基地、文安驿古镇知青文化影视基地、黄河文化影视基地等五大板块，延川全域影视基地正在发展成为红色题材、西北题材影视剧的最佳取景地之一，有"红色剧的摇篮"之美誉。延川全域影视基地自建立以来，已先后吸引电视剧《建国大业》《信仰》《我们的队伍向太阳》《啊，摇篮》《光荣与梦想》《西北岁月》、电影《高楼万丈平地起》《贞胜者也》《巧儿》《给嫦娥的一封信》、纪录片《美术里的中国》《国家记忆》等30多个剧组到延川取景拍摄。

安康市拥有秀美的自然风光、悠久的历史文化和灿烂的民俗风情，已有2000多年历史的安康古城、石泉古城、一江两岸的古西城文化园、龙舟文化园、安澜楼等都为这里增添了别样的风情，这里有"中国硒谷""秦巴万宝山""中药材摇篮""天然生物基因库"等美誉，这里还是南水北调中线工程的核心水源区，将富集的文旅资源进行整合就成为安康影视产业取得长

---

① 《国家旅游局关于印发〈全域旅游示范区创建工作导则〉的通知》，中华人民共和国文化和旅游部网站，https://zwgk.mct.gov.cn/zfxxgkml/zykf/202012/t20201213_ 919347.html。

足进步的先决条件。安康文化投资发展有限公司运营管理的一江两岸取景地、石泉县影视拍摄基地致力于集聚安康境内优势资源形成竞争合力,汉滨区一江两岸取景地是医疗职场剧《白色城堡》的外景取景地,石泉县影视拍摄基地已累计接待剧组30多个,先后接待CCTV-10地理中国拍摄《天坑秘境》《玄妙鬼谷岭》《中国影像方志》、CCTV-4拍摄《国宝档案——子午古道上的鎏金铜蚕》、陕西一台探秘组拍摄《奇人鬼谷子传奇》,并与陕旅影视达成拍摄电影《鎏金铜蚕》(暂定名)战略合作协议等。

西安市新城区全域影视基地依托新城区丰厚的文化积淀和得天独厚的街景街貌等资源优势,由新城区委宣传部整合全区拍摄场地、创作者以及辖区内西安市头部影视拍摄制作企业等影视行业相关资源,由西安幸福路地区城市发展有限公司和新城区影视基地服务中心共同管理,以影视剧、网络剧、短视频、微短剧等内容制作、分发传播、用户服务、技术支撑、运营管理等为主要发展方向,以全国最大的城市林带工程幸福林带为主阵地,以分时、租赁、共享、共管发展模式逐步将影视基地范围扩充至全区,现在已经筛选确定的有解放门街道辖区坤中巷喵街区、永兴坊陕西非遗文化特色街区、易俗社文化街区(东邦哥)、老钢厂设计创意产业园、巢场影视拍摄基地、民乐园文化街区、西安益田假日购物中心等7个点位。

(三)提升服务水平,逐步实施标准化管理

延川全域影视基地坚持以优化行政服务、优化市场服务的"双优化"服务为抓手,着力打造"延川影视基地服务品牌",持续建强影视产业阵地,成立了统一运营管理全县影视拍摄资源以及吃、住、行、协拍管理、演员经纪等业务的延川县全域影视基地管理服务有限公司,并对影视基地、收费标准、协拍服务、餐饮住宿、群众演员等方面的管理制度进行全面规范,制定了《延川县影视基地和协拍服务管理办法》,建立了"延川县影视选景库"和"群众演员数据库",将全县影视取景地、107名专业演职人员、963名影视表演爱好者全部登记备案、统筹管理。来延川拍摄的剧组在延川县委宣传部备案后,由延川县文产中心牵头,延川县全域影视基地管理服务有限

公司具体负责，县公安局、市场监管局、文旅局、文旅集团以及各镇街配合，协助剧组吃住行和选景调度工作，调动一切力量确保剧组在延川县拍得省心、拍得放心、拍得安心。

为了给来陕拍摄剧组等机构提供一站式优质、高效、专业化拍摄协调服务，西安市新城区全域影视基地以《新城区影视文化产业发展扶持办法（草案）》《西安市新城区全域影视基地剧组合作管理办法》《西安市新城区影视基地（拍摄点）服务管理办法（试行）》等作为支撑，《新城区影视文化产业发展扶持办法（草案）》对经营贡献奖励、贷款贴息扶持、剧组拍摄补助、影视配套服务奖励、优秀影视作品奖、产业基地和文化出口奖励、鼓励影视专业人才引进等作出明确规定，为在新城区内登记注册的影视企业、产生一定影响的优秀影视作品和影视产品"走出去"以及高层次影视人才引进等提供实实在在的激励与扶持。

（四）创新思路方法，探索"影视+"多业态发展模式

重视影视与其他业态深度融合，向旅游、演艺、民宿、文创等产业延伸与拓展是影视拍摄基地适应行业深度发展的必然选择，也是陕西影视拍摄基地走向多元化、规模化的内在要求。"影视+旅游"是白鹿原影视城建立之初就已确立的发展方向，文化演艺现已发展成为该影视基地的品牌项目，"文化+影视+演艺+观光+娱乐"的多业态融合发展思路使其受到了广泛关注与好评。景区开园至今，已累计接待游客约 1692.75 万人次，综合旅游收入约 7.2 亿元，从 2012 年 9 月对小说《白鹿原》中重要场景进行复原并作为影视剧外景拍摄基地以来，共拍摄了 200 余部影视作品，大型影视作品就有 20 多部。大型特技特效实景演出《二虎守长安》、沉浸式"拍演放"一体化大型室内演出《黑娃演义》、全国首个全沉浸梦幻山谷光影秀《夜谭·白鹿原》等十余台精品演艺项目是演艺与影视融合的成功探索，园区内还有高端民宿酒店和拓展基地，可提供床位约 200 张，既能为剧组提供住宿，也能为文化旅游、"探索影视奥秘"等主题研学活动提供便利，"中央芭蕾舞团"演出季、"国际纪录电影展映季"、"关中民俗文化节"、"国际金腰

带拳王争霸赛"、"星光派对音乐季"等大型活动的举办都有效提升了白鹿原影视城的知名度。

2018年10月落成的西影电影园区是对西影60年电影文化积淀和品牌资源的全面盘活与呈现,是"电影生活化、生活电影化"以及"电影IP+"的具象化体现,是集合了西影大厦、西影电影艺术体验中心、胶片电影工业馆、西影艺术档案馆、西影生活美学馆、电影主题酒店、西影TIME电影艺术商业综合体等多种功能业态的产业聚集区,将影视创作生产与影视文化旅游、文化艺术体验、特色品牌商业等跨界融合,为西影集团的转型发展开辟了巨大的市场空间。已有不少剧组到电影圈子·西影电影产业集聚区取景拍摄,如央视综艺频道纪录片《灯火里的中国》、西影视频与秦汉影视共同出品的纪录片《千年陕菜》、电影《小毛今年四十五》、短剧《神豪下终南》《幽冥神王》《镇世东皇》《橙红年代》、短片《让文学托着电影走向世界》《十大著作权人》《怀念何平》等。

二 陕西影视拍摄基地面临的困难与挑战

随着现代科技的高速发展,再加上AR(增强现实技术)、VR(虚拟现实技术)、AI(人工智能)、3D打印等新技术的加持与运用,文旅融合呈现更加注重创意、体验等特征,影视基地发展运营自然要主动适应和重视这些新变。一部影视剧可以在短时间内带火一个地方或者一个影视拍摄基地,"影视IP的确能够引发影视基地的'旅游热',但若仅停留于打卡影视剧中的拍摄地、拍摄场景等层面,将难以形成长尾效应"[1],"流量"变"留量"且能持续"出圈"考验的是这个地方以及影视基地的人文风情、周边环境、配套服务、设施建设、宣传营销等形成的综合吸引力。对标影视与文旅融合相关要素,陕西影视拍摄基地还存在以下亟须解决的困境与难题。

---

[1] 李佳颖:《文旅融合背景下影视基地发展管理策略》,《中国电影报》2024年8月7日。

（一）场景内容仍显单一，同质化现象依然比较突出

除 12 家省级影视拍摄基地外，拥有一定拍摄基础且接待过剧组的拍摄基地还有不少，但一些拍摄地只能提供单一的自然风光、历史建筑等景区资源或部分人造景观，尚无完善配套设施，只能算作取景地或拍摄地，单纯的打卡拍照或者只是为短视频等的拍摄提供服务并不能使其与真正的影视拍摄基地之间画上等号。陕北部分影视基地存在重复建设和同质化现象，窑洞、传统院落等是陕北地域文化的重要特征，但点状分布、特色相近且缺乏合作的影视基地之间势必会出现同质化竞争，更不利于差异化发展战略的顺利实施。

（二）部分影视基地定位不够清晰，文化吸引力和感召力仍需提升

文旅融合背景下的影视基地能够产生文化感召力和吸引力并脱颖而出的前提必定是独特性和优质性，能够在影视基地建设热潮中站稳脚跟的一定是那些定位准确、特色鲜明且能够为剧组和游客提供优质服务及体验的影视拍摄基地。汉中、商洛和安康的影视基地大多有秀美壮丽的自然景观作为基础，康养旅游、休闲观光等就应该成为这些地方影视基地的品牌特色和核心竞争力，也应该是它们能够提供给剧组的核心资源，不少影视基地却没有真正展现出对影视剧组以及热爱康养人群的强大吸引力。西安奥体中心以体育赛事、全民健身、文娱演出等作为主要运营内容，作为体育文化综合体的赛后运营做得比较成功，但作为省级影视拍摄基地的功能没有完全发挥出来，奥体中心一场两馆、灞河岸线、奥体中轴公园、"长安云"、"长安乐"、"长安书院"等优质周边配套都还没有成为剧组勘景取景的重要点位，对影视产业的贡献率不高。

（三）影视产业链不健全不完善，上下游配套衔接亟须优化加强

提供拍摄场景、场地是影视拍摄基地的重要功能但不是唯一功能，无论是美国好莱坞还是浙江横店，完善的产业链、完备的配套要素是其让剧组能

够"裸组进驻，成片离开""拿着创意进来，拿着钱出去"的底气与保证，"拍摄、制作等相关要素配套齐备是其成熟的重要标志之一"①，置景道具、群演服务、服饰制作、器材租赁、车辆租赁、餐饮住宿等所有环节都应该衔接畅通、协调联动，才能够为剧组节省时间、压缩成本，也才能够为影视拍摄基地带来更多发展机遇。陕西影视拍摄基地影视产业链不完善是必须正视并应尽快解决的重要问题之一，比如，圣地河谷金延安文化产业园区能够提供民国时期和北宋时期风格服装的租赁，有文化院落民宿集群和大型餐厅，但无法提供道具出租、车辆租赁以及群演服务等；神木市栏杆堡镇神隐村影视文化基地无法提供群演服务；薛家寨革命旧址无法提供器材租赁，也无法提供到位的群演服务；佳县木头峪古镇影视基地无法提供器材租赁，餐饮住宿接待能力比较薄弱；蔡家坡国际艺术村落无法提供器材租赁、群演服务和车辆租赁；兵马俑国际旅游广场无法提供器材租赁和群演服务；诸葛古镇同样无法提供群演服务，车辆租赁业务基础薄弱。

（四）科技赋能水平不足，整合发展成效不佳

以新基建、5G+应用场景等为核心的高新技术的广泛运用是影视拍摄基地未来发展的必然趋势，"及时有效地跟进高新技术发展是中国影视基地达到全球领先水平的首要任务"②。陕西影视拍摄基地整体科技赋能水平不足，除西影、咸阳市聚梦·悠咕数字影视拍摄基地等少数拥有摄影棚或数字影棚的影视基地外，大多没有摄影棚或者没有搭建摄影棚的能力，影视拍摄制作场景的优化升级、摄制流程的标准化数据化工业化都是陕西影视拍摄基地需要正视并下大力气解决的问题。另外，延川全域影视基地、西安市新城区全域影视基地和安康市全域影视拍摄基地整合发展成效明显，但有部分影视基地因类型接近、功能相似、单兵作战、统筹管理不足而缺乏持续竞争力，还因为没有统一的运营管理思路或章

---

① 康婕：《浅析中国影视基地的升级与转型》，《电影新作》2018年第2期。
② 支菲娜、武建勋：《中国影视基地（园区）发展的行业摸底与路径前瞻》，《当代电影》2023年第6期。

程，剧组拍摄相关事宜的对接沟通也会受到一定影响，甚至会出现乱收费或与周边居民发生冲突的现象。

三 陕西影视拍摄基地高质量发展路径分析

在影视行业与短视频、微短剧、网络直播等狭路相逢的当下，影视基地更要在激烈竞争中找寻到创新破局之路。针对所存在的问题或不足，陕西影视拍摄基地应该从加强顶层设计与指导、完善产业链服务链、推动与文旅产业深度融合、促进跨区域联动协作、加大科技创新投入力度等方面精准发力，从而实现全面跃升与高质量发展。

（一）加强顶层设计与指导

《陕西省影视拍摄基地认定办法（试行）》是对省级影视拍摄基地申报认定的一个总括性办法，提出了总体要求，有些方面还有待于进一步细化。西影电影园区制定的《摄影棚管理办法》《西影电影园区公共空间活动管理办法》《园区重大活动管理办法（试行）》《园区空间管理巡查规范》《大型活动保障服务规范》、延川全域影视基地的《延川县影视基地和协拍服务管理办法》、西安市新城区全域影视基地的《西安市新城区全域影视基地剧组合作管理办法》《新城区影视文化产业发展扶持办法》《西安市新城区影视基地（拍摄点）服务管理办法（试行）》中对全省影视基地具有参考价值的内容都可以吸收进管理办法或指导意见里。

进一步发挥陕西省影视摄制服务中心在优化陕西电影产业发展营商环境、整合全省影视资源并免费提供影视摄制服务等方面的重要作用，支持其加大与全国影视摄制单位以及省内影视拍摄基地的交流互动，为来陕剧组免费提供景地、人员器材、后期制作等咨询服务和法律仲裁服务，不断扩充影视摄制资源单位覆盖范围。尽快推动省域影视拍摄基地系统和陕西电影综合数据库建设，搭建展示全省所有影视拍摄资源、外景地和旅游景地的共享平台。全力支持延川全域影视基地等省级影视基地申报"全国影视指定拍摄景地"牌子，助力更多影视拍摄基地加入中国广播电视社会组织联合会电视制片委员会团体会员拍摄景地，让更多陕西元素出现在各类影视剧中。

（二）进一步推动影视基地与文旅产业深度融合

影视基地若想保持对游客的长久吸引力，首先，应坚持从"景点"跨"全域"的"影视+文旅"全域全景发展思路，在充分开发利用自身区域环境优势和文化特色优势的前提下，调动起所有文旅资源形成品牌效应。清涧县人生影视城是电视剧《人生之路》的主要取景地，这个因路遥《人生》以及相关影视作品受到关注的影视拍摄基地在聚焦经典、突出爆点、深挖本土文化特色以及激活文旅产业新动能等方面做出了令人欣喜的成绩，用点、线、演、动、秀串联一街四巷三主题、一铺一味一故事、一步一景一记忆，打造融入陕北文化+《人生·路遥》剧情展演+休闲+特色美食+交互体验+影视研学+IP文创的沉浸式主题文化街区，每周推出形式不同的文艺演出2~3场，不断以新亮点、新创意保持影视城热度和关注度，让一条街带火一座城，也为全省影视拍摄基地树立了以文塑旅、以旅彰文的典范。其次，以专业的管理运营团队、科学的管理运行机制提升影视拍摄基地的管理效率和服务质量，在充分考虑景区知名度迅速提升对周边居民权益需求影响和土地环境承载能力的基础上，以不断完善的基础设施建设和持续增加的就业岗位为当地居民带来实实在在的便利与实惠，进而在居民的支持下深入挖掘本地文化内涵，以影视和文旅产业的协同发展助力乡村振兴。最后，重视个性化、体验化、多元化、互动化旅游场景、体验空间和文旅产品的营造及开发，为游客提供优质高效的旅游体验与服务。

（三）完善产业链服务链，提高影视拍摄基地核心竞争力

健全完善的产业链服务链是延长影视基地生命周期、提升核心竞争力的内在要求，"新时期影视基地自身核心竞争力在本质上主要指的是在其经营和发展过程中，明显优于竞争对手的核心资源及能力，不仅具有良好的优质

性、整合性、独特性，同时还具有动态性及延展性"①，具有优质性、整合性和独特性的前提是科学合理布局、文化特质突出以及差异化竞争格局的形成，动态性和延展性的保持则需要不断拓展的空间和持续延伸的产业链，即不仅要有选景调度、服化道租赁、车辆租赁、群演服务、餐饮住宿等前期服务，还要有对后期制作、影视宣传、影视旅游、版权交易、文创产品研发等后期服务及产业的多维保障及扩展，以闭环模式建构起影视剧组与影视基地之间无障碍沟通合作机制，让来陕拍摄的剧组心无旁骛地完成摄制工作。产业链有欠缺的影视拍摄基地在今后的发展中尤其要注意补齐短板，不盲目跟风，不一味地扩大规模，一定要着眼于配套服务的持续改进及优化，走小而精、精而优、优而强的特色化发展道路。

（四）促进跨区域联动协作，构建高附加值影视产业集聚区

陕西省内影视拍摄基地在打破区域壁垒加强沟通合作的同时，还应该积极加入影视外景地全国联盟，不断提高管理和服务的标准化程度，尽快形成符合行业发展规律、具有行业共识的管理标准、服务标准、统计标准及监管评估标准等。以宏阔开放的视野推动影视基地的高品质建设，"科学建设影视基地，要有工业化、流程化的发展意识，按照电影工业标准流程打造基地产品"②，整合集聚上下游资源建设产业链配套齐全、名片效应明显的影视产业集聚区，吸引更多的影视制作企业、影视工业周边企业、文化创意类企业、创业机构等入驻，并为其提供一流的软硬件设施。

（五）加快数实融合步伐，加大科技创新投入力度

标准化、工业化、流程化、数字化是影视产业发展的主流方向，高科技影棚以及虚拟摄制技术的运用不但可以解决剧组跨区域转场以及受制于季节变换的诸多麻烦，能够为剧组最大限度地节省开支，还使影视拍摄对传统影

---

① 赵倩：《新时期影视基地发展中如何增强自身核心竞争力》，《西部广播电视》2017年第9期。

② 康婕：《浅析中国影视基地的升级与转型》，《电影新作》2018年第2期。

视拍摄基地的依赖度和黏合度逐渐减弱，影视基地的发展思路、运营模式以及管理模式都要适时做出改变与调整。第十一届丝绸之路国际电影节期间，西安市制定《西安市培育打造 XR 产业链工作实施方案》，西安 XR 电影产业基地也正式落户西影，标志着西安市、西影集团率先走上了以 XR 电影打通虚拟与现实自由切换通道、推动中国电影转型升级的发展之路，这样前沿的发展理念为全省影视拍摄基地的创新发展提供了启示。第十一届丝绸之路国际电影节期间正式授牌的省级影视基地——咸阳市聚梦·悠咕数字影视拍摄基地以秦创原驱动平台为支撑，有录音棚、绿幕演播室、实景访谈区等室内设施，还有创业街区以及可自由搭景的厂房等，具备了"实景+数字"综合服务平台的雏形，今后发展中应该持续重视虚拟摄影棚的建设及升级、高精尖影视人才的储备与引进、虚拟拍摄制作技术的运用和推广等。其他主要提供实景的传统影视基地也要紧跟数字科技前进步伐，"不断以数字化手段赋能产业创新发展和服务体验升级"[①]，将数字产业链的布局、虚拟拍摄系统的建立作为发展目标之一，全面激活影视拍摄基地和"天上一朵云、空中一张网、地上全场景"的数字影棚的综合活力，让实景拍摄和虚拟拍摄互为补充、相得益彰。

---

① 刘权：《产业数字化：以数字技术加速产业转型增长》，人民邮电出版社，2022，第3页。

B.15
陕西汉服产业研究报告

联合课题组*

摘　要： 本报告围绕全国和陕西汉服产业发展的基本现状、主要短板进行了实地调研，指出陕西汉服产业目前存在设计研发资源有待激活、生产制造环节薄弱、极端低价模式引发行业乱象、妆造体验品质参差不齐等主要问题，并提出若干加速推动汉服产业发展的对策建议。着眼未来，陕西应高水平开展汉服全产业链建设、汉服经济提质扩容、企业分类培育和治理、汉服日常化建设、汉服消费场景建设、汉服消费品质提升六大专项行动，高标准、高品质推动汉服产业迈上新台阶。

关键词： 传统文化　汉服产业　陕西

汉服以其独特的文化底蕴和审美价值，深受消费者喜爱，逐渐成为传统文化与现代生活融合的新风尚。汉服产业作为国潮文化的代表性领域，涵盖了服饰设计、生产制造、销售流通、文化活动策划及传播等多个产业业态，近年来展现出广阔的市场前景。为全面摸清陕西省汉服产业的发展现状，长安大学和陕西省文化和旅游厅组成联合课题组开展了专项调研，通过实地考

---

　* 长安大学课题组：金栋昌（组长），长安大学教授、博士生导师，主要研究方向为文旅融合与公共文化服务、非物质文化遗产；陈怀平，长安大学教授、博士生导师，主要研究方向为文化产业；刘天宇，西安科技大学博士研究生、长安大学讲师；王静宜，长安大学讲师；刘洁明、耿露、张玲、宋学慧、朱文凯、李志锋、陈少阳、李淇淇，长安大学硕士研究生。陕西省文化和旅游厅课题组：李晓岗（组长），陕西省文化和旅游厅产业发展处处长；吴三宏（副组长），陕西省文化和旅游厅产业发展处二级调研员。

察、企业访谈、座谈交流等多种方式，系统梳理了全国和陕西省汉服产业链各环节各要素的发展情况，形成了本报告。

一 陕西汉服产业发展基本现状

在传统文化时尚化和流行化浪潮下，国潮经济方兴未艾，汉服产业是其中的代表。汉服产业在2015~2023年，市场规模实现近80倍增长，从1.9亿元增至144.7亿元，综合产值不断增加。[①] 随着汉服消费市场热度持续攀升，陕西省在汉服产业市场规模、业态分布、妆造体验、带动效应、空间集群、文旅场景等方面具备独特优势，产业发展成绩斐然。

（一）汉服产业市场规模大幅增长

陕西汉服产业已成为全国汉服产业的重要力量。据文化陕西公众号2024年2月28日的数据，陕西拥有1529家汉服妆造体验类企业，占全国25%以上，位居榜首，其中西安以1404家领先全国其他城市。结合天眼查、艾媒咨询数据，2022年全省汉服及相关企业总数达2053家，同样居于全国领先地位。[②] 省内六成以上汉服企业成立于2023年。天眼查数据显示，2023年新成立企业达1320家，占全省门店总数的64%，近年来陕西省汉服市场主体呈井喷式增长，显示出陕西汉服产业强劲增长的态势，汉服相关企业增速明显。[③]

（二）汉服妆造体验在全国一枝独秀

1.汉服妆造体验为陕西省主流业态并一路领跑全国

汉服产业链在全国范围内分布呈现多元化态势，其中，陕西省在汉

---

① 艾媒咨询：《2024~2025年中国汉服产业现状及消费行为研究报告》，https：//www.163.com/dy/article/IKIGJATP0511A1Q1.html。

② 艾媒咨询：《2022年中国新汉服行业发展白皮书》，https：//www.idigital.com.cn/report/detail？id=4072。

③ 数据来自天眼查数据平台。

服产业链下游的集群发展尤为突出，妆造体验占比接近 80%。天眼查数据显示，陕西汉服企业广泛分布于制造业、批零业、租赁和商务服务业、科学研究和技术服务业以及文化、体育和娱乐业等领域，体现出陕西省在汉服产业链下游集群发展中的强劲势头。在陕西省汉服产业分布中，妆造体验主要分布在租赁服务业、文娱行业和居民服务三大领域。截至 2024 年 4 月，文娱行业中妆造门店以 686 家相关企业排行首位，占比高达 33.4%，与汉服相关的短剧、历史剧等影视剧以及自媒体行业发展迅速。

2. 汉服消费产业链不断扩圈扩容

陕西省汉服企业种类繁多，涵盖原创品牌与体验店，提供从购买到租赁、造型的全方位、全品类服务，满足消费者多样化需求。陕西省汉服核心产业链主要集中在妆造租赁以及摄影服务上，同时形成快递、培训、婚庆、电子商务等相对健全的周边产业链条，不仅具备以生产设计为代表的上游产业链，还拥有汉服饰品、汉服婚庆、汉服演出等延伸产业链，正逐渐向文创设计、展览展示、餐饮、住宿、休闲娱乐等汉服全业态发展，所能带来的新兴产业链都具备高附加值的特征。

3. 多层次汉服妆造体验市场势头强劲

陕西省汉服产业在租售和妆造体验环节高度集中，产业链下游市场主体占全省汉服企业总量的 85% 以上，特色优势极其明显。从汉服形制来看，陕西省拥有较为完整的形制风格，唐制的雍容、宋制的婉约、明制的华贵构成了汉服消费市场多样的风格体系。从要素市场来看，全省延伸出与汉服妆造体验市场直接相关要素包括妆造、走秀、摄影、培训、物流配送和洗衣服务等，在全省汉服产业中的地位日益凸显，汉服要素市场体系相对完备。从多层次服务类型来看，形成了以补妆散客为主的一站式服务、提供妆造和服装的单店式服务以及提供妆造、服装和跟拍一体化的"单店+网约"服务模式，其中，单店服务和"单店+网约"形式较多。

（三）汉服产业拉动效应显著提升

1. 线下体验和线上传播相结合成为汉服消费新模式

全省汉服产业的空间集群化明显，特别是汉服产业链下游的集群发展态势愈演愈烈，辐射带动效应显著增强。汉服妆造体验、摄影旅拍行业可谓欣欣向荣，独立摄影师、化妆师增多，从业者数量激增。汉服消费线上化、惠民化特征鲜明。同时，短视频、自媒体平台上汉服 KOL、模特、博主涌现，粉丝量庞大，视频浏览量高，对汉服产业产生巨大拉动效应。

2. "汉服热"带动传统文化消费持续火热

汉服产业的蓬勃发展也带动了传统文化消费的持续升温。具体来说，汉服消费服务方式升级，汉服租赁时长延长至 24 小时，异地归还等产业链延伸服务提升了消费的便捷性；非遗手工技艺在汉服首饰中广泛应用，助力汉服产业高品质发展；婚庆产业中，"长安汉嘉礼""闲庭絮汉婚工作室"等专注于传统礼仪传承与推广，举办多项文化活动，参与人数众多，社会反响大，越来越多的青年人选择汉婚形式，汉服的应用场景日趋多元，汉服产业彰显的传统文化热明显增强。

（四）汉服产业呈空间集群发展态势

1. 九成以上汉服企业分布在西安

全省汉服产业呈现空间集群发展态势，形成了以西安为绝对核心、周边各市（区）为辐射的全省汉服产业发展格局。其中，文化陕西公众号显示，截至 2024 年 2 月，西安有 1404 家汉服相关企业，位居全国第一，"是西安亦是长安""跨越千年的华夏衣冠之美""变装穿越"成为汉服文旅消费新热点，西安成为全国汉服体验消费的"领头羊"城市。此外，陕西省的汉中市、咸阳市也表现亮眼：汉中市拥有全省目前唯一的产业链齐全的汉服规上企业——卿如故汉服；咸阳市以秦文化为主体，相继开展了"老街百人秦汉古装巡游""古渡廊桥秦文化数字光影演艺空间"等汉服体验活动，展现了不俗的影响力。

2. 四大行政区聚集九成以上汉服企业

雁塔区、碑林区、莲湖区、新城区是汉服企业分布最为密集的区域，占西安市汉服商铺的近 90%，大雁塔南北广场、赛格商圈、钟楼商圈、西大街商圈等成为全国知名的汉服租赁集群。天眼查数据显示，截至 2024 年 4 月，雁塔区以 527 家汉服相关企业高居榜首，以大唐不夜城的壹洋堂和大雁塔北广场西侧为主要集聚地，内设有汉唐里国风汉服文化体验中心。碑林区以 455 家汉服相关企业紧随其后，以西大街的一洲商城和长安霓裳里文化街区为主要集聚地，形成了穿汉服、景区游玩、拍照打卡一体化沉浸式体验。莲湖区和新城区汉服产业发展也势头强劲，其汉服企业数量占全市汉服企业数量的 12%，西安汉服产业主流区域已经形成。

3. 三大专业化汉服产业集群正加速形成

西安成为链接汉服生产加工、销售服务、体验消费的重要集散地。华东万悦城的西北首个汉服交易中心实现服装批发聚集运营，依托传统服饰批发集群优势，正着力打造中国传统文化服饰、汉服业态、化妆品销售地 24 万平方米的汉服相关产业聚集区。一洲商城现已形成成熟的汉服租赁和妆造体验中心，截至 2024 年 5 月，汉服相关的商铺高达 100 多家，服装和妆造、跟拍服务形成一体化业态，以性价比高著称，并开设有商城到主要景区的公共交通。西安长安霓裳里印象文化街区提供"服饰+妆造+场景拍摄"一站式服务，在抖音平台发起的"西安汉服节"话题浏览量已超过 2000 万，街区内已入驻 200 多家汉服妆造店，周末常态化自主开展《昭君出塞》《霓裳华章》等演出及"选美大赛"等文化活动，真正实现了汉服产业在特定场所的集群化发展。

（五）汉服消费融入文旅场景

1. "穿着汉服游长安"的场景式旅游火爆出圈

在文旅融合趋势下，汉服文化空间场景取得了长足发展，"穿着汉服游长安"的场景式旅游火爆出圈。在文化和旅游部公布的 2022 年度文化和旅游最佳创新成果名单中，西安的"长安十二时辰+大唐不夜城"项目上榜，成为三大创新成果之一。① 从文化街区来看，长安十二时辰作为中国首个沉浸式唐风市井文化街区，自 2022 年 4 月 28 日开业以来，日均游客量 8000 人次，接待游客超 350 万人次，全网曝光量超过 102 亿，长期占据抖音、微博全国热榜 TOP1，为游客提供可消费、可旅游、可体验、可触摸的汉服文化场景，创造享誉全国的现象级文旅消费场景。昆明池七夕公园曾于 2018 年、2020 年、2021 年、2022 年被选址为央视七夕晚会拍摄地，汉服节目成为关注度最高的节目之一，并有诸多明星群体身着汉服参与录制，汉服体验街区成为重要的汉服消费场景。

2. 汉服消费旺季呈现全年化趋势

陕西省汉服妆造体验消费市场火爆，全年来看，只有 11 月、12 月、1 月三个月受季节影响相对处于旅游淡季，其余月份整体处于汉服消费旺季。调查显示，电商平台成为汉服线上消费的主流平台，数字平台驱动和赋能汉服消费成为重要趋势。从近一年的线上汉服消费趋势来看，汉服消费体验呈现全年化趋势，淡季不淡、旺季火爆成为全年汉服消费的特征。特别值得一提的是，寒暑假、重要节假日旅游市场的蓬勃发展，使线上汉服消费也与之呈现同频火爆之势。

3. 主题品牌活动助力汉服产业繁荣发展

活动品牌彰显陕西省汉服体验的影响力，涌现了中国华服日、西安汉服文化艺术节、长安汉服花朝节、汉服同袍会等汉服主题活动，汉服品茶、汉服赏花、汉服吟诗、汉服上城墙等新形式的汉服体验产品纷纷上线，陕西省各地区汉服文化繁荣，尤以西安的唐文化、咸阳的秦文化及汉中的汉文化最为突出，唐制汉服、秦汉传统汉服借此繁荣发展。钟鼓楼、大小雁塔、大唐芙蓉园、兵马俑等大型景区已成为陕西省汉服体验主流空间。

二 陕西汉服产业发展存在的短板

"十四五"期间，全省汉服产业发展取得长足进步，市场空间潜力巨

---

① 秦毅：《迎接热腾腾的"烟火气"》，《中国文化报》2023 年 1 月 7 日。

大，发展形势持续向好。但从产业长期发展角度来看，在全链条培育和品质化提升方面还存在较大空间，产业结构、产业布局体系、市场主体培育、政策规制体系等方面的问题还比较突出，离陕西省文娱演艺产业高质量发展与打造万亿级文旅产业集群的目标仍有较大差距。

（一）汉服全产业链条不完整

1. 汉服设计研发资源有待激活

陕西省汉服产业主要集中在租售与消费体验环节，缺乏头部设计品牌和制造企业，原创力不足，整体实力与经济规模受限。专业院校如陕西科技大学、西安工程大学等虽具备服装设计优势，但转化为汉服研发并投入市场的水平较低，整合力量弱。同时，传统服装企业向新汉服行业转型不成熟，设计水平不突出；独立设计师资源丰富但尚未形成合力，市场占有优势不明显，汉服内涵挖掘与图案设计探索尚浅。

2. 汉服生产制造环节薄弱，对基础要素要求较高但制造设备、生产要素不足

天眼查数据显示，全省汉服制造企业仅占全产业链5.1%左右，且以分散化、小规模为主。调查显示，作为汉服主要销售市场，陕西省超70%的汉服来自山东曹县、江苏常熟、浙江杭州等地，本土企业未形成规模且未占领省内市场，亟须补齐生产制造短板。

（二）汉服妆造体验市场低端竞争较为激烈

1. 极端低价模式引发行业乱象

尽管汉服体验店占全国25%，市场潜力大，但低价竞争导致行业发展畸形，汉服与妆造体验价格连年下跌，批发仿制汉服门店占比高达70%，品质问题凸显。价格标准不规范，混乱定价扰乱市场，极端低价模式加剧暴露商业模式单一弊端，更在长远上影响汉服产业的高质量发展。

2. 汉服妆造体验品质参差不齐

受淡旺季影响，服务时长波动大，旺季时，部分汉服店铺为提高单店销售水平，可能会采取降低妆造与服饰质量等方式提供服务，导致汉服消费体

验不佳、售后问题频发。管理体系缺失，妆造师与摄影师能力不一，网红化妆造降低消费体验。汉服入业标准、门店管理、服务模式需优化，建立透明管理机制迫在眉睫。同时，汉服体验用品安全存在监管漏洞，基础护肤、拍摄环境等存在安全隐患，需加强规范化管理，避免影响消费者评价与行业整体口碑。

（三）汉服市场主体小弱散

1.九成以上汉服市场主体为个体工商户

天眼查数据显示，一方面，汉服市场主体中个体工商户占比高达96%，总体缺乏平台型、科技型的规模企业；另一方面，一年内注册的市场主体超过60%，公司法人中超过88%的汉服企业注册资本在100万元以下，其中还以50万元以下注册资本的企业最多，全省汉服市场主体规模小的特点极为突出，不利于汉服经济长远发展。

2.汉服企业市场竞争力处于弱势

一是"价格战"成为主要竞争焦点。省内的妆造体验门店由于模式相似导致恶性竞争加剧，许多汉服产品和服务企业（如音乐、电影、艺术品、短视频制作、汉服模特）被迫采用价格竞争策略，导致汉服体验服务品质下降，存在"劣币驱逐良币"的风险。二是陕西省汉服企业注销数量处在全国第一。由于市场准入门槛低，汉服妆造体验企业相对容易进入汉服行业，市场结构高度集中，竞争白热化趋势加剧。天眼查数据显示，目前全省有300家以上汉服企业注销，市场竞争力较弱。

3.全省汉服产业特色均衡发展格局尚未成型

从资源分布来看，当前全省的汉服产业呈现以西安唐文化为绝对中心、以唐制汉服及其体验服务为主体的市场格局。相比于巨大的发展潜力和消费市场，陕西省在周文化、秦文化、汉文化的历史挖掘上存在较大空间。从地域差异来看，西安占全省汉服企业的比重超过90%，而省内其他省市占比偏小，对构建全省汉服产业均衡发展的全域体系较为不利。天眼查数据显示，从西安市域来看，雁塔、碑林、莲湖、新城四区占据全市汉服企业数量超过90%，在其他区县仅个别景区有零星分布，市域内区域差异化明显。

（四）汉服产业商业模式亟待提升

1. 上游汉服产业链缺少全国知名品牌

陕西省汉服行业的发展基本上以零售业、文体娱乐行业为主，相比之下，设计、信息、研发和品牌等其他行业起步缓慢，而生产制造业更是严重滞后，生产端环节亟须补齐，高品质、品牌化的服务能力有待增强。从品牌端看，叫响全国的汉服生产品牌几乎没有，且主要知名的汉服体验品牌也未落户陕西省，像"慈恩镇""霓裳里"等本土品牌在省外知名度较低，品牌效应不明显。

2. 以"低门槛+多次加价"妆造体验模式为主体

全国汉服市场的空前扩大，陕西省汉服妆造企业逐渐从增量市场向存量市场过渡，市场竞争激烈，服务模式同质化现象越来越严重，"价格战"无限压缩企业门店的利润空间，导致体验端供给过剩、研发端供给不足、制造端相对欠缺的不良局面，企业缺乏精品战略。同行的模仿竞争导致出现"黄牛"临时加价、现场加价、多次加价的行为，全省汉服产业的整体效益和消费品质面临诸多挑战。

3. 汉服体验与文旅消费场景融合水平有待增强

从室内消费场景来看，汉服的体验方式较为单一，仅以汉服室内拍摄为主，汉服与其他如餐饮、茶道等消费场景结合较少，单靠汉服与摄影场景融合的产业附加值较低。从室外消费场景来看，为消费者可提供的活动较少，文旅产品的迭代较缓慢，景区与汉服体验门店的合作机制欠缺，"体验价格+景区门票"的收费机制不完善，汉服体验与文旅消费全场景融合和渠道拓展方面仍需加紧探索。

（五）汉服产业拉动效应隐形化

1. 大量独立工作室依托社交媒体接单

巨大的汉服体验市场形成了大量门店，以及大批量的妆造师、摄影师的个体化、独立化经营，汉服市场的人员流动性显著增强，利用微信、微博、小红书、闲鱼等社交媒体,个人接单业务占比较高,独立"妆娘""摄影师""三人组工作室"等灵活就业人群活跃于互联网之中,市场管理存在潜在风险。以简单的自由组团和利益协商进行服务,非正规的经营方式容易滋生低品质服务、侵犯消费者权益等问题。

2. 政府缺少汉服产业统计口径

陕西省汉服产值数据不明,尤其是个体工商户、独立"妆娘"及摄影师等收入无统计渠道。产业分散于工信、商务、文旅、教育、知识产权等部门,占比不均,统计渠道不健全。政府部门对汉服产业基本数据掌握不足,企业平台数据有限,企业数量、年产值数据匮乏。个体经营收入未纳入全省经济统计,汉服对文化产业拉动效应分散且隐形,需提升整体治理水平。

(六)汉服产业政策规制体系整体缺位

1. 汉服产业政策监管与要素支持均需强化

目前,虽然文旅产业政策体系相对健全,但汉服产业政策整体缺位,缺乏全链式配套措施及具体实施方案,行业标准匮乏,监管政策不完善,知识产权、服务保障政策待加强,市场治理体系缺失,线下销售、户外跟拍、线上直播等领域监管需加快全覆盖。

2. 汉服产业发展要素支持整体不足

资金方面,企业融资压力大,政策保障体系不健全;场地平台方面,场租高增加企业运营压力,补贴力度弱,退出市场风险大;人才方面,妆造师、摄影师需求激增,培训行业价格标准、监管力度待优化,政策效力不足。

三 推动陕西汉服产业进一步发展的对策建议

贯彻落实党的二十届三中全会关于"优化文化服务和文化产品供给机制""发展新型文化业态""健全文化产业体系和市场体系,完善文化经济政策"等部署,推动汉服产业高质量发展,成为新时代提升陕西省汉服产业竞争力的重要工作。这需要我们聚焦万亿级文旅产业集群建设目标，抢抓汉服产业发展热潮。推动汉服产业高质量发展须坚持问题导向，抓好产业链建设、补齐薄弱短板、放大特色优势、讲好陕西汉服产业故事，走出一条既符合高质量发展要求，又切合陕西实际的汉服产业高质量发展之路。

（一）高瞻远瞩谋划汉服经济新蓝海

以打造超20亿级汉服产业链为目标牵引，以汉服文化经济为全景，按照"品牌出圈、制造跟进、体验引领"的产业链群发展思路，建立健全陕西省汉服产业体系，着力围绕汉服政策创新、跨界融合、主体建设、品牌引领、场景营造、市场治理等方面打开汉服发展新格局，实施一揽子汉服产业发展专项行动，打造享誉世界的汉服产业第一极。

（二）"五化协同"夯实汉服产业重点方向

全链条化培育。健全汉服和旅游融合发展的体制机制，整合优势资源，推进汉服在业态、产品、服务、市场等更广范围、更深层次、更高水平的发展，推进汉服与科技、非遗等相关领域的产业链延伸打造，从设计、生产、制造、销售、租赁等领域形成全链条发展格局，激发新动能，形成新优势，实现新发展。

集群化发展。实施汉服"生产、销售、体验"三大环节协调发展策略，增强以西安为中心的全省汉服产业发展格局，打造以西安雁塔、莲湖、碑林、新城四区为主体的汉服综合集聚区，不断统筹共享各区域信息资源，高度关注汉服产业衍生的新兴产业，加大汉服及其延伸产业项目的基础设施建设力度，为全省汉服产业的规模化、集群化发展打下坚实基础。

标准化推进。明确陕西省汉服产业从"标准化供给侧改革、标准化全域发展、标准化特色模式"等发展方向，加强标准化工作的协调联动，引导和支持政府、企业、社会团体积极参与制定汉服发展标准制度，从"标准融资制度、政策配套标准制度、标准版权制度和标准交易制度"等方面持续发力，努力形成更高质量、更有效率、更可持续的汉服产业发展生态。

品质化引领。以高质量发展为主题，着力推动汉服企业规模化发展、大型特色品牌塑造、汉服产业转型升级、文旅深度融合发展、汉服市场培育监管等重点工程，加快新时代文化强省建设，将陕西省打造成为集经济效益、创新价值、文化口碑于一体的汉服文化产业体系。

生活化赋能。汉服日常化不断拓宽国潮的边界，应以创新为驱动、以创意为前提、以需求为导向、以便捷化为宗旨，从设计研发上积极朝不同领域和方向探索，尝试在复原的汉服纹样、设计中提取灵感，推动汉服日常化、生活化、大众化发展，拉近消费者与汉服之间的距离。

（三）高位布局优化汉服产业发展生态

中共中央办公厅、国务院办公厅印发《关于实施中华优秀传统文化传承发展工程的意见》和国家统计局《关于印发〈文化及相关产业分类〉的通知》中虽未明确提出汉服产业发展的相关要求，但是在"文化娱乐休闲服务、文化消费终端生产"[①] 等方面均有涉及，并强调"实施中华节庆礼仪服装服饰计划，设计制作展现中华民族独特文化魅力的系列服装服饰"[②]，这为汉服产业发展奠定了坚实基础。在国家政策的导向下，"我国文化产业理论与实践发展都呈现蓬勃之势，传统文化重要性日益提升，各地大力支持汉服文化"。[③] 陕西省应以建设文化强省为契机，对标万亿级文旅产业集群建设目标，锚定文娱演艺产业链高质量发展，在《陕西省"十四五"文化和旅游发展规划》《陕西省打造万亿级文化旅游产业实施意见（2021~2025年）》的基础上，着眼"十五五"发展趋势，制定实施《陕西省关于加快

---

① 《文化及相关产业分类（2018）》，https：//www.gov.cn/zhengce/zhengceku/2018-12/31/content_ 5427877.htm。
② 中共中央办公厅、国务院办公厅：《关于实施中华优秀传统文化传承发展工程的意见》，https：//www.gov.cn/zhengce/2017-01/25/content_ 5163472.htm。
③ 王金会：《文化政策驱动下的中国文化产业关键性问题》，《深圳大学学报》（人文社会科学版）2024年第1期。

汉服产业发展的若干措施》《汉服产业高质量发展中长期专项规划》《汉服产业链建设行动方案》《陕西省汉服产业市场管理办法》等顶层设计,切实形成以省文化和旅游厅为牵头,省商务厅、工信厅等相关单位联动配合的跨部门协作机制,以汉服全产业链发展为重点,探索在品牌建设、市场主体培育、市场体系优化、产业空间集聚、消费场景建设等方面形成省级政策引导优势,发力建设全国汉服产业第一极。

(四)凝心聚力部署开展"六大专项行动"

对标全省汉服产业发展的总体目标,高水平开展汉服全产业链建设、汉服经济提质扩容、企业分类培育和治理、汉服日常化建设、汉服消费场景建设、汉服消费品质提升六大专项行动,高标准、高品质推动陕西省汉服产业迈上新台阶,实现从"规模扩张向质量提升"[①] 转变。

实施汉服全产业链建设行动。以构建"汉服制造业为牵引,销售业为支撑,文娱业为载体"的产业结构为核心,陕西省将聚焦租赁、妆造、体验等环节的优势,加速在原创设计与生产研发上突破,推动汉服产业高质量发展。一是整合力量,挖掘传统文化资源,设计现代创意汉服款式,并依托服装专业院校,建立汉服研究院和设计所,强化研发与设计能力。二是补齐生产端短板,加强绣花、印花、布料等全产业链环节,加大企业培育力度,完善投融资政策体系,营造开放公平的营商环境。三是做优销售与体验端特色,依托文旅融合,打造汉服体验场景,引导企业入驻商圈、景区,提供汉服体验服务。同时,培育多元化消费市场,利用数字、节庆平台创新商业模式,提升汉服品质与竞争力,形成闭环、完整的汉服产业链条。

推进汉服经济提质扩容行动。随着汉服经济快速增长,陕西省需加快完善汉服消费体制机制,优化市场供给与消费环境。一是提升汉服产品与服务

---

① 黄永林、傅明:《中国式现代化背景下文化产业供需双向升级和高质量发展》,《福建论坛》(人文社会科学版)2023 年第 6 期。

竞争力，推行高端品质认证，推动租赁体验"同线同标同质"，鼓励门店增品种、提品质、创品牌，培育有竞争力的汉服市场。二是构建汉服消费格局，线上线下融合发展，捕捉中青年消费者需求，依托数字平台吸引消费者，线上线下融合构建汉服消费市场。三是推动"汉服+"发展体系，以核心产业链为主体，带动衍生业态，促进汉服与传统技艺合作，发展"汉服+非遗"经济；支持汉服与物流、电商合作，增加附加值，提高全省汉服经济综合实力。

开展企业分类培育和治理行动。建设高标准市场体系是推动经济文化高质量发展的重要动力。① 为统筹培育陕西省汉服企业，提升核心竞争力，构建"梯度培育+市场准入+专精特新"发展格局。一是制定配套措施，缓解汉服企业资金压力，提供租金、水电、贷款等支持，降低税收成本，给予旅游淡季补助，助力企业做强。二是实施认证分级制度，设定市场准入标准，构建优质企业库，授牌优秀企业，通过协会、商会等平台指导企业用好政策，投入资源要素，增强产业链供应链韧性。三是细化配套服务，联动各企业门店，整合资源优势，统一服务标准，规制市场乱象，提升消费者体验。同时，发挥主要汉服企业带动作用，鼓励跨行业合作，扶持核心竞争力强的企业，壮大全省汉服产业主体力量。

实行汉服日常化建设行动。汉服爱好者和消费者多为40岁以下青少年，视汉服为展示个性和品位的新生活方式。推动汉服日常化、大众化，是产业高质量发展的关键。一是促进汉服传统内涵与现代创意结合，融现代元素于款式、图案、材质及工艺中，同时坚守汉服基本元素，设计出"汉元素"风格服装。二是利用社交媒体如微信、微博及短视频平台抖音、B站等，宣传和推广汉服日常化理念，实现从小众审美到大众认同的转变。三是以便捷化的"新中式"汉服穿搭迎合市场需求，提炼中式元素并创新外在形式，推动汉服在日常场合的大众化穿搭，实现"汉服+上班""汉服+出行"等

---

① 《中共中央办公厅 国务院办公厅印发〈建设高标准市场体系行动方案〉》，https://www.gov.cn/zhengce/2021-01/31/content_5583936.htm。

常态化，是未来汉服出圈的关键。

启动汉服消费场景建设行动。营造汉服消费场景是提升消费者沉浸式体验的关键。陕西省应把握"线下做场景、线上做情景"的消费新趋势，推动汉服消费增值与产业升级。一是打造全流程沉浸式体验与古都韵味相结合的汉服新场景，利用历史底蕴，在重点景区如大唐不夜城等推出"周、秦、汉、唐"文化IP及热门演艺，结合特色餐饮，提供"穿越感"的汉服体验。二是升级街区硬件与基础设施，以复古设计为主，完善体验门店，高效利用汉服体验馆功能空间，确保消费者全方位体验。三是利用大数据、AI技术，通过短视频等形式扩大影响力，并在茶馆、书院等文化消费场景融入汉服元素，推动汉服与品茶、吟诗等活动融合，提升大众接受度，创造消费新价值。

实施汉服消费品质提升行动。维护汉服消费者合法权益是陕西省汉服产业发展重点。应以优化汉服供给端为主线，满足新消费需求为突破，提升产品供给质量。一是加大监管力度，规范企业行为，对卫生、宰客等问题企业实施规制整顿，实行市场退出制度，建立汉服门店线上平台，保障消费者权益。二是鼓励汉服企业与景区合作，采取"套票"制度，提供汉服体验与景区观光服务，形成"汉服企业+景区"合作模式。三是吸纳优质汉服企业进入文旅惠民平台，以政府补贴和政策优惠推动供给侧结构性改革，促进产业升级。同时，支持汉服商业门店合作，打造原创品牌化活动及产品，公开优惠力度，让消费者共享汉服文化盛宴。

抢抓"汉服热"机遇，推动汉服产业高质量发展，不仅有利于壮大陕西省文娱演艺产业重点产业链群，更是文化强省建设的重大推动力量，任务艰巨、意义重大。我们须践行推动中华优秀传统文化创造性转化、创新性发展要求，抢抓汉服产业发展机遇，统筹推进汉服产业链条完整、汉服体验品质提升、汉服活动品牌展示等重点工作，深入开展全链条建设、提质扩容、企业培育、日常化建设、场景营造、品质提升等专项行动，不断推动全省汉服产业向汉服经济跨越和发展。

B.16
陕西文娱演艺产业链发展报告

颜 鹏 吴三宏[*]

摘 要： 近年来，中国演出市场规模呈指数增长，人民群众对文娱演艺的
需求逐渐旺盛。文娱演艺产业的壮大和发展已成为陕西文旅产业提质增效的
主要方向。本报告从陕西文娱演艺产业链的形成和发展入手，梳理陕西文娱
演艺产业链的发展现状及存在的困难，探究陕西文娱演艺产业链提升路径，
为推进文娱演艺产业发展由规模提升向品质提升、效益提升迈进，为文旅产
业链现代化水平的提升与全产业链体系建设提供理论和实践借鉴。

关键词： 文娱演艺 产业链 高质量发展 陕西

随着全国演艺市场体系的日益完善，文娱演艺产业在恢复和扩大消费尤
其是拉动消费方面发挥积极作用，文娱演艺产业经济效益也得到稳步提升。
演艺市场在经历了一系列变革和发展后，呈现多元化、数字化和创新化的特
点。2024 年，中国文娱演艺市场保持强劲的增长势头。根据中国演出行业
协会数据，2024 年上半年，全国营业性演出（不含娱乐场所演出）场次达
到 25.17 万场，同比增长 30.19%；票房收入 190.16 亿元，同比增长
13.24%；观众人数 7910.13 万人次，同比增长 27.10%。[①] 近年来，陕西深
挖文化内涵，紧盯万亿级文旅产业集群目标，促进文旅融合，丰富产品供

---

* 颜鹏，陕西省社会科学院文化与历史研究所助理研究员，主要研究方向为文化经济与文化
产业管理；吴三宏，陕西省文化和旅游厅产业发展处二级调研员。

① 《2024 年上半年全国营业性演出 25.17 万场》，https：//baijiahao.baidu.com/s？id＝
1804430806560653246&wfr＝spider&for＝pc。

给，推进链群建设，积极调整文旅产业结构，以高质量文化供给增强人们的文化获得感、幸福感，推动文旅产业成为利当前、惠长远的民生产业、幸福产业。2024 年，陕西文旅热点频频火爆出圈，各类演唱会、音乐节几乎场场爆满，沉浸式实景演出震撼出圈，文娱演艺、文化旅游、非遗文创等成为陕西文旅新名片，越来越多的人为一场演唱会奔赴一座新的城市，文娱演艺产业正迎来新一轮增长期。

一　陕西文娱演艺产业链的形成和发展

陕西历史文化底蕴深厚，基础设施良好，旅游市场客源充足。历经 30 余年发展，陕西已经是国内旅游演出项目数量最多、最集中的旅游大省，西安旅游演艺的发展也已成为行业内的翘楚。文娱演艺产业作为文化和旅游融合的代表，具有很强的社会效益和经济效益。1982 年 9 月，陕西省歌舞剧院在西安唐乐宫推出了中国第一台旅游演艺——《仿唐乐舞》，开创了中国文化旅游演出的先河，被誉为东方"红磨坊"，受到国内外游客的普遍欢迎。投放市场 40 多年来，《仿唐乐舞》系列剧目演出超 4 万场次，创旅游驻场演出场次之最，且久演不衰。西安常见旅游景区演艺就有 16 台，包括《长恨歌》《驼铃传奇》《秦汉风云》《秦俑情》《梦回长安》《二虎守长安》《千古情》《丝路之声》等。这些演艺项目文化内涵丰富，依托秦、汉、唐等文化特色，或展现红色革命历史，或体现地域文化和民俗风情，让游客有穿越时空、身临其境的感受。陕旅集团、宋城演艺、山水盛典、华夏文旅等国内一线制作运营公司齐聚陕西，展现了我国旅游演艺最高水准。《长恨歌》被国家标准化管理委员会作为参照制定了国家标准，填补了中国实景演出标准的空白。

近年来，陕西文娱演艺产业链活力迸发，文娱演艺供需两旺，消费热度一升再升，"跟着演出游陕西"已成为享誉全国的文旅"现象级"潮流。2022 年，按照"宜链则链、宜群则群、链群结合"的思路，陕西梳理形成了旅游景区及线路、文娱演出、文化创意、商旅名街、会展经济、赛事经济、出版发行、乡村旅游 8 个重点文旅产业链群，逐链群制定工作方案，专班推进 8 个链群延链补链强链，用产业链思维抓项目，提升项目建设的质量效益。文娱演艺产业链主要围绕壮大演艺、动漫游戏产业，推动歌舞娱乐、上网服务、游艺娱乐等传统文化娱乐转型升级，扶持发展电子竞技、沉浸式娱乐，涵盖创意、内容制作、储存、播发、交易等各个环节，形成了完整的产业链。2023 年，陕西坚持把文娱演艺打造成为建设万亿级文旅产业集群的新高地，该产业链由陕西省文化和旅游厅牵头负责，设置营业性演出、旅游演艺两条子链，以及演出服饰、文化娱乐两个特色产业群。各地各重点文旅企业将依托文化旅游资源和现代技术手段，创新推出一系列精品力作，为繁荣演艺市场、有效扩大文旅消费、实现万亿级文化旅游产业发展目标提供有力支撑。

二 陕西文娱演艺产业链发展现状

（一）重点产业链量质齐增，文娱演艺产业蓬勃发展

陕西着眼于壮大文化产业集群，全力创品牌、塑优势、优服务、提品质，重点文旅产业链呈现量质齐增的发展态势。陕西以文化娱乐为基础，以旅游演艺为引领，以大型营业性演出为突破，以演出服饰为支撑，分类确定重点链主企业 8 家，推动文娱演艺产业链式布局、集群发展。2023 年，文娱演艺产业链营业收入超 65 亿元，同比增长 47.25%。全省有规上文娱演艺产业链群企业 2281 家，大型营业性演出超过 60% 的观众来自外地，文娱演艺产业链辐射带动成效凸显，成为推动陕西文旅高质量发展的有力支撑。[①] 2024 年前 5 个月，全省新增演出经纪机构 117 家，同比增长 23.95%；营业性演出 1.41 万场次，同比增长 67.8%，其中，19 场大型营业性演出、1.75 亿元票房收入同比分别增长 90%、177.7%。

①《促消费兴文化，演艺赋能文旅新发展》，新华社，2024 年 5 月 21 日。

西安允娴姑娘汉服馆的汉服妆造在美团平台日交易额 7518 元，排名全国第一。[①]

（二）旅游演艺节目丰富多彩，新业态新模式活力迸发

陕西全省上演的旅游演艺节目 70 余台，主要分为历史文化、革命文化、山水文化、民俗文化四大类别，包括舞台剧、实景、沉浸式三种演艺方式。2018 年以来推出的《驼铃传奇》《西安千古情》《丝路之声》等一批演艺节目，持续扩大陕西文娱演艺市场规模，推动文化与旅游深度融合，为全面展示陕西文旅的魅力提供了更为广阔的舞台。2024 年 5 月，西安首个以秦腔为主题的非遗旅游演艺《大秦腔》在陕西歌舞大剧院推出，不仅为传统文化赋能，还丰富西安旅游演艺形式，得到了市场的认可。此后，陕西歌舞大剧院和西安市碑林区尚友演艺文化传播有限公司打造的"非遗+研学"新型文旅产品，将汇聚舞台演艺、非遗互动、非遗课程体验、非遗餐饮等多项体验，为市民游客深度走入三秦大地非遗艺术提供桥梁。

2023 年，陕西排前 10 位的旅游演艺营业总收入 14.33 亿元。其中，《长恨歌》演出 836 场，票房收入 5.61 亿元；《驼铃传奇》演出 1270 场，票房收入 2.8 亿元；《复活的军团》演出 3282 场，票房收入 8473.87 万元。[②]《长恨歌》《驼铃传奇》《延安保育院》3 个剧目入选全国旅游演艺精品项目。2024 年，《长恨歌》《无界·长安》《驼铃传奇》《西安千古情》《复活的军团》《梦回大唐》《延安保育院》《天汉传奇》《再回延安》《梦长安·大唐迎宾盛礼》等 10 个剧目被陕西省文化和旅游厅认定为最具吸引力的旅游演艺项目。陕旅集团推出了一批高水平的旅游演艺，包括以唐文化为主线打造的中国首部大型实景历史舞剧《长恨歌》，以两汉三国文化为主线在汉中推出的《出师表》，以周文化为主线在岐山上演的《封神演义》，以红色故事为主题的大型红色历史舞台剧《延安保育院》。截至 2024 年第

① 《陕西全力打造万亿级文旅产业集群》，《陕西日报》2024 年 6 月 28 日。
② 《陕西文旅业一路繁花》，《陕西日报》2024 年 4 月 2 日。

一季度，《长恨歌》已演出超 5000 场，接待约 1000 万人次，累计实现收入 20 亿元，带动周边酒店、民宿、康养、文创综合收入 70 亿元以上。①"长安十二时辰"项目在 2023 年实现由 2.0 版的唐风市井生活体验地升级为 3.0 版的唐风沉浸式主题乐园，并新增《万邦来朝》《长相思》《琵琶行》《折柳送别》等四大演出和十余处 NPC 定点互动，把整个街区空间浓缩成一场高密度、深体验、精水准的演艺盛宴，并成功入选沉浸式文旅新业态示范案例，"长安十二时辰+大唐不夜城"唐文化全景展示创新实践入选文化和旅游最佳创新成果。"观演+旅游"新模式有效提振了消费、推动了文旅经济复苏升级。"为一场演艺奔赴一座城"成为年轻人的旅游新风尚，跨城观演成为文旅消费亮点。2024 年中秋和国庆双节期间，《长恨歌》每晚演出 4 场，《驼铃传奇》每天从 6 场加演到 10 场，《复活的军团》每天从 10 场加演到 20 场，仍然一票难求。

（三）文娱演艺市场供需两旺，文旅消费势头强劲

陕西文娱演艺产业以文化娱乐为基础，以旅游演艺为引领，通过融合创新模式，赋予了文娱演艺产业全新的生命力，形成"演艺+文旅""演艺+音乐""演艺+科技""演艺+消费""非遗+演艺"等多业态、新场景和新动能，形成文娱演艺产业集群发展，有效激活了文旅消费市场。无论是节假日出游的"泼天富贵"，还是"网红"景区的"热辣滚烫"，都持续为陕西省文旅产业注入发展活力，对于拉动内需、促进就业、活跃市场、提振信心具有重要的作用。2024 年以来，文娱演艺产业实现"开门红"，文旅演艺新业态不断升温。2024 年初，《山河诗长安》精彩亮相龙年央视春晚后，陕西旅游搜索热度环比上涨 294%，旅游订单同比增长 64%。② 西安上榜 2024 年元旦跨年热门旅游目的地前十，位列"国庆假日热门目的地"第二。国庆期间西安 19 台精品旅游演艺共演出 1104 场次，同比增长 135%。《长恨歌》

---

① 《强信心 稳预期 助增长 | 打造中国演艺之都——2024 西安旅游演艺之都观演季启幕》，《陕西日报》2024 年 4 月 12 日。

② 《西安旅游搜索热度环比上涨 294% 来这些景点游玩记得提前购票》，光明网，2024 年 2 月 13 日。

《长安十二时辰》《驼铃传奇》《西安千古情》《复活的军团》连续多日满负荷运营，《唐朝诡事录·西行》等 XR 沉浸剧场深受"00 后"等年轻观众欢迎，旅游演艺的带动效应日益凸显。

火爆的旅游演艺市场带动了汉服、文创产品等的发展。据 2024 年陕西汉服产业发展座谈会上公布的数据：陕西省共有汉服相关企业 2053 家，占全国总数的 25% 以上。[1] 其中，西安市有 1814 家，[2] 大唐不夜城和长安十二时辰街区周边集聚 400 余家，钟楼周边街区 100 多家。2024 年 4 月，西北首个汉服交易中心成功落地西安，成为链接汉服生产加工、销售服务的重要集散地。街道、公交和地铁、商圈等人口密集场所，随处可见穿着汉服的男女老少穿梭在人群中。

陕西巨大且火热的文旅演艺消费市场，为演艺项目的创新提供了驱动力。西安现有备案演出场所 56 家，营业面积 50 余万平方米，包括陕西大剧院、西安音乐厅、长安乐等；千座以上的大型剧院有 10 余座，中小型演出聚集地 50 余家。陕西大剧院是西北地区第一座国际化标准大剧院。丝路欢乐世界琴音剧场、西安浐灞保利大剧院、开元大剧院等陆续投用，西安大剧院、沣西文化公园 360 剧场、泾河新城文化艺术中心等文化新空间新地标的即将亮相，将共同构成西安成熟的剧场演艺生态群。[3]

（四）文娱演艺链群企业势头强劲，产业发展获得良好效益

陕西现有规上文化娱乐休闲服务企业、演出经纪机构、艺术表演团体、娱乐场所等文娱演艺产业链群企业 2281 家（个），其中，规上文化娱乐休闲服务企业 193 家、演出经纪机构 487 家、艺术表演团体 625 个、娱乐场所 976 家。此外，陕西新增演出经纪机构 117 家，增长率达到 23.95%。陕西文娱演艺产业链链主企业共有 8 家，分别是陕西演艺集团、西安演艺集团、

---

① 《西安成为全国汉服消费体验第一城》，《华商报》2024 年 7 月 19 日。

② 《"新中式美学"牵动文旅产业链 西安、洛阳角逐汉服消费第一城》，https://www.21jingji.com/article/20240815/c842f9e0da73ca62f526502893ac7a13.html。

③ 《西安何以打造"演艺之都"》，《西安晚报》2024 年 3 月 24 日。

陕西长恨歌演艺有限公司、西安后来文化发展有限公司、西安爱乐剧院管理有限公司、陕西省演出娱乐行业协会、陕西省舞台美术学会、陕西服装协会。西安爱乐剧院2023年营收首次突破亿元大关，跻身全国剧院票房收入四强。西安演艺集团倾力打造演艺精品矩阵，切实增强演出观感体验，已累计推出精品剧目70余部，累计荣获"文华大奖"、"五个一工程"奖等国家级荣誉奖项62项，省、市级奖项180余项，先后获得国家艺术基金扶持31次，"西演品牌"知名度和影响力持续提升。西安演艺集团运营的《无界·长安》以其独特的气质，通过不同风格、不同立意、不同维度的创意段落，呈现了方寸舞台、时空无界的意境与思考，为非物质文化遗产寻找到了最艺术的表达路径，开创了中国首部大型驻场观念演出的先河，获得了"井喷式"观演热潮。

2024年6月，《路遥》《长恨歌》两部剧目从全国160余项剧目中脱颖而出，入选2023年全国演出市场"社会效益和经济效益相统一"十大精品演出项目名单。2024年5月10日，在陕西省文化和旅游厅主办的"跟着演出游陕西"暨文娱演艺产业链推进大会上，《无界·长安》被认定为"最具吸引力旅游演艺项目"；西安演艺集团旗下西安易俗社、西安话剧院、西安战士战旗杂技团三家文艺院团被认定为"最具发展潜力文艺院团"。

作为中国旅游演艺品牌打造的引领者，陕旅集团先后推出了19个大型旅游演艺项目，组成强大的演艺矩阵，还主导编制了3项国家标准、9项地方标准，为中国旅游业提供了原创演艺产品长期稳定运营的重要范本。华夏文旅西安演艺有限公司的《驼铃传奇》秀被称为"会跑的实景演艺"。2018年、2020年两次荣获世界级大奖，分别是代表世界主题娱乐行业艺术与科学的卓越成就及最高标准的TEA杰出成就奖和全球主题乐园游艺表演设备领域最具影响力及权威的IAAPA最高奖，成为世界演艺闪光灯下中国身影的杰出代表，2024年春节期间单日演出场次高达11场，累计演出74场。西安后来、曲江文化等演出经纪机构先后在西安、宝鸡、咸阳等地举办明星演唱会、音乐节等大型营业性演出85场次，票房收入6.16亿元。

（五）文化交流互鉴频繁，文化传播力影响力持续增强

文娱演艺行业投入大、参与人数多、综合效益明显，能够带动旅游、住宿、餐饮、交通等消费持续增长。"长恨歌""驼铃传奇"等一大批文化陕西新品牌，生动诠释了陕西文化 IP 的影响力。《仿唐乐舞》《长恨歌》等 70余台极具文化内涵的旅游演艺，成为留住游客、展示城市形象的重要载体。据统计，全省大型营业性演出超过 60%的观众来自外地，平均停留三天两夜，人均花费超 2000 元，创造观演游客综合旅游消费 22.5 亿元。全省 38个县把文化旅游作为首位产业，充分发挥文娱演艺拉动效应，培育形成了西安鄠邑"关中忙罢艺术节"、宝鸡凤县《凤飞羌舞》旅游演艺、榆林赤牛坬村《高高山上一头牛》原生态实景演出等一批助力乡村振兴的精品项目。陕西积极拓展交流平台、拓宽交流渠道，已连续十年参与组织"欢乐春节"活动，共向 32 个国家和地区派出 42 个团组，开展 60 余场次文化交流活动。丝绸之路国际艺术节、丝绸之路国际电影节等搭建起国际化文化交流合作平台，"国风·秦韵""丝绸之路起点，兵马俑的故乡"等 IP 品牌不断叫响。承担中国—中亚峰会多场文化活动，更好地推动陕西文化走向世界。积极落实"一带一路"倡议，秉持"民心相通、文化先行"理念，持续打造国际交流平台品牌，成功举办 9 届丝绸之路国际艺术节，累计吸引 120 余个国家和地区参与，展演国内外精品剧目 200 余部，展出各类艺术作品 2600 余件。[①] 旅游与演艺的完美结合，是文化与旅游深度融合的生动体现，"演艺+文旅"正成为陕西文娱演艺产业"流量"变"留量"的催化剂。

（六）融合创新推进多元发展，政策举措加快推进

陕西多措并举稳住文旅产业发展，大力推动文化旅游、文娱演艺、体育

---

① 《深化文旅融合发展 推动陕西文化强省建设跃上新台阶》，https://www.ishaanxi.com/c/2023/1225/3031824.shtml。

休闲等各类消费提振，推动投资和消费加快回升向好。为加快促进陕西文娱演艺产业发展，2022年，陕西出台《陕西省打造万亿级文化旅游产业实施意见（2021~2025年）》。2023年陕西省政府工作报告提出：积极推进万亿级文化旅游产业集群建设，开展重点文旅产业链三年行动，实施"文化陕西"品牌培育计划，加快构建现代文化产业体系。2023年12月，陕西出台《关于加快文旅产业发展的若干措施》，提出壮大文娱演艺产业。加快文艺演出院线建设，整合剧场和剧目资源，促进优质演艺资源共建共享。支持在景区景点开展驻场旅游演艺、流动性文艺演出、沉浸式演艺活动、非遗技艺展演，规范和促进文娱演艺市场健康良性发展。2024年1月，西安出台《西安市促进文化旅游体育产业高质量发展若干措施》，打出一套政策"组合拳"，加速推动西安文旅体产业集聚发展、迭代升级。

三 陕西文娱演艺产业链发展短板

当前，陕西文娱演艺产业链发展还存在一些薄弱环节，主要表现在以下几个方面。

（一）文旅产业融合程度仍然不深，产业链拓展延伸不足

文娱演艺产业是陕西具有比较优势的特色产业之一。西安旅游演艺剧目就有十余部，多以盛唐文化为主题。陕西文旅资源挖掘和文娱演艺产品开发还不充足，总体上还缺乏有深度、全方位、全产业链的实质性融合。文娱演艺产品供给还不够充分，智能型、沉浸式文旅新业态、新场景、新产品还不够丰富。文旅产业涉及面广、与其他产业关联度高，需进一步健全沟通协作机制。

（二）文娱演艺品牌影响力有限，产品供给体系有待完善

陕西文娱演艺产业创新条件和配套滞后，对优质文娱演艺产业资源的吸引力和影响力稍显不足。具有国内国际重大影响力的文娱演艺品牌还不多，

文娱演艺产业创新发展还有很大空间，仍需要更多特色鲜明的文娱演艺产品。部分项目尚未深入挖掘陕西文化特色，导致旅游演艺产品缺乏创意，与游客特色化、差异化、品牌化的审美期待有较大差距。

（三）文娱演艺市场主体仍然不强，资源转化力有待提升

文旅产业新业态培育依旧较少，沉浸式、个性化、体验性的知名文娱演艺产品还不多。旅游演艺主要有主题公园演出及巡游、实景演出和独立剧场演出等三种类型，现有项目在有限的几个种类中相互竞争，很多是大投资、大制作，但"小而美"的项目不够多。文旅融合已成为一场全社会都在聚焦的"大戏"，但文娱演艺并未及时跟进。文娱演艺消费没有下沉到陕西其他地市和县域市场，很多区县并未及时推出适应市场需要的文娱演艺产品。

四 陕西文娱演艺产业链提升路径

随着市场规模的扩大和消费者需求的提升，"文旅+演艺"正成为推动文旅产业高质量发展的重要引擎，正进一步撬动旅游市场，丰富市场供给，给游客带来更多的切身体验，文旅演艺也将迎来更加广阔的发展空间和无限可能，为陕西文旅产业高质量发展注入新的动能。

（一）着力加快内容赋能，丰富和创新文娱演艺产品种类和形式

党的二十届三中全会提出"优化文化服务和文化产品供给机制""健全文化事业、文化产业发展体制机制，推动文化繁荣，丰富人民精神文化生活"。立足陕西文化旅游资源禀赋，坚持社会效益与经济效益相统一，现代性与传统性相统一，艺术性与大众性相统一，鼓励创作出更多弘扬社会主义核心价值观的文娱演艺作品。以大数据激发创作力，利用科学算法和模型分析用户行为数据，从多个维度参与文娱演艺作品"全生命周期"，推出在市场上"立得住、叫得响、传得开、留得下、用得好"的拳头文化产品，实现"赢得受众、赢得口碑、赢得效益"的多重效果。

坚持以人民为中心，遵循文艺规律，持续推出高质量创作和高水平演出，在鼓励探索上加"力度"、在总结经验上挖"深度"、在典型引领上拓"广度"，确保陕西国有文艺院团在创演质量、管理水平、服务效能和产品质量等方面提升，以有效的制度保障和到位的绩效管理打造高质量人才队伍，以必要的要素支持和激励引导机制促进国有文艺院团持续推出高水平演出和高质量创作。以文娱、文旅、文创、文博、文体为目标，打造文娱演艺品牌体系。以特色文化为内核开发陕西原创 IP 群，打造有故事、有形象、有温度的"现象级"IP，扩大"盛唐天团""不倒翁小姐姐"等文化 IP 影响力，全面彰显陕西的独特文化魅力。大力加强陕西文化数字化原创能力建设，形成陕西特色数字文娱演艺产品品牌，同时积极促进文娱旅体产品版权运用及推广，提升品牌价值与文化价值。

（二）着力加强企业职责，打造文旅演艺融合发展中坚力量

顺应时代发展需求，大力弘扬社会主义核心价值观，以深度融合为主要方向，将旅游演艺作为文旅融合的重要抓手，引导文娱演艺市场主体坚持创造性转化、创新性发展。坚持把陕西文娱演艺产业打造成为传播中华优秀传统文化的主阵地、弘扬红色文化的标识地、推动乡村振兴的承载地、提升综合经济效益的示范地，用全新的视角和时尚的形式，开发具有时代特色的演艺节目，加强对旅游演艺市场的监管，确保始终坚持正确的发展方向，坚决防止出现泛娱乐化等问题，推动形成高、中、低档相结合的文娱演艺市场体系，向世界展示陕西灿烂的文化和辉煌的发展成就。

深化文化领域企事业单位机制改革，持续增强国有文化资本创新力和影响力，为健全文化产业市场体系提供坚实基础。充分发挥国有文化企业的突出作用，培育国有文化企业新动能。加大"链主企业"政策扶持力度，带动创新链、产业链上下游中小微企业协同发展，实现现代文旅产业体系数量质量和规模的同步提升。全面提升国有文化企业自主创新能力，加快布局新赛道，加快推进文化领域关键核心技术攻关，引导产学研用深度融合，助力培育协同、高效、开放的文化产业创新创业生态。

（三）着力加强技术赋能，积极培育文娱旅游新消费增长点

技术创新是推动中国演艺市场发展的重要因素。应坚持创新引领，加快发展文化新质生产力，用先进技术赋能文化生产者、生产资料与生产对象，以文化力和科技力共同驱动文化新质生产力全面、协调和可持续发展。通过对虚拟现实（VR）、增强现实（AR）、扩展现实（XR）、混合现实（MR）等技术的应用，为观众提供更加沉浸式的观演体验。实施龙头企业培育、重大项目招引、优势产业集聚，强化数字赋能，大力发展文化新质生产力，提升文化产业基础能力和产业链现代化水平。围绕壮大演艺、动漫游戏产业，推动歌舞娱乐、上网服务、游艺娱乐等传统文化娱乐转型升级，扶持发展沉浸式娱乐，打造传统娱乐和数字娱乐相互促进的文娱演艺产业链。

紧抓文旅发展机遇，提前做足准备，联动文旅机构、景点融合新业态、新场景推出新玩法体验，打造新型文娱演艺消费体验场景，以活动聚人气、扩消费，实现从"门票经济"向"体验经济"转变。推动数字内容、数智应用、实体场景、数字权益、元宇宙等新应用不断补充优质数字文娱演艺产品供给，带动文化新业态、新模式、新场景不断涌现。增强文娱演艺产品的表现力、感染力与体验性、参与性、娱乐性，激发文化消费市场潜能和发展活力。推动以大数据、云计算、人工智能为代表的新技术与数字设施设备、算力、数智化人才等新要素紧密结合的文化生产力新形态，推动文化业态创新、模式创新和场景创新，形成产品、市场和场景的有机融合。

（四）着力保障人才供给，推进优质文旅演艺资源要素整合

适应信息技术迅猛发展新形势，优化人才结构，引进一批专业型、研究型人才，为优化文娱演艺服务和产品提供有力保障。培育引进更多懂文化、会管理、善经营的复合型人才，不断优化人才梯次结构，为陕西文旅演艺高质量发展助力赋能。重视基层文娱演艺人才培养，激发群众的主体性和创造性。紧盯万亿目标，坚持市场化导向，推进链群式发展，加强基础建设、要素保障、多方协作，发挥综合带动效应，打造市场竞争力强的万亿级文旅产

业集群，不断强化文旅产业在全省经济社会发展中的战略性支撑作用。

加快推进优质文旅演艺资源要素整合，凝聚共识、把牢方向，汇聚力量、协同发力，做精旅游演艺项目、做优营业性演出、做强文化娱乐产业、做大汉服产业规模，奋力开创文娱演艺产业发展的新局面。搭建优秀作品多元传播展示平台，办好丝绸之路国际艺术节、国际电影节、陕西省艺术节、中国秦腔优秀剧目会演等重大文艺展演活动。进一步加强与国际市场的交流与合作，通过引进国际优秀的演艺项目和艺术家，推动陕西文娱演艺市场的国际化发展。同时，也将推动陕西优秀的文娱演艺项目和艺术家走向世界舞台，提升陕西文化的国际影响力。加强国家级获奖作品巡演和传播，利用舞台呈现与融媒体推介、线上与线下结合等方式，实现社会效益与经济效益相统一。办好全省文旅产业发展大会、全球旅行商大会、重点文旅产业链项目及招商引资推介会等，推动文旅产业高质量发展。

案例篇

B.17
西安文化形象国际传播研究

赵立莹 赵忆桐*

摘 要： 西安作为我国十三朝古都，拥有丰富的历史文化资源和深厚的人文底蕴，其国际形象塑造对于提升中国文化传播的影响力具有重要意义。本文通过对西安文化形象在国际社交媒体平台上的传播现状与构建案例进行分析，结合存在的短板与不足，提出相应建议：第一，深入挖掘西安文化内涵，展现城市多元魅力；第二，培养海外意见领袖，拓宽西安文化国际传播领域；第三，建立多元参与传播主体队伍，加强专业人才培养；第四，注重媒体传播双向互动，满足受众多元需求；第五，丰富创新趣味文化活动，发挥参与式传播效用。

关键词： 城市形象 国际传播 西安

---

* 赵立莹，西安建筑科技大学公共管理学院教授，主要研究方向为文化管理；赵忆桐，中国传媒大学国际传播创新研究中心研究生，主要研究方向为国际传播。

一 西安文化形象国际传播现状

2023年，西安被评为"中国国际传播综合影响力先锋城市"。汉唐文化、历史古都等国际形象不断在世界舞台上树立，国之交在于民相亲，民相亲在于心相通。未来，增强中华文明传播力影响力，坚守中华文化立场，讲好中国故事、传播好中国声音，作为国际化大都市的西安更应该彰显担当，大有可为。

（一）西安历史文化资源国际传播范围广泛

西安以其悠久的历史和丰厚的文化遗产在国际上具有得天独厚的传播优势。根据《2023年西安市文旅产业发展报告》，每年有超过500万国际游客访问西安，秦始皇兵马俑是最具代表性的景点之一。以兵马俑为例，其复制展品曾在美国、法国、英国、德国等国展出，吸引了数百万的参观者。"迎进来，走出去"的国际文化展示活动，不仅促进了西安文化形象的国际传播，还进一步提升了西安在全球范围内作为历史文化名城的认知度。

2017年6月，陕西首次在哈萨克斯坦国家博物馆举办"中国秦始皇兵马俑文物展"；2019年，"秦始皇——中国第一个皇帝与兵马俑展"在泰国国家博物馆成功举办，成为中国首个赴泰国举办的文物展览，该展览参观人数高达27万人次，成为泰国国家博物馆参观人数最多的海外展览；2021年，配合"中希文化和旅游年"，中希两国合作推出"平行时空：在希腊遇见兵马俑"展览，希腊线上数字展还荣获联合国教科文组织亚太地区世界遗产培训与研究中心"2022全球世界遗产教育创新案例奖"之"卓越之星"荣誉；"中国秦汉文明的遗产"展览2023年在西班牙展出期间，吸引超过28万名西班牙民众参观；陕西历史博物馆2023年获得首届"中国—中亚峰会外宾接待单位"称号。

"千年古都"西安，深耕本土资源，深入研究海外受众的喜好和兴趣点，从兵马俑、肉夹馍、秦腔等海外受众熟悉的西安文化符号出发，在展现世界历史文化名城的同时，传递城市魅力。西安不断深挖优秀传统文化内涵，同时创新叙事表达和展现形式，成为不少中国城市开展国际传播有益尝试的样板。西安不断利用丰厚优秀的历史文化资源，塑造独特文化形象，讲好西安故事、传播中国声音，助力中国国际传播力提升，不断增进国与国之间的相知相亲，为提升中华文化国际传播力做出了突出贡献。

（二）"一带一路"倡议助力西安与国际深入交流

千年以前，西安就是一座名副其实的国际之城，人口超过百万，大批的外国使节与朝拜者慕名到此，也带来了不同风格的文化。骆驼的蹄印，曾经标记了丝绸之路的方向。如今，这条绵延 2000 多年的通道上，一支支新世纪的钢铁驼队，行进在新的丝绸之路上，把地球变得更小，把机会变得更多。2013 年 9 月 7 日，习近平主席在哈萨克斯坦纳扎尔巴耶夫大学发表演讲，首次提出加强政策沟通、道路联通、贸易畅通、货币流通、民心相通，共同建设"丝绸之路经济带"的倡议。其中，"民心相通"是"五通"模式的精髓，也是建构"五通"模式的文化前提。民心相通本质上是文化认同，是文化价值观的选择过程，从而奠定了"一带一路"的文化坐标。"一带一路"倡议本身就是文化传播的实践载体。截至 2024 年 6 月底，我国已与 152 个国家、32 个国际组织签署了 200 多份共建"一带一路"的合作文件。共建"一带一路"国家间的人员往来、货物通流和信息传递，构建了一个开放包容、互利互惠、合作共赢的国际平台，这些人流、物流、信息流承载着不同民族的文化精神、价值追求和审美情趣。西安是中华文明和中华民族的重要发祥地之一，共建"一带一路"倡议所倡导的民心相通，蕴含着西安文化走向世界的时代势能。

在国际知名智库米尔肯研究院公布的《中国最佳表现城市》报告中，西安一直名列前茅，反映了它是一个既拥有深厚历史底蕴，又保持着生动活泼的姿态，且始终充满现代化活力的城市，在"一带一路"倡议中占有重要位置。2024 年 8 月在西安召开的丝绸之路国际旅游博览会，秉承开放包容、合作共赢的理念，传承和弘扬丝路精神，深度参与国际文旅交流合作，推动文旅产业高质量发展，为"一带一路"建设贡献陕西文旅力量，吸引了来自国内外的 164 个代表团、793 家企业参展参会。此外，西安还建立了多个"一带一路"文化交流平台，如西安丝绸之路国际文化交流中心，这为西安与共建国家的文化、教育、科技交流提供了长期的合作基础。陕西省文化和旅游厅①发布的数据显示，十年来，西安累计派出 270 余批次团组、3000 余人赴境外近 60 个国家和地区开展 600 余场次文旅交流活动，全省累计接待入境游客近 2600 万人次，对外文旅交流合作取得丰硕成果，全面展示了中华文化的气魄和陕西文化的特色。"一带一路"文化交流活动以及合作平台的建立，为全球观众提供了了解西安文化的窗口，塑造和传播了一个历史深厚且现代化的国际性文化都市形象。在"一带一路"倡议的框架下，西安展现了其开放包容的姿态和丰富的文化遗产，提升了国际知名度和影响力，强化了中国文化在国际舞台上的传播力与影响力。

（三）西安国际文化节庆活动品牌影响力持续提升

根据西安市文化和旅游局统计，2021 年第八届丝绸之路国际电影节吸引了来自 80 多个国家的近 300 部影片参展，全球观众通过线上线下平台观看超过 5000 万次。2023 年 11 月底，第七届丝绸之路国际博览会在西安圆满举办，再一次让西安站在了世界的中心。同时西安还成功举办丝绸之路国际艺术节、丝绸之路国际旅游博览会、世界文化旅游大会等重大活动，这不仅是地缘文化国际传播的有效途径、城市形象推广的天然平台，也有利于构建"一带一路"文化传播的西安模式，提升西安作为文化之都的国际形象。②

此外，由悉尼中国文化中心、西安市文化和旅游局共同主办的"欢乐春节·锦绣长安——2024 西安新春民俗文化展"在 2024 农历新年前夕于悉尼开展，为期一个月的文化展陈由"寻迹年俗""洞见年史""非遗年韵"

---

① 《对省十四届人大二次会议第 509 号建议的答复函》（陕文旅函〔2024〕118 号）。
② 宋嘉玉：《文化赋能：论丝绸之路国际电影节对西安文化品牌的建构作用》，《戏剧之家》2021 年第 28 期。

三大板块组成，以春节历史、西安春节民俗、春节历史典籍、现代积木春节风俗模型、西安年俗非遗等文化内容，营造了丰富的年俗文化体验场景，让中西文化在新年的喜庆、祥和中交流融汇。新春民俗文化展增进了国际友人对中国年节的了解，也令外国游客对西安这座美丽的城市充满了向往。同时，"丝路荟聚中国年" 2024丝路城市春晚在 "一带一路" 倡议提出10周年之际，为丝路沿线城市人民奉献了一台彰显新时代丝路乐章的视听盛宴，推动中华文化走向世界。在 "共享中国年 一路到长安" 丝路青年潮玩西安年全球大直播活动中，丝路沿线国家青年受邀在线畅享西安年。赴澳大利亚、新西兰等国家举办西安年文化艺术传承体验活动、元宵灯节点亮仪式及开幕演出等活动，提升了西安国际知名度和影响力。此类国际化文化节庆活动已成为西安文化传播的重要窗口。

（四）西安文化旅游国际化程度不断提高

长安十二时辰主题街区焕新升级，美轮美奂；大唐不夜城各类演艺活动推陈出新，人潮涌动；易俗社文化街区里秦腔高亢，听者沉醉；白鹿原影视城《夜谭·白鹿原》如梦似幻，精彩纷呈；西咸新区丝路欢乐世界让游客沉浸式感受丝路沿线各国的不同风情……西安市深化旅游供给侧结构性改革，加快西安旅游从观光游向休闲游、度假游转型升级，建成丝路欢乐世界等一批文旅重点项目；着力擦亮 "东亚文化之都" "千年古都 常来长安" 等城市品牌；以满足人民美好生活需要为导向，塑造高品质消费新场景，创新打造城市时尚文化消费圈。

2021年12月，西安把 "东亚文化之都" 创建作为打造城市文旅品牌、提升城市文化影响力的重要抓手，积极举办西安文化旅游海外行活动，不断扩大西安在国际上的影响力。2023年6月底，西安市文化和旅游局策划推出了 "夜游、夜演、夜娱、夜憩、夜食、夜购、夜市、夜练、夜读、夜宿" 10个业态525个夜游目的地，丰富内容供给，壮大新业态；打造了1条 "古都华韵" 特别推荐线路和20条区县精品夜游线路，盘活既有资源，推出新产品；围绕 "有礼、有味、有景、有情、有料、有才" 推出六大主题

85 项夜游活动。一系列夜游活动烟火升腾吸引主流媒体聚焦，新华社的
《全球连线丨"夜经济"升温 点亮古城西安》文稿广泛传播，被近 30 家海
外媒体采用推送，国际传播效果不断提高。2023 年 7 月，"国风秦韵"西安
文化和旅游展在丹麦中国文化中心拉开帷幕。在德国慕尼黑，西安市文化和
旅游局举办"千年古都常来长安"西安文旅推广（德国专场）活动，为两
地往来合作交流厚植基础。2024 年 5 月，西安市文化和旅游局还与马耳他
中国文化中心对口合作，在马耳他瓦莱塔市、桑塔露琪亚市，开展马耳他
2023 部省合作"茶和天下"等文化旅游交流活动。随着"一带一路"建设
的持续推进，作为古丝路起点的西安，对外交流与合作愈加密切。

近年来，西安文化旅游业在国际市场上取得了显著增长。以秦始皇兵马
俑、大雁塔和古城墙为代表的景点成为国际游客的热门选择。同时，西安旅
游国际化进程不断加快。西安市在 2019 年推出了多项针对国际游客的服务
措施，如推出了多语种旅游指南和应用程序，并简化了外国游客的签证手
续等，极大便利了外籍游客来西安旅游。2024 年上半年，西安咸阳机场海
关服务保障西安航空口岸入境旅客 26.3 万人次，是上年同期的 3.3 倍，其
中外籍旅客 7.3 万人次，是上年同期的 5.7 倍。[①] 从"出彩"到"出圈"，
陕西文旅市场蓬勃发展，文化创新创造竞相涌现，西安文旅国际化迅猛
发展。

（五）持续向世界输出优质特色 IP 与影视作品

西安在打造特色文化形象、提升国际传播效果时，充分发挥了文化 IP
的标识性作用、引导性与指向性功能，并在赋能经济文化高质量发展上彰
显力量，积极适应国际传播大环境的变化和传播方式的变革。"IN XI'AN"
作为西安国际化传播阵地，在海外社交媒体上以数据驱动内容生产，创意
激发交流互动，并不断开辟新的内容形式与传播渠道，向全球网友全面、

---

① 西安市人民政府：《上半年西安航空口岸入境外籍旅客 7.3 万人次为去年同期的 5.7 倍》，
2024 年 7 月 22 日。

立体、多元地展现中国西安的历史文化和现代化气息。兵马俑不仅在国内家喻户晓，在海外也长期保持着"顶流"级的知名度。"IN XI'AN"账号运营团队结合数据分析结果及海外用户画像，顺应IP营销趋势，以兵马俑形象原创了"阿俑"的账号头像、LOGO等内容，并在日常运营上，将"阿俑"形象运用于与用户的交互。憨态可掬的"阿俑"带着海外网友身临其境地走向西安烟火生活，以场景化、文化融合的方式向海外朋友介绍着西安路名背后的故事，让海外朋友在历史和现实的坐标轴中品味路名"长安味"。

同时，以影视作品为代表的文化产品输出也为西安文化形象的国际传播提供了新的路径。根据国家广电总局的数据，在西安取景和拍摄的电视剧《长安十二时辰》在海内外获得了广泛好评，并被多个国家的主流媒体报道，成为中国古代历史题材影视作品的代表作之一。这部电视剧不仅带动了西安文化旅游热潮，也通过影视作品将西安历史文化传播到了更广泛的国际观众群体。2021年5月，西安曲江影视投资（集团）有限公司、西安曲江文化产业风险投资有限公司联合投资西安美霖文化发展有限公司，旨在深耕影视全产业链，为陕西文化"走出去"探索了新路。该公司借助合作方的渠道，使部分影视作品实现国际传播。为了掌握主动权，公司在YouTube等境外社交媒体平台开设美食、自然、人文等专题，第一时间上传原创视频，形成营销矩阵，构建传播体系，实现"造船出海"。此外，西安文化创意产品也通过跨境电商平台进入国际市场。根据《2022年西安市文化产业报告》，西安文化创意产品出口总额达到了1.5亿美元，主要出口市场为美国、欧洲和东南亚。这些文化创意产品包括兵马俑复制品、唐代文化元素衍生品等，在国际市场上逐渐获得了认可。

西安文化传播通过好故事和对味的"传播"，借助沉浸式优质影视作品与优秀传统文化产品，有效提升国际文化形象。让世界人民去认识这座城，甚至爱上这座城，让西安不仅成为当之无愧的国际化名城，更是在国际上以更积极创新的姿态，向世界传播中国文化，讲好"中国故事"。

二 西安文化形象国际传播过程中存在的短板与不足

西安拥有丰富的文化资源，然而，在国际文化传播效果提升过程中，仍然面临多重挑战。

（一）特色文化挖掘不深入，传播内容创新不足

西安在对外传播时往往侧重于标志性的景点，而忽视了对其背后深厚文化内涵的进一步挖掘。张芮宁等认为，西安文化国际传播要利用好西安本地丰富的历史文化资源，在巩固历史文化形象的同时提升传播效果，增加西安现代化城市形象的内容，构建立体、全面、可爱的西安新形象。[①]如兵马俑的历史背景和象征意义常常只是被简单介绍，而忽略了与秦朝政治制度、军事文化以及工艺美学等更深入的联系。这种表面化的文化传播方式使国际受众很难全面了解西安文化的深度，导致跨文化传播吸引力和持久性不足。

随着全球文化传播数字化和多样化发展，西安文化传播仍然主要依赖于传统的渠道，如电视、展览和实体博物馆，缺乏对虚拟现实、数字博物馆等新兴科技手段的有效利用。尽管西安历史上与丝绸之路有着深厚的联系，但在当代，丝绸之路文化的传播多是以展示文物为主，未能充分利用现代技术手段，如在通过虚拟现实重现历史场景，通过旅游演艺展示文化底蕴和增强国际观众的参与感和沉浸感，通过数智赋能提升文化传播效果方面还有提升空间。

西安虽然拥有丰富的非物质文化遗产，如秦腔、西安鼓乐和传统饮食文化（如羊肉泡馍等），但这些文化形式的国际传播方式较为单一，未能结合当代国际受众的兴趣点进行内容再造。如鼓乐这种古老的音乐形式尽管有着

---

① 张芮宁、胡伟华：《基于自建语料库分析日本主流媒体的西安历史文化形象报道》，《新闻知识》2021年第9期。

巨大的历史和文化价值，却没有通过数字媒体的创新传播方式扩大其国际影响力，许多国际受众对其认知仍然有限。

（二）传播渠道缺乏创新，平台的发展需与国际接轨

在全球数字化转型背景下，全球文化传播日益依赖数字化平台，尤其是短视频、虚拟现实（VR）、增强现实（AR）等新兴技术。西安在这方面投入和应用还不充分。像 TikTok、Instagram 等国际知名平台在文化传播中发挥着重要作用，而西安的文化推广主要依赖微博、微信、抖音、小红书等国内平台，西安文化出海缺乏全球性平台的有效参与。这种局限性使西安的文化内容在国际传播中的影响力和覆盖范围受到一定的限制。

虚拟现实和增强现实技术的应用缺乏，影响了西安历史文化的传播效果。全球各大文化中心和城市已经开始利用 VR/AR 技术进行文化展示和传播。当前罗马斗兽场和巴黎卢浮宫等世界著名文化景点已经通过虚拟旅游和增强现实项目，让全球观众得以沉浸式体验这些历史遗产。相比之下，尽管西安拥有世界著名的文化遗产如兵马俑和大雁塔，但在虚拟展示和数字化互动体验方面仍未充分利用这些技术，未能与全球趋势接轨。

（三）传播主体不足，专业人才培养机制仍需完善

当前西安国际文化传播主要集中在政府主导的宣传项目上，而这些项目往往注重传统的传播方式，如官方宣传片、文物展览等，缺乏灵活性和创新性。而私营企业和 NGO（非政府组织）是国际传播的重要力量，可以通过更灵活的市场机制和资源整合，帮助推动文化传播的多样化。但是，总体上西安在文化国际传播中私营企业和 NGO 参与不多。

文化传播不仅需要具备文化背景知识的人才，还需要懂得如何运用现代传播技术和跨文化沟通技巧的复合型人才。当前，西安文化传播人才大多集中在政府部门和传统媒体领域，缺乏年轻创作者、数字媒体专家和国际文化交流人才的参与。此外，文化传播专业人才的培养机制也亟须完善。西安高

校和职业培训机构在培养文化传播人才方面的课程设置相对传统，缺乏与国际接轨的现代传播课程。以数字化传播为例，全球文化传播的趋势正逐步转向数字媒体、社交平台和虚拟现实技术，而西安在这些方面的专业人才相对匮乏。文化传播人才不仅需要懂得文化内容，还要掌握如何利用新兴技术将文化内容进行全球推广。

（四）传播过程缺乏双向互动，传播方式缺乏针对性

双向互动不仅局限于内容的调整，还涉及传播方式的创新。目前西安的文化传播主要通过传统媒体和社交媒体进行，虽然近年来也尝试了通过短视频、网络直播等新媒体进行文化推广，但这些手段的使用仍然停留在初级阶段。国外一些文化传播案例，尤其是依托数字技术，如虚拟现实（VR）、增强现实（AR）和沉浸式体验的项目，如果能利用大数据对目标受众群体进行分析和数字画像，进行精准投放推送，将能够大大增强与受众的互动性和精确度。

当前西安的文化传播虽然借助了一些国际平台，如通过社交媒体推介兵马俑等著名文化符号，但在具体传播内容的定制化方面仍显不足。文化传播的双向互动不仅是信息的传递，更是一个文化碰撞与反馈的过程。国际受众的兴趣和需求是多样化的，尤其是在文化背景、教育程度和生活方式等方面差异较大的受众群体中，统一的传播内容往往不能引起共鸣。文化传播如果缺乏对受众的需求分析，很容易导致文化输出的同质化和单向化，使传播内容失去吸引力。当前西安文化传播内容仍然多集中于历史文化的展示，尽管这些文化符号在国际上有很高的认知度，但对于不同国家、地区的受众，这种内容的吸引力未必持久。因此，西安文化在对外传播时，需更多关注如何将历史文化与当代文化、时尚潮流结合，提升和概括能超越国界的审美、艺术等人类共同文明互鉴的表达方式，从而提升内容和受众群体的多样性和针对性。

三　西安文化形象国际传播优化对策

结合西安文化形象国际传播存在的短板与不足，从五个方面提出优化对策，为其未来发展提供思路。

（一）深入挖掘西安文化内涵，展现城市多元魅力

从科学、史学、文学、艺术和社会五个层面进行深入研究，结合西安历史文化背景和发展目标，对其文化进行精准定位。在整合本地丰富的历史遗产、文化资源和建筑特色的同时积极与高校、科研机构及文化团体合作，共同开展文化普及教育，从而构建一个多元化的文化传播体系，确保文化传播的深度与广度，以丰富的展现方式多角度展现西安独特的历史文化内涵，同时在传播过程中注重与游客的互动，展现西安文化深厚的历史底蕴与现代活力。

（二）培养海外意见领袖，拓宽西安文化国际传播领域

在媒体信息传播的过程中，意见领袖的力量不容小觑，他们通常会起到重要的中介作用，并通过对信息的二次加工和自身所具备的某方面的出色能力对他人施加一定影响。因此，为加强西安文化在国际领域的传播，政府以及相关机构可以选用或培养一批海外意见领袖，如海外知名博主、西安籍网红或明星以及西安留学生等，借助国际知名自媒体平台从个人视角积极发声，分享他们与西安文化的故事，从而建立一个丰富立体、真实生动的城市形象，以此来宣传西安丰富的美食文化和旅游资源并且使其更具有可信度和说服力，从一定程度上减少外国受众对西安文化甚至是中国文化形成的刻板印象，提高对西安文化的认知水平。

（三）建立多元参与传播主体队伍，加强专业人才培养

在新媒体快速发展的时代背景下，短视频平台上素人创作内容的频繁爆

火为一些旅游城市及相关产业带来了热度和流量，由此可见，移动互联网为用户个人表达提供了便捷的渠道和技术可能性。但素人创作者因缺乏专业素养与能力，其作品往往表现出同质化和随意性，缺乏创新性与独特性。通过西安城市文化相关视频数据，可以观察到其内容的爆火多属偶发，很难形成维持热点的长久动力。因此，必须重视培育高质量的 PGC（Professionally-generated Content，专业生产内容）和 OGC（Occupationally-generated Content，职业生产内容）类的优质内容，并与用户生成内容实现有机互补，以形成一种可持续的传播机制，有助于在激烈的市场环境中保持文化内容的活力与创新的同时还能增强传播效果。此外，加强传播主体的多元化建设和专业人才的培养同样至关重要，这将进一步推动西安文化的有效传播。完善文化创意产业项目和相关高素质人才引进政策，鼓励官方媒体加强海外社交媒体运营，包括 Twitter、Facebook、TikTok 等国际知名社交媒体平台，用"自塑"打破"他塑"框架，发挥官方媒体的积极引导作用，加强人才培养；西安主流媒体机构应优化媒体人才结构，重视培养和选用具备国际视野和出色专业能力的媒体人才，提高官方账号运营效率。[1]

（四）注重媒体传播双向互动，满足受众多元需求

随着媒体行业和城市文化形象传播的不断发展，新媒体与传统媒体深度融合已经成为必然的趋势。新媒体的优势有目共睹，并且在传播过程中可双向互动的特点十分契合时代的发展和受众的需要，但是创作门槛较低，其内容质量参差不齐，而传统媒体因有着严格的编审程序，其质量和权威性都具有一定保证，二者各有特点并能形成良好的优势互补，从而构建一个共存共赢的、新的传播业态。

媒体传播的双向互动可以利用二者的特点来发挥融合的优势。传统媒体可以将西安文物故事制作成图文并茂的介绍或邀请专家制作文史科普系列节

---

[1]　张启莹、马雨婷：《媒介深度融合下提升西安国际传播效能的内容建构与策略》，《科技传播》2023 年第 15 期。

目并且利用新媒体平台进行传播，以吸引更多的年轻用户了解其背后的历史与文化；西安每年举办的多种文化节庆活动以及各类文化讲座等，可通过传统媒体的报道结合新媒体平台的直播和互动，实现不受空间限制的线上线下同时参与和互动。

（五）丰富创新趣味文化活动，发挥参与式传播效用

注重互动交流和受众的感受从而提高受众参与度，给予参与传播的受众一个"双向交流"的机会，使其从"受众"和"体验者"的身份向"传播者"转变。在众多线上传播平台中，由微博、微信和各类客户端构成的"两微一端"组合,[①] 已成为城市文化传播的核心阵地，展现出卓越的活跃性和传播效果。一方面，可以利用新媒体平台，使城市文化的宣传实现精准投放。例如，通过制作高质量的西安文化宣传片、微电影及纪录片等音视频内容，在不同时空背景下向更广泛的受众传递文化信息。这种传播方式不仅打破了传统媒介的时间和空间限制，还能通过视觉和听觉的双重刺激增强受众的文化体验感。另一方面，官方微博和微信的设立为城市文化信息的权威发布提供了保障。这些平台不仅是信息传播的渠道，更是公众参与文化交流的重要场所。通过发起公共话题讨论，公众可以对感兴趣的文化内容进行转发、评论和互动，从而成为城市文化传播的积极参与者。这种双向互动既能提升公众对文化内容的关注度，也促进了文化的多元化表达，从而形成一种良好的文化传播生态。

通过虚拟现实技术对城市建筑、文化遗存和历史景观进行三维仿真，不仅能将西安的实体空间延伸至网络空间，还能将城市独特的文化特征融入这一虚拟环境。[②] 在此过程中，游客可以通过角色扮演和互动体验，依据故事情节深入探索城市的历史与文化，利用多感官的体验，全方位、沉浸式地感受西安的文化气息。这种通过借助虚拟仿真技术将古代文明与现代技术进行

①　闻学、胡琪、林成骄：《媒体融合视域下电视媒体与新媒体融合问题及对策研究——以中央电视台一套综合频道为例》，《中国新闻传播研究》2020 年第 4 期。

②　李南：《新媒体环境下城市文化传播的方略与措施》，《今传媒》2016 年第 4 期。

结合的趋势，将会使西安城市文化传播更具包容性、参与性和现代感。

目前，西安文化形象国际传播能力与城市的国际影响力还不匹配，跨文化传播效果还有待提升，未来只有强化西安文化品牌，培育多元参与的跨文化传播人才队伍，通过数智赋能、多元参与、创新表达、精准传播，才能使西安文化通过有效的国际传播，实现人类文明互鉴的目标，在对跨文化传播活动的反思改进中，持续提升西安城市的文化形象和国际影响力。

B.18
陕西微短剧产业发展报告

卢冠南*

摘　要： 微短剧是当下热门的网络视听文化产品，经历了前两年的粗放式发展后，在行业主管部门的积极引导和市场的自身调节下，微短剧行业正沿着精品化的轨道前行。本报告深入分析了陕西微短剧产业发展历程及趋势。陕西特别是西安承制的微短剧数量一度占到全国六成，多地加快构建微短剧高质量发展产业生态，产业整体实力和综合竞争力均不断提升。在梳理分析陕西微短剧产业发展过程中所面临的不平衡不充分等问题和挑战基础上，建议从加快出台支持政策、推动资源要素集聚发展、加强内容引导审核、优化拍摄配套服务、强化人才智力支撑等方面推进陕西微短剧产业高质量发展。

关键词： 微短剧　文化产业　陕西

伴随移动互联网的深度应用、视频拍摄制作技术的逐渐普及以及长短网络视听平台的快速发展，单集时长从几十秒到15分钟左右、有着相对明确的主题和主线、较为连续和完整的故事情节的网络微短剧，因其制作成本低、内容轻量化、传播分众化等特征，逐步发展成为一种具有独特艺术形式、业务模式和传播方式的新兴网络文化产品。近年来，陕西微短剧产业蓬勃兴起。积极引导微短剧产业高质量发展，促进微短剧与传统文化、旅游资源、线下经济交融交汇，将微短剧流量转化为产业和市场增量，既是陕西深

---

* 卢冠南，陕西省委政策研究室文化处干部，主要从事文化产业研究。

化文旅融合、助力经济发展的有力抓手,也是更好满足人民群众多样化文化需求的题中之义。

一 陕西微短剧产业发展历程

2018年初,"竖屏短剧"这一全新的视听艺术新品类开始出现。2019年起,短视频平台陆续开始采买并独家播放微短剧,长视频平台则推出分账模式鼓励生产短视频内容,但由于商业模式尚不成熟,加之用户习惯尚未养成,微短剧产量低、受众窄、影响小、难盈利。2020年被称为"微短剧元年",一方面,国家广电总局设立了网络微短剧登记备案模块,加强了对微短剧的管理;另一方面,快手、抖音、腾讯等平台相继推出不同形式的激励计划,鼓励微短剧创作。陕西微短剧产业从2021年底开始起步,一路跑出后发先至加速度,迅速成为全国微短剧重要一极。陕西微短剧产业发展具体可分为三个阶段。

(一)起步探索期

2021年底至2022年底,微短剧在制作、分发、订阅模式等方面的探索逐渐成熟,小程序微短剧大量涌现。此类微短剧单集时长在数十秒或两三分钟,通过投放策略大面积触达用户,吸引用户跳转小程序观看,剧集采取前半部分免费观看,后半部分付费解锁的盈利模式,其制作成本可低至10万~20万元,拍摄周期可短至一周以内。相较于传统剧集,微短剧看似单集体量不大,可观众一旦追剧"上瘾",后续动辄就是上百集的付费剧情,总体消费不容小觑,部分微短剧一旦成为爆款,回报可达投资的数倍,让众多机构趋之若鹜,刺激微短剧行业野蛮发展。

这一时期,陕西部分摄制信息流广告的传媒公司敏锐发现,带有一定剧情的短视频广告与微短剧内容紧凑、节奏明快、短小精悍的特点高度重合,便纷纷组建微短剧拍摄团队,开始承接平台委派的剧集。一位本土企业负责人回忆,疫情时期很多广告公司业务暂停,接触到微短剧后因其门槛较低,三五个人就能干，一部戏的承包制作费用几万元，拍完发现还有几千块钱的结余，于是便开始尝试拍摄。

（二）快速发展期

进入 2023 年，文娱产业的复苏回暖助推微短剧发展呈井喷之势，平台剧、小程序剧带来的可观收益促使微短剧行业爆发式增长，其制作周期短、摄制成本低、变现机会多，给影视行业带来了新的转型发展机遇。网络视听用户的消费狂欢为微短剧出品方和视频平台激活了新的商业变现路径，引发更多视频平台、影视机构、网文平台纷纷抢滩入局，力求"掘一桶金"，从而在短时间内推高了微短剧市场的热潮。从市场规模看，国内网络微短剧市场规模达 373.9 亿元，同比上升 267.65%[①]，是当年电影总票房 549.15 亿元[②]的 68%。从创作备案和发行许可数据看，2023 年全年规划备案 3574 部、上线备案 584 部，较 2021 年分别增长 382.2% 和 445.8%；2023 年下半年取得发行许可的作品共计 303 部 6853 集，其中仅第三季度发行量就达到 150 部，接近 2022 年全年总和的 2 倍。[③]

站在微短剧行业迅猛发展风口，陕西微短剧企业以其成熟的拍摄经验、较短的制作周期、低廉的承制费用获得资方青睐。据统计，2023 年上半年登上周热门榜单次数前十的制作公司里，有 6 家公司来自西安，市场约 60%的微短剧由西安制作生产，年初甚至达到八九成。同年，国家广电总局加强网络微短剧治理工作，快手、抖音、微信等平台逐步开展对违规微短剧和相关账号的清查处置工作，取得积极成效，清理了大批低俗有害的网络微短剧、违规小程序和账号。在监管加强后，各平台微短剧内容开始走向规范化管理，逐渐向精品化发展。在此背景下，仍有多部由陕西企业承制的微短剧集火爆出圈，其中剧集《无双》创下了上线 8 天用户充值 1 亿元的业绩。微短剧制作的火爆也带动了陕西服装、道具、摄影器材租赁、演员等影视行

[①] 艾媒咨询：《2023~2024 年中国微短剧市场研究报告》。
[②] 2023 年全国电影总票房 549.15 亿元。
[③] 数据来源于广电总局重点网络影视剧信息备案系统。

业快速发展。以演员为例，与传统影视行业相比，微短剧演员对演技要求不高，更接地气，大量甘肃、山西等省的演员们成为"西漂"。

（三）深耕细作期

2024年初，行业主管部门进一步加强引导监管，使其逐步从"泥沙俱下、参差不齐"的状况，进入"主流化、精品化、成熟化"的发展时期。2024年1月，国家广播电视总局发布《关于开展"跟着微短剧去旅行"创作计划的通知》，提出2024年创作播出100部"跟着微短剧去旅行"主题优秀微短剧。4月，国家广播电视总局下发的《关于微短剧备案最新工作提示》指出，各平台应将目前未经备案上线播出的微短剧相关信息，于2024年5月31日前报所属地省级广播电视主管部门备案。6月1日起，网络视听平台、小程序平台等播出或引流推送的所有微短剧均须持有网络剧片发行许可证或平台相应的上线备案号，未经审核且备案的微短剧不得上网传播。相关政策的出台实施推动微短剧行业生态日渐清朗，发展总体态势明显好转，野蛮生长现象得到有效遏制，微短剧产业进入了转型迭代、提质升级的新阶段。

作为微短剧承制的策源地和重镇之一，陕西特别是西安市着眼于发展微短剧全产业链经济，加快构建微短剧高质量发展产业生态，产业发展稳中向好，整体实力和综合竞争力均有所提升。其中，西安于2024年9月底发布九个方面共42条促进文化旅游体育产业高质量发展支持政策，提出"提高微短剧创作水平""鼓励西安特色微短剧生产"，对本市企业作为第一出品方创制的网络微短剧，通过备案审查并在主要视频网站播出，平台分账收入达到300万元、600万元、1000万元以上的，分别给予第一出品方每部作品5万元、10万元、15万元一次性奖励，为微短剧内容创制及相关配套服务提供重点扶持。西咸新区聚焦完善微短剧产业链、服务链和生态链，加快打造集剧本创作、拍摄、制作、投流、发行等于一体的微短剧产业集群，已初步形成5个拍摄基地、3个制作基地、2个产业基地、1个培训基地的微短剧企业集聚区。据统计，全省微短剧相关企业已达百余家，《南辕北辙的我们》《以爱为契》《恋恋小食光》3 部微短剧入选国家广电总局"跟着微短剧去旅行"创作计划，仅 2024 年上半年，西安上榜的微短剧就超过 300 部，投流资金超 16 亿元。[①] 随着陕西省一些承制方规模日渐壮大，它们也开始尝试在搭建投流平台方面进行新的探索，比如，作为兼具承制方与剧本创作方双重角色的陕西文无文化传媒有限公司，2024 年 8 月与韩国（株）RB Entertainment 就短剧业务合作签下 2000 亿韩元（约合人民币 10.74 亿元）谅解备忘录，全面转向自创自制和短剧出海。6 月 26 日，陕西广电网络在微信平台推出小程序"西部短剧"，也已进军微短剧行业。西部电影集团发布"汉语电影内容 AI 辅助创作平台"，其旗下子公司西影传媒宣布"西西微剧场"合作通告，覆盖微短剧剧本、制作、分销、出海全产业链，同时与浙江卫视（中国蓝新平台）、中国移动咪咕公司、浙江华策影视集团、横店影视城等机构签约，共同搭建微短剧 2.0 生态矩阵。

二 微短剧产业发展现状及趋势

（一）市场规模增速回落，趋于稳定

在外部监管政策收紧和内部发展升级迭代双重因素影响下，微短剧产业发展告别"狂飙"态势，逐步走向稳健发展之路。企查查数据显示，我国现存短剧相关企业 8.33 万家，2024 年上半年新注册短剧相关企业共 8157 家，与 2023 年新注册量 2.26 万家相比明显放缓。截至 2024 年 6 月底，国内微短剧投流规模超 116 亿元，预计全年微短剧投流规模约 300 亿元，根据投流规模约占市场规模 80% 比例推算，国内微短剧市场规模预计达 350 亿元左右，与 2023 年的 373.9 亿元基本持平。值得注意的是，随着投流费用的不断上涨，以及同类型微短剧市场的极度饱和，用户对短剧的付费意愿正在下降。据业内人士估算，2024 年微短剧行业的客单价（每位用户在单部短

---

① DataEye：《2024 上半年微短剧投流白皮书》。

剧上的平均消费）较 2023 年已经下滑 20% 以上，且老用户流失加剧，新用户增长乏力，这与部分研究机构预测的"2027 年微短剧市场规模将破 1000 亿元"存在较大落差。

（二）政策指引创作生产走向规范化、精品化

在国家支持微短剧健康向上发展的大背景下，疏堵结合推动微短剧生产已成行业共识。中央广播电视总台央视频启动"中国精品微短剧创投融媒体行动"，中国精品微短剧产业暨全屏矩阵联盟正式成立。抖音、快手、腾讯、优酷、爱奇艺等平台相继推出并持续升级针对微短剧的专项扶持计划与规范治理措施，聚焦丰富主题、涵盖众多题材的微短剧佳作频出，低品质微短剧、违规平台及小程序基本销声匿迹。随着微短剧精品化趋势深入推进以及平台布局策略的不断优化，各平台之间以及长短视频平台之间的上线数量结构预计有所变化，头部平台之间上线数量差距将进一步缩小，而短视频平台上线数量优势将进一步放大。

（三）受众群体更加多元化、分众化

随着微短剧变现方式由平台分账单一模式转向合作品牌商单、网络达人孵化、企业冠名、品牌定制等多种方式，免费剧集供给不断增加，长短视频合作、大小屏联动等新模式层出不穷，优质剧集付费模式日趋成熟，碎片化观剧习惯基本养成。《中国网络视听发展研究报告（2024）》显示，微短剧受众群体由中青年为主、男性居多向各年龄段人群、男女观众均等演变，经常观看微短剧的用户占比已达 39.9%，31.9% 的用户曾为微短剧内容付费。除都市、爱情、穿越等热播题材外，"微短剧+"模式进一步打破融合边界，文旅、科幻、司法、农村、轻喜剧、奥运、戏曲等热点题材同样收获稳定拥趸。

（四）剧集体量再次瘦身，承制资金回归理性

微短剧追求快速迭代的特性和激烈的市场竞争环境使行业对剧集内容产出效率诉求尤为显著。与 2023 年微短剧动辄 100 集以上、总时长 2 小时相

比，目前多数微短剧集数均处于 50~100 集、总时长 1.5 小时区间，更加贴合其时长短、创作快、题材和体裁灵活多样等特点。承制资金中位数由 2023 年底的 60 万元以上回落至 40 万元左右。调研发现，剧本创作、宣发上线周期较 2023 年变化不大，而拍摄周期则由 10 天缩短至 4~6 天，剧组每日需完成 15~20 集拍摄任务。目前，已有《三星堆：未来启示录》等运用生成式人工智能（AIGC）技术创作生产的网络微短剧陆续出现，未来此类新技术将广泛应用于微短剧产业全流程，极大缩短从剧本创作、作品拍摄到后期制作的周期，给微短剧发展带来更多可能。

（五）"微短剧之城"向多极化发展

经过近年来不断进化发展，微短剧已经基本形成分工明确、各环节相对完善的产业链条，全面覆盖从上游内容生产（包括剧本创意、拍摄制作、监管约束等）到中游内容分发（包括平台整合、买量、分销等）再到下游内容消费（包括上线播出、观看以及观看后的充值消费）等各方面。按照微短剧产业链上中下游，即剧本方、承制方、平台方划分，微短剧企业总部主要分布在杭州、北京、西安、金华、郑州、上海等 34 个城市。其中，杭州、北京、广州等城市平台方数量，金华、西安、郑州等城市承制方数量分列全国前三，剧本方集聚于一线城市，并且与平台方、承制方所在地区高度重叠。随着行业进一步发展，尤其是企业降本增效内需驱动产业分工集中度提升，微短剧产业链会进一步得到整合强化，未来剧本、制作、运营、宣发等，大概率将由同一家企业全链路完成。

（六）各地各方入局争锋，市场竞争空前激烈

微短剧已成为影视市场的内容新增长极，吸引了相当大比例的制作主体、运营主体和发行主体介入。据统计，已有包括上海、深圳、成都、郑州在内的十余个城市出台微短剧扶持政策，全国各省区市广电部门纷纷加快布局短剧业务或成立短剧项目步伐。比如，郑州出台《关于加快推进微短剧产业高质量发展扶持政策的意见》，提出支持建设"微短剧创作之都"，发

展微短剧全产业链经济并建立全国微短剧人才培训中心。上海举办首届微短剧大会，发布《关于促进微短剧产业发展的若干措施（试行）》，围绕推动微短剧全产业链经济发展，从培育市场主体、加速产业集聚、精品内容引领、鼓励布局海外、优化审批流程等方面提出举措，统筹设立 5000 万元的网络微短剧产业引导经费。北京启动"首亮微光"扶持计划，对单部微短剧的奖励资金最高达 300 万元。山东和粤港澳大湾区均成立了微短剧影视产业基地。同时，众多网络小说平台、长短视频平台、MCN 机构，以及部分名导、明星，甚至美团、饿了么等餐饮平台也加入微短剧"锦标赛"。此外，"剧场+长视频剧集""短剧（即 15 分钟×24 集）""动漫微短剧"等各类型剧集接档排播，以应对微短剧对观众的分流。

（七）短剧出海初见成效，拓展行业发展新赛道

伴随短视频娱乐方式在全球的风靡普及，以及国内网络文学平台前期出海发展在内容生态和用户体量上的积累，微短剧不仅在国内风头正劲，在国外也持续走红。据统计，中文在线旗下的微短剧平台 ReelShort 一度跻身美国、英国、加拿大 App Store 总榜前三，人气甚至不输 TikTok。其爆款剧集 Fated To My Forbidden Alpha 就以西方观众熟知的 ABO 设定和狼人题材引入，在贴合欧美观众的喜好的同时，嫁接已在国内反复印证成功的情节元素，探索出微短剧出海本土化的路径。据美国市场情报和数据分析公司 Sensor Tower 数据，2023 年 3 月至 2024 年 2 月，已有 40 多款微短剧上线海外平台，累计下载近 5500 万次，收入达 1.7 亿美元，展现出微短剧愈发成熟的商业模式和中华文化的魅力。可以预见，在国内微短剧市场步入红海的背景下，将有更多企业进军海外市场，微短剧有望成为我国文化产业"扬帆出海"新名片。

三　陕西微短剧产业发展面临的挑战

相比其他影视内容，微短剧面临空前庞大的内容规模和主体规模，这给

管理端、创作端、市场端等带来更多挑战。陕西微短剧产业"剧火城热"的背后，仍有一些挑战亟待克服。

（一）扶持政策相对滞后

与外省市近两年密集出台微短剧产业发展的具体扶持政策相比，陕西省市相关部门支持政策相对滞后，且申请门槛较高，市场上平台分账收入达到300万元的微短剧屈指可数，分账达500万元、1000万元的更是凤毛麟角。数据显示，2023年上半年百强承制企业前10西安占6席，并且包揽前三，2024年上半年前10西安占4席，重庆四月联盟登顶榜首、郑州承制占5席，百强承制榜中西安企业约占22%，金华、郑州各占14%，杭州占9%，北京、宁波、上海、重庆各占4%。[①]西安从过去的一枝独秀变成与金华、郑州等地百花竞秀态势。目前，有的本地企业为降低制作成本、享受外地优惠政策而出走，外省企业来陕也还在观望等待。一位本土企业负责人估算，已有约三成微短剧承制企业远赴外省，相比外省市的"真金白银"奖补，"留在陕西拍"更多靠的是情怀。

（二）产业短板制约发展

随着行业进一步发展，同一家企业全链条完成剧本、制作、运营、宣发等流程已经成为大势所趋。陕西省微短剧企业仍以承制方为主，普遍规模较小，抗风险能力偏弱，盈利模式上往往选择平台方出资金、给剧本，并以较低比例作分配利润的低风险形式，真正属于陕西出品的很少。多数承制企业既缺乏对剧本创作的深度参与，也缺乏对流量走向的精准把握，更多扮演着投流平台分包后进行摄制的"打工人"角色。从实际情况来看，组建投流相关平台公司所需资金量大、耗时长，目前虽有企业尝试自产自投，但收效仍待进一步观察。

---

① 数据来自 Data Eye 剧查查。

表 1　微短剧产业链各环节及收入分成

产业链环节	承担角色	收入分成
上游:剧本/编剧	剧本创作、IP 授权	1%~5%
中游:承制出品	剧集拍摄、制作剪辑	2%~8%
下游:平台运营(媒体渠道)	买量投流、剧集推广	80%~90%

(三)审核上线仍存堵点

在监管升级和用户需求变化双重背景下,微短剧剧情人设套路化、题材故事同质化,已导致市场日趋饱和、受众喜好度降低。同时,按照国家广播电视总局新规,自 2024 年 6 月 1 日起,总投资额低于 30 万元的微短剧可由播放平台负责内容审核,总投资额度在 30 万~100 万元且非重点推荐的微短剧由省广播电视局进行审查。同时,在审核新规约束下,尽管多数微短剧实际投资金额已远超 30 万元,一些承制方为了使剧集尽快上线、随审随播,往往选择压缩申报金额至 30 万元以下,以规避广电部门备案审核和成片审查的较长周期。面对微短剧审查制度趋于严格,陕西省对于微短剧创制立项备案、成片审查等管理服务仍处于探索阶段,如何适应行业特点,应对海量剧集的审查,为作品的快速上线播出提供有力保障,将是面临的巨大挑战。

(四)拍摄服务亟待优化

出于成本考虑,剧组不单需要拍摄场地,还对拍摄服务提出更高需求,如各类摄影器材、服装道具租赁,群演、场务、杂工等演职人员招募,剧组住宿、餐饮、交通等日常保障。目前,以横店影视城、象山影视城、青岛东方影都等为代表的影视产业园纷纷优化酒店、餐饮、影视制作供应链及配套服务等。微短剧制作企业反映,上述影视产业园拍摄服务完善,省心又省钱,是许多剧组的首选。与国内发展较早的拍摄基地相比,陕西省可供微短剧拍摄的基地园区建设方兴未艾,分布较散较远,优质拍摄场景较少,能承载的影视题材类型较为单一，且周边基本生活配套不健全。部分适合取景拍摄的景区、特色小镇缺乏与剧组沟通对接渠道，导致剧组勘景成本较高，取景更是常有受阻。部分拍摄外景的资源透明度不足，依旧存在"中间商"赚差价，甚至所提供场景与剧组实际需要相背离的问题，一些特殊场地的租赁费用坐地起价，一组一价，不仅"坑"了本地企业，也把许多外来摄制组挡在门外。为了节省制作成本，多数剧组被迫大幅削减外拍比例，使陕西对外宣传的这一有利渠道作用难以充分彰显，而内景拍摄又常露"廉价"痕迹，难以提高剧集精品度。

（五）人才支撑仍需加强

微短剧尽管"短平快"，但依旧遵循影视创作规律，各环节工作人员身兼数职，可谓"麻雀虽小五脏俱全"。伴随微短剧向精品化、专业化、产业化、国际化发展，交叉复合型人才的重要性将进一步凸显。比如，上海为引进和培养微短剧紧缺人才提供租房补贴、人才公寓、落户上海等支持，厦门对重大项目及微短剧人才实施"一事一议"原则，郑州将微短剧人才纳入高层次人才认定体系等。目前全省微短剧企业涵盖剧本创意、拍摄制作、内容分发、播放平台等上、中、下游各个环节。以西咸新区为例，目前全区已注册成立影视公司 400 余家，包括传统影视企业、专业微短剧公司及短剧投流平台企业。企业普遍反映，随着众多网络小说平台、长短视频平台、MCN 机构，以及部分名导、明星入局微短剧行业，陕西省演员、剪辑等人才比较优势已不再明显，导演、运营等人才更是稀缺，有的微短剧企业会与之签署所谓的"竞业协议"，强制安排工作档期，不允许其在时间允许的情况下承接拍摄、上线运营其他公司剧集，形成人才垄断。

四 陕西推进微短剧产业高质量发展对策建议

为推进陕西微短剧产业持续领跑和高质量发展，加快形成空间集聚、主体丰富、创作活跃、科技赋能、服务精准、健康有序的产业生态,使其成为陕西文化创意产业新增长点,提出以下五方面建议。

(一)加快出台支持政策

一是切实落实《中共陕西省委关于深入贯彻落实党的二十届三中全会精神进一步全面深化改革奋力谱写中国式现代化建设的陕西新篇章的实施意见》提出的"建立健全微短剧、动漫游戏、'VR/AR+'等新型文化业态高质量发展政策体系",在充分考虑自身财力的前提下,参考外省区市微短剧奖补标准,加快制定相关政策,因地制宜出台支持办法,对微短剧精品创制、模式创新、科技应用、拍摄服务、国际传播、基地建设、企业升规等方面进行重点扶持。二是针对微短剧产业特点,落实小微企业、西部大开发等税收优惠政策,将优秀网络影视剧创作生产纳入省市级相关专项资金扶持范围,灵活运用一次性定额奖补、按平台分账情况奖补等措施,严格执行微短剧奖补资金使用计划以及兑现条件。三是鼓励条件成熟的市(区)率先出台政策试水,吸引全国更多微短剧龙头企业入驻陕西。同时,应充分考虑微短剧产业发展态势,密切关注国家相关部门出台的微短剧新政,及时调整优化支持政策,确保各级政策同向发力,形成合力。

(二)推动资源要素集聚发展

一是鼓励有实力的企业在平台集成、投流等产业链短板上做实功,举办微短剧路演、创投、交易等活动,打造交流交易平台,进一步提升微短剧产业能级。充分发挥陕西省国有文化企业规模优势、广电及影视行业专业技术优势,开发生成式人工智能(AIGC)等新技术开展剧本创作、角色与场景生成、智能推荐与分发等应用,进一步提升微短剧产能,优化微短剧品质。大力支持由曲江影视集团与中国移动咪咕公司主办的、面向全国的短剧"繁星计划"深入实施。二是加快培育微短剧全产业链聚集园区,发挥西咸新区等投流平台企业集中和摄制便利化优势,培育聚集一批头部企业,集合微短剧制作、MCN、游戏等相关企业,邀请引进版权方、平台方、媒体方等产业链上下游企业在陕设立子公司，完善微短剧产业链和产业生态。支持举办行业培训、发展论坛、产业展会等，不断提升"西安承制"的影响力。三是整合省内有关高校和各级文联、作协、协会、微短剧企业等力量开展导演力量统筹、原创剧本创作、文学作品改编、影视 IP 衍生开发，探索细分多元的创作方向，打造更多主题明确、情节连贯、戏剧张力强的精品短剧。

（三）加强内容引导审核

一是加强微短剧正向引导。鼓励微短剧剧本创作，面向全国开展剧本征集大赛，支持陕派文学作品改编微短剧剧本，对彰显社会主义核心价值观、展现陕西文化风采的网络微短剧剧本创作项目，经评选认定给予扶持资金。支持优质内容微短剧制拍，对陕西出品的微短剧依据其获得分账、入选年度优秀网络视听作品推选活动优秀目录或列入国家广电总局有关创作计划进行奖补，加快推动微短剧"产品—作品—精品"的迭代升级。二是优化微短剧创作审查服务。设立微短剧审查中心，壮大高水平审查专家库队伍，对重点网络微短剧上线备案、剧本创作、拍摄剪辑、完成片审查等各环节开展全流程指导服务，提高备案审核效率，打造全国一流服务，为作品的快速上线播出提供有力保障。加强内容题材审核管理，对剧本精良、凸显陕味、积极正向的优秀作品设立绿色通道，确保陕西出品有温度、有底蕴。同时，推进网络影视剧行业信用监管，建立健全违法违规信息记录制度，强化版权保护，打击侵权盗版，为微短剧发展营造良好环境。

（四）优化拍摄服务配套

一是结合国家广电总局"跟着微短剧去旅行"创作计划，借鉴山西文旅与游戏《黑神话：悟空》联动合作的经验做法，挖掘用好陕西省现有拍摄资源，避免重复建设，鼓励有意向、有条件的自然景区、古村古镇、特色街区等加强与微短剧等影视制作团队合作，灵活利用工作日、夜间等时段开放拍摄场地、提供相关便利。建立在陕拍摄取景补贴激励机制，对在陕西拍摄并上线主流平台的微短剧作品，按一定比例、范围、上限给予拍摄制作方资金奖励，推动更多富含"陕西元素"的微短剧上线。二是顺应影视拍摄发展趋势，加快"影视+科技"深度融合发展，整合实时数字影像、光影渲染、摄影机运动跟踪和运算等众多前沿科学技术，打造集虚拟拍摄、三维建模等先进技术于一体的高标准、高科技摄影棚，实现实时拍摄、跟踪、渲染、合成，将后期环节前置到拍摄阶段，进一步节约时间和经济成本。三是尽快成立微短剧行业协会，鼓励协会承接政府购买服务，建立非营利的统筹服务平台，杜绝黑中介，优化行业服务。四是借鉴浙江"横影通"服务，开发上线面向微短剧承制各环节的 App 或小程序，补齐交通、餐饮、住宿等基础配套服务短板，健全从场景搭建、道具制作、设备租赁、演员中介到生活服务等综合保障体系。

（五）强化人才智力支撑

一是依托陕西省高校专业师资和头部影视机构、平台企业的见习基地，支持本地高校围绕微短剧发展开设复合专业，特别是有关职业技术学院，紧密结合校企合作，以产促教、教随产出、产教同行，把教学和实践相融通，用好顶岗实习等制度要求，积极开展微短剧全产业链人才培训，支持高校与微短剧企业合作，探索构建产学研用融合的微短剧创新人才培养模式。二是搭建微短剧人才平台，建立影视专业人才紧缺目录，吸引更多外地人才来陕发展，在市场导向下，兼顾公平竞争，挖掘现有人才潜力，实现抱团取暖，在龙头企业带动下做强做大整体产业。三是用好陕西省文化人才相关政策，为微短剧高端人才认定、优惠政策享受，以及所有从业者职业资格认定、职称评定打通渠道。鼓励微短剧企业通过市场行为吸引省外人才。四是依托高校、科研机构成立微短剧产业研究中心，协同中国广播电视社会组织联合会微短剧委员会等协会，密切关注微短剧未来走向，引领企业发展。通过西安交通大学现有微短剧传播与应用测评体系，打造"繁星指数"品牌，聚焦互动式微短剧、AIGC 生成微短剧、VR

微短剧等产业新动向，做好行业数据统计和对标分析，加强微短剧企业发展跟踪管理，为陕西省微短剧产业提供更多新兴增长点。五是超前布局孵化依托 AI 大模型等新技术开展微短剧创制的相关企业和创意团队，建立全生命周期动态评价指标，加强分类分层精准指导和扶持政策优化调整，促进陕西省微短剧产业发展抢占先机。

B.19
关中文化生态保护区创建研究报告[*]

刘 泉[**]

摘 要: 为推动关中文化生态保护区工作的有效实施,课题组在分析我国文化生态保护区建设经验基础上,结合关中文化生态保护区的建设现状与困难,提出六项对策建议:一是加强顶层设计,制定高质量规划;二是深化体制机制改革,设立县级文化生态保护机构;三是建立健全文化生态保护制度体系;四是加强财政专项经费保障,确保配套资金到位;五是加强文化生态保护工作人才引培;六是加强各项工作的监督考核。

关键词: 关中文化 生态保护区 陕西

国家级文化生态保护区是指以保护非物质文化遗产为核心,对历史文化积淀丰厚、存续状态良好,具有重要价值和鲜明特色的文化形态进行整体性保护,并经文化和旅游部批准设立的特定区域。[①] 提出非遗整体性保护理念,把非遗保护与文化生态相结合,是我国非遗保护工作的一个实践创新,是针对非遗活态性、生态性、系统性、区域性等特点而提出来的。它既是我国传统文化整体认知智慧的反映,又是当代我国"生态文明"建设理念的充分体现。[②]

---

[*] 本文是陕西省社会科学院 2024 年度青年专项课题(项目编号:24QN09)研究成果。

[**] 刘泉,哲学博士,陕西省社会科学院副研究员,主要研究方向为中国哲学文献整理与思想诠释、文化哲学与文化建设。

[①] 《文化部关于加强国家级文化生态保护区建设的指导意见》(文非遗发〔2010〕7 号)。

[②] 宋俊华、徐沛仪:《国家级文化生态保护实验区建设的经验、问题与对策》,载宋俊华主编《中国非物质文化遗产保护发展报告(2017)》,社会科学文献出版社,2017,第 264 页。

一 国家级文化生态保护（实验）区的建设历程与成效

（一）建设历程

2006 年，文化部在《国家"十一五"时期文化发展规划纲要》中提出建设"10 个国家级民族文化生态保护区"的目标。2021 年，国家"十四五"规划中提出建设"30 个国家级文化生态保护区"的目标。2007 年，文化部公布了首个国家级文化生态保护实验区，即"闽南文化生态保护实验区"。2010 年，文化部印发《关于加强国家级文化生态保护区建设的指导意见》。2018 年，文化和旅游部审议通过《国家级文化生态保护区管理办法》。2019 年，文化和旅游部办公厅印发《关于贯彻落实〈国家级文化生态保护区管理办法〉的通知》。2021 年，中共中央办公厅、国务院办公厅印发《关于进一步加强非物质文化遗产保护工作的意见》，明确要求"完善区域性整体保护制度。将非物质文化遗产及其得以孕育、发展的文化和自然生态环境进行整体保护，突出地域和民族特色，继续推进文化生态保护区建设，落实有关地方政府主体责任。促进文化生态保护区建设与国家文化公园建设有效衔接，提高区域性整体保护水平"。2007~2023 年，我国已设立 23 个国家级文化生态保护（实验）区（见表 1）。其中，陕西省已有国家级羌族文化生态保护区（宁强县、略阳县）、国家级陕北文化生态保护（实验）区（保护区：榆林市、实验区：延安市）。近期，文化和旅游部已启动新一批国家级文化生态保护（实验）区申报工作。①

---

① 《文化和旅游部办公厅关于开展国家级文化生态保护实验区申报工作的通知》，中华人民共和国文化和旅游部官网，https://www.hunan.gov.cn/zqt/xmsb/202410/t20241031_33489328.html。

表1 国家级文化生态保护（实验）区名单

单位：个

编号	保护区名称	涵盖地区	实验区批准日期	总体规划批准日期	保护区批准日期	县级单位数量	国家级项目数量
1	闽南文化生态保护区	福建省（泉州市、漳州市、厦门市）	2007年6月	2013年2月	2019年12月	29	58
2	徽州文化生态保护区	安徽省（黄山市、绩溪县）、江西省（婺源县）	2008年1月	2011年3月	2019年12月	9	24
3	热贡文化生态保护区	青海省（黄南藏族自治州）	2008年8月	2011年1月	2019年12月	3	6
4	羌族文化生态保护区	四川省(阿坝藏族羌族自治州的茂县、汶川县、理县、松潘县、黑水县,绵阳市北川羌族自治县、平武县);陕西省(宁强县、略阳县)	2008年10月	2014年3月	2019年12月	9	31
5	武陵山区（湘西）土家族苗族文化生态保护区	湖南省（湘西土家族苗族自治州）	2010年5月	2014年3月	2019年12月	8	26
6	海洋渔文化（象山）生态保护区	浙江省（象山县）	2010年6月	2013年2月	2019年12月	1	6
7	齐鲁文化（潍坊）生态保护区	山东省（潍坊市）	2010年11月	2013年5月	2019年12月	12	14
8	客家文化（梅州）生态保护区	广东省（梅州市）	2010年5月	2017年5月	2023年1月	8	6
9	晋中文化生态保护（实验）区	山西省（保护区:晋中市;实验区:太原市小店区、晋源区、清徐县、阳曲县,吕梁市交城县、文水县、汾阳市、孝义市）	2010年6月	2012年7月	2023年1月	19	32
10	迪庆民族文化生态保护区	云南省（迪庆藏族自治州）	2010年11月	2013年2月	2023年7月	3	8

编号	保护区名称	涵盖地区	实验区批准日期	总体规划批准日期	保护区批准日期	县级单位数量	国家级项目数量
11	大理文化生态保护区	云南省(大理白族自治州)	2011年1月	2017年5月	2023年1月	12	16
12	陕北文化生态保护(实验)区	陕西省(保护区:榆林市;实验区:延安市)	2012年4月	2017年5月	2023年1月	25	22
13	铜鼓文化(河池)生态保护区	广西壮族自治区(河池市)	2012年12月	2017年1月	2023年7月	11	9
14	黔东南民族文化生态保护区	贵州省(黔东南苗族侗族自治州)	2012年12月	2017年1月	2023年1月	16	72
15	客家文化(赣南)生态保护区	江西省(赣州市)	2013年1月	2017年1月	2023年7月	18	10
16	格萨尔文化(果洛)生态保护区	青海省(果洛藏族自治州)	2014年8月	2017年1月	2023年7月	6	4
17	武陵山区(鄂西南)土家族苗族文化生态保护实验区	湖北省(恩施土家族苗族自治州,宜昌市长阳土家族自治县、五峰土家族自治县)	2014年8月	2018年4月		10	22
18	武陵山区(渝东南)土家族苗族文化生态保护实验区	重庆市(黔江区、石柱土家族自治县、彭水苗族土家族自治县、秀山土家族苗族自治县、酉阳土家族苗族自治县、武隆县)	2014年8月	2018年4月		6	11
19	客家文化(闽西)生态保护实验区	福建省(龙岩市长汀县、上杭县、武平县、连城县、永定区,三明市宁化县、清流县、明溪县)	2017年1月	2019年10月		8	8

续表

编号	保护区名称	涵盖地区	实验区批准日期	总体规划批准日期	保护区批准日期	县级单位数量	国家级项目数量
20	说唱文化（宝丰）生态保护实验区	河南省（宝丰县）	2017 年 1 月	2019 年 11 月		1	3
21	藏族文化（玉树）生态保护实验区	青海省（玉树藏族自治州）	2017 年 1 月	2019 年 8 月		6	11
22	河洛文化生态保护实验区	河南省（洛阳市）	2020 年 6 月	2022 年 5 月		15	8
23	景德镇陶瓷文化生态保护实验区	江西省景德镇市	2020 年 6 月			4	3

资料来源：中国非物质文化遗产网《国家级文化生态保护（实验）区》。

（二）主要做法和建设成效

一是做细做实文化资源普查工作。在启动建设工作之前，需通过详尽的调查研究和实践工作，全面掌握本地区文化资源基本情况。这有助于对保护区进行清晰、准确的定位，为后续工作奠定坚实基础。二是科学规范编制规划与实施方案。国家级文化生态保护区建设是推动地方经济社会文化发展的重要战略，必须设立专门的工作机构，制定大量规划文件与工作方案，确保保护区建设工作有序有效稳步推进。通过这些措施，保护区的建设与管理工作才能实现法治化、科学化和规范化。三是创新创造文化生态保护特色模式。在开展常规非遗保护工作的同时，要重点提炼打造区域特色文化品牌，探索形成具有示范性作用和引领意义的保护模式。如以少数民族文化为核心的保护（实验）区，有的将非遗保护与当地少数民族特色建筑结合起来，有的重点挖掘少数民族节日和节庆民俗活动的文化内涵。各文化生态保护（实验）区都在积极探索形成符合自身特点的保护模式，如闽南文化生态保护区的"五个结合"模式、徽州文化生态保护区的立体化保护格局、海洋渔文化（象山）生态保护区的"三位一体"综合保护模式、齐鲁文化（潍坊）生态保护区的"1344"保护模式等。四是让文化"软实力"成为经济"硬支撑"。非物质文化遗产资源的活化利用与文化旅游产业的深度融合，是将文化"软实力"转化为经济"硬支撑"的有效途径。通过深入挖掘非物质文化遗产的内在价值，创新性地将其与旅游产业相结合，可以有效提升旅游产品的文化内涵和吸引力。如创新开发非遗文化创意产品，拓展非遗产品线上展销平台，将区域内的非遗馆、非遗传习中心、非遗体验基地、非遗景区、非遗民宿等与非遗相关的场所与旅游推介相结合等。这不仅能够丰富游客的体验，提高旅游目的地的知名度和竞争力，还能促进相关产业的发展，进而推动地方经济的繁荣。①

这些国家级文化生态保护（实验）区的文化特色鲜明，保护内容丰富多样。在建设初期，都各自进行了深入细致的调研工作，全面掌握了区内基本情况，包括对本区内的物质文化遗产、非物质文化遗产资源以及生态环境状况进行了详尽的调查和分析，从而对这些宝贵的文化资源有了一个清晰而全面的认知。在建设过程中，各保护（实验）区充分挖掘和利用本地的非物质文化遗产资源，力求在保护和传承的同时，让这些资源焕发新的活力。一方面，注重突出本地区的文化特色，通过各种形式的文化活动和展示展演，让更多的人了解和欣赏这些独特的文化遗产；另一方面，积极推动文化和旅游的深度融合与协同发展，通过打造特色文化旅游项目和线路，吸引更多的游客前来体验，从而带动当地经济的发展。总体而言，这些国家级文化生态保护（实验）区不仅有效地保护了珍贵的文化遗产，也为当地社区带

---

① 有关总结可参考：宋俊华、徐沛仪《国家级文化生态保护实验区建设的经验、问题与对策》，载宋俊华主编《中国非物质文化遗产保护发展报告（2017）》，社会科学文献出版社，2017，第262~282页；叶健莹《国家级文化生态保护区的建设经验与发展对策研究》，载宋俊华主编《中国非物质文化遗产保护发展报告（2021）》，社会科学文献出版社，2021，第217~232页；张颖《基于区域知识的整体生态观——人类学区域研究视角下我国文化生态保护区的理论与实践反思》，《贵州社会科学》2022年第1期；楚国帅《我国文化生态保护区建设的理论与实践研究》，山东师范大学博士学位论文，2022。

来了实实在在的经济和社会效益。这种以文化为引领的发展模式，不仅提升了地区的文化软实力，也为其他地区提供了可借鉴的经验和范例。

二 关中文化生态保护区建设现状与困难

关中文化既是黄河文化的重要组成部分，也是中华文明的重要内容。2019年9月18日，习近平总书记在黄河流域生态保护和高质量发展座谈会上指出，"在我国5000多年文明史上，黄河流域有3000多年是全国政治、经济、文化中心，孕育了河湟文化、河洛文化、关中文化、齐鲁文化等，分布有郑州、西安、洛阳、开封等古都，诞生了'四大发明'和《诗经》、《老子》、《史记》等经典著作。九曲黄河，奔腾向前，以百折不挠的磅礴气势塑造了中华民族自强不息的民族品格，是中华民族坚定文化自信的重要根基""保护、传承、弘扬黄河文化。黄河文化是中华文明的重要组成部分，是中华民族的根和魂。要推进黄河文化遗产的系统保护，守好老祖宗留给我们的宝贵遗产。要深入挖掘黄河文化蕴含的时代价值，讲好'黄河故事'，延续历史文脉，坚定文化自信，为实现中华民族伟大复兴的中国梦凝聚精神力量"。[1]

（一）关中文化生态保护区建设现状

2021年，陕西省全面启动省级关中文化生态保护区设立相关工作。陕西省文化和旅游厅批复西安市、渭南市、宝鸡市作为省级关中文化生态保护实验区重要组成部分，印发《陕西省省级文化生态保护区管理办法》。[2] 这一工作主要聚焦于传承中华优秀传统文化、建设文化和旅游强省目标，着力缩小东西地区差距、促进地域平衡发展，凸显陕西作为中华民族文化重要发

---

① 习近平：《在黄河流域生态保护和高质量发展座谈会上的讲话》，《求是》2019年第20期。
② 《关于印发〈陕西省省级文化生态保护区管理办法〉的通知》，陕西省文化和旅游厅官网，http：//whhlyt.shaanxi.gov.cn/content/content.html？id＝18693。

源地的特色地位和关中地区在中华历史文化版图的重大影响，加快弥补关中地区整体性非遗保护的板块空白，更好助力中华优秀传统文化整体性保护。西安市、渭南市和宝鸡市先后制定并实施了省级关中文化生态保护实验区规划纲要，已取得了显著成效。其中，为进一步推进关中文化生态保护区建设工作，渭南市成立了市级领导小组，印发《渭南市创建省级关中文化生态保护区的实施方案》①，开展关中文化生态保护实验区专题调研与研讨，全面梳理辖区内文化生态资源，启动相关规划和文件编制工作，邀请文化生态保护专家进行全面指导，确保建设工作高起点进入、高标准推进。目前，陕西省正在积极推进国家级关中文化生态保护实验区的申报工作。

关中文化生态保护区的创建，根植于国家对非物质文化遗产及自然生态环境保护的深刻认识与政策导向。近年来，《"十四五"文化和旅游发展规划》的出台，明确提出了加强文化生态保护区建设与管理要求，为关中文化生态保护提供了坚实的政策支撑。规划中强调，要"坚持保护优先、绿色发展，推动文化遗产与生态环境和谐共生"，这一导向不仅体现了对关中地区深厚文化底蕴的尊重，也彰显了生态文明建设的新理念。在具体规划上，关中文化生态保护区以"整体性保护、活态化传承、可持续发展"为基本原则，旨在通过科学规划、合理布局，实现文化遗产、生态环境与社区发展的有机融合。规划明确了保护区的范围，涵盖了关中地区具有代表性的文化遗产和自然景观。同时，规划还提出了具体的保护目标、任务与措施，包括加强文化遗产的普查、登记、认定和建档工作，实施生态修复和环境整治项目，推动文化旅游融合发展等。

在保护与传承的过程中，关中文化生态保护区采取了一系列创新措施。首先，强化"生产性保护"理念，将传统技艺与现代市场需求相结合，开发出具有市场竞争力的文化产品，从而激发传承人的积极性和创造力。其次，完善文化遗产的数字化保护，利用现代科技手段对文化遗产进行记录和

---

① 《〈渭南市创建省级关中文化生态保护区的实施方案〉正式印发实施》，渭南市文化和旅游局官网，https://wlj.weinan.gov.cn/xwdt/gzdt/1719536822672510978.html。

保存，为后续的研究和传承提供丰富的资料支持。最后，通过举办文化节、展览等活动，提高公众对文化遗产的认知度和认同感，营造全社会共同参与文化遗产保护的良好氛围。

（二）关中文化生态保护区建设面临的困难

一是如何妥善处理文化遗产保护与经济发展的矛盾。这一矛盾的核心在于，如何在保护珍贵的文化遗产不受破坏的同时，促进地方经济的繁荣与发展。过度商业化或过度开发、非物质文化遗产的商业化表演等，均会对文化遗产的真实性和完整性造成不可逆转的损害。

二是如何有效解决生态环境退化与修复难题。文化遗产与自然环境密不可分，保护文化遗产的同时，也是在保护我们共同的地球家园。由于气候变化、过度开发以及不合理的资源利用方式，区域内的水资源短缺、土壤侵蚀、植被破坏等问题不可避免。面对这一困难，需注重生态修复与文化遗产保护的有机结合，应充分考虑文化遗产的安全与完整，避免对文化遗产造成二次破坏。

三是如何接续文化传承断层与弥补人才短缺。在关中文化生态保护区的建设中，文化传承断层与人才短缺问题尤为凸显，成为其可持续发展的瓶颈。这一现象不仅会导致技艺失传，更使文化生态的多样性和活力受到威胁。部分非物质文化遗产项目传承人数量少、受教育程度不高。当前教育体系对学生本土文化认同感和传承意识的培养还有待加强。同时，城市化进程的加快，大量青年劳动力外流，导致既懂传统文化又具备现代创新能力的人才匮乏。

四是如何确保政策法规执行与监管到位。尽管国家和地方政府已出台了一系列旨在保护文化遗产与生态环境的政策法规，但在实际操作中，执行力度与监管效果往往不尽如人意。因监管缺失导致的文化遗产破坏事件频发，其中不乏因违法建设、过度开发等行为造成的不可逆损害，这不仅削弱了文化遗产的历史价值，也严重影响了保护区的整体形象。

三　加快推进关中文化生态保护区建设的建议

为推进关中文化生态保护区建设，落实有关地方政府主体责任，提高区域整体保护水平，根据有关文件要求，结合面临的现实困境，提出以下六方面建议。

（一）加强顶层设计，制定高质量规划

一是明确关中文化生态保护区的战略定位，构建一个集文化传承、生态保护与可持续发展于一体的示范区。该保护区不仅要保护和传承文化遗产，还要确保其生态系统的完整性和生物多样性，将文化遗产保护与自然环境保护相结合，形成一个具有示范效应的综合保护模式。

二是制定科学合理的规划目标和实施步骤。规划目标的制定需基于对关中地区文化资源的全面评估，结合区域特色和历史传承，确立保护与发展的平衡点。比如在五年内使至少三种非物质文化遗产项目得到有效的保护和传承。实施步骤方面，应采取分阶段、分层次的方法，确保每一步骤都有明确的时间表和责任主体。第一阶段可以聚焦于资源普查和基础数据库的建立，利用地理信息系统（GIS）等现代技术手段，对关中地区的文化资源进行精确的地理定位和分类。第二阶段则着重于制订保护措施和开发计划，比如通过建立文化生态博物馆（传承体验馆）、开展文化节庆活动等方式，增强公众对关中文化的认识和参与。第三阶段则应关注效果评估和持续改进，通过引入第三方评估机构，定期发布文化生态保护进展报告，确保规划目标的实现。

三是规划的制定和实施应遵循"可持续发展"原则，结合关中地区的实际情况，制定出既符合国际标准又具有地方特色的保护策略。通过科学规划和合理实施，将关中文化生态保护区建设成展示中国文化的重要窗口，为区域经济的可持续发展注入新活力。

四是确保规划内容的全面性和前瞻性。全面性要求在规划时必须考

虑到文化生态保护区的各个方面，包括自然环境、历史遗迹、非物质文化遗产、社区发展以及经济活动等。同时，前瞻性则要求不仅要关注当前的需求，还要预测未来可能的发展趋势和挑战。例如，通过引入可持续发展模型，预测和规划如何在保护文化生态的同时，促进当地经济的绿色发展。

（二）深化体制机制改革，设立县级文化生态保护机构

优化行政架构，提高决策效率，确保文化生态保护工作能够得到有力的政策支持和资源保障。可以参考"精简、统一、效能"的原则，对现有的行政机构进行重组，减少冗余层级，强化跨部门协调能力。设立专门的县级文化生态保护机构。这一机构的成立，将为关中地区丰富的文化遗产提供一个集中的管理平台，确保文化遗产得到有效的保护和传承。机构的职能应包括制定和实施文化生态保护政策、监督文化遗产的保护状况、协调跨部门合作以及推动公众参与等。此外，机构应设立专项工作小组，负责制定和实施文化生态保护的具体措施，如修复古迹、振兴传统手工艺等。机构还应定期组织培训和研讨会，提升员工的专业技能，同时吸引和培养一批对关中文化有深厚感情和专业知识的人才，为文化生态保护提供坚实的人力资源支持。

（三）建立健全文化生态保护制度体系

制定文化生态保护相关法律法规。首先，以国家层面的立法为指导，结合关中地区特有的文化生态特点，制定出具有针对性的保护条例。其次，应建立一套科学的文化生态监测和评估机制，以数据驱动的方式对文化生态的健康状况进行定期评估。通过地理信息系统（GIS）等现代技术手段，对文化资源进行空间分布的可视化管理，确保文化生态保护的精准性和有效性。通过引入"文化生态影响评估模型"，对各类开发项目进行事前评估，确保其不会对文化生态造成不可逆转的损害。最后，制定的法律法规应包含激励与约束政策，引导个人和组织积极参与文化生态保护工

作。激励政策应以数据为支撑，通过设立文化生态保护奖励基金，对在文化传承、保护和创新方面做出突出贡献的个人或团体给予经济奖励。同时，约束政策则需建立在严格的法规基础之上，对破坏文化生态的行为进行处罚。

（四）加强财政专项经费保障，确保配套资金到位

制定专项财政预算和资金使用计划。充分发挥财政资金的引导作用，省、市、县政府应设立文化生态保护专项财政保护资金，持续加大对文化生态保护工作的财政投入。要牵头制定关中文化生态保护的长远目标和短期任务，并对资金进行合理分配。

建立多渠道资金筹措机制。首先，政府财政资金的投入是基础，应设立专项预算，确保每年有稳定增长的文化生态保护资金。其次，为了提高资金使用的灵活性和效率，可以设立专项基金，积极吸引社会资本参与，创新合作模式引入企业投资，鼓励企业通过赞助、捐赠等形式参与到文化生态保护中来，形成政府与市场共同投入的多元化资金筹措机制。还可以通过发行文化生态保护彩票、设立文化生态保护基金等方式，拓宽资金来源。最后，应建立一个透明的资金监管体系，设立专门的财务监督小组，对资金使用进行定期审计，并通过公开透明的方式向社会公布资金使用情况，接受公众监督，确保每一笔资金的流向和使用效果都能得到有效的追踪和评估。同时，应运用现代信息技术，如区块链技术，提高资金流转的透明度和不可篡改性，确保每一分钱都用在刀刃上，真正服务于关中文化生态的保护与发展。

（五）加强文化生态保护工作的人才引培

建立文化生态保护人才引进机制。首先，建立专项人才引进计划，针对文化遗产保护、非物质文化遗产传承、文化生态研究等领域，制定优惠政策，吸引国内外优秀人才。例如，可以设立"关中文化生态保护杰出人才奖"，每年评选在文化生态保护领域做出突出贡献的个人或团队，给予一定

的物质奖励和荣誉表彰，以此激励更多人才投身于文化生态保护事业。其次，与高等院校和研究机构合作，建立文化生态保护人才培训基地，通过提供奖学金、实习机会和研究项目，培养一批具有国际视野和本土情怀的文化生态保护专业人才。此外，构建一个开放包容的人才流动机制，打破地域和部门壁垒，促进人才在不同机构和领域间的自由流动。通过建立人才信息共享平台，实现人才资源的优化配置。同时，注重人才的长期发展和职业规划，为他们提供持续的学习和成长机会，构建一个有利于人才长期发展的职业环境。最后，通过建立科学的人才评价体系，确保人才引进的质量和效果。同时，通过定期的绩效考核和反馈机制，不断优化人才引进策略，确保人才引进机制的高效运作和持续改进。

（六）加强各项工作的监督考核

建立健全监督考核机制，确保规划执行。建立由政府主导、多方参与的监督考核体系，该体系应包括定期的项目审查、进度评估和效果反馈。通过设定具体可量化的指标，如文化活动参与人数、保护区内的物种多样性指数、文化遗址的修复率等，可以更直观地反映保护工作的进展和成效。引入第三方评估机构进行独立评估，确保考核结果的客观性和公正性。通过数据驱动的考核机制，可以确保每一项规划目标都得到落实，每一个步骤都符合预定的时间表和质量标准。对于未能达到既定目标的个人或单位，应有明确的责任追究和奖惩措施。通过强化责任意识，激发各参与方的积极性和创造性，确保关中文化生态保护区的建设工作能够持续、有效地推进。同时，通过定期发布文化生态保护进展报告，可以增强公众的参与度和透明度，形成全社会共同参与和监督的良好氛围。

延川"文旅强县"建设研究报告

董亚锋*

摘　要： "十四五"期间，延川县以新发展理念为引领，立足得天独厚的生态优势和文化底蕴，科学规划、统筹布局，推动文旅产业深度融合发展，努力将延川建设为文化强县和旅游名县，并积极创建国家全域旅游示范县。本报告从文旅资源禀赋、文化服务供给、演艺事业发展、影视赋能文旅等维度系统梳理了延川"文旅强县"建设现状，针对文旅资源开发、文旅项目建设、文旅市场消费、文旅产品供给等方面存在的弱项与不足，提出了深度挖掘县域文旅资源、促进文物古迹与旅游深度融合、加快全域旅游项目建设、激发文旅市场活力等有针对性的方法和路径建议。

关键词： 文旅强县　全域旅游　延川

一　延川"文旅强县"建设现状

"文旅强县"建设是指通过加强文化旅游业的发展，提升县域经济竞争力和综合实力，实现文化和旅游深度融合，推动旅游产业提档升级，让更多景区群众吃上"旅游饭"，让乡村旅游成为村民增收致富的重要途径。2022年8月10日，中共陕西省委宣传部、陕西省文化和旅游厅联合印发《陕西省打造万亿级文化旅游产业实施意见（2021~2025年）》，提出"'一县一策'支持县域文化旅游产业提档升级加快发展，创建10个省级文化旅游名

---

* 董亚锋，博士，陕西省社会科学院文化与历史研究所助理研究员，主要研究方向为文化产业、传媒产业、电影产业。

县"。延川"文旅强县"建设不仅为当地带来直接的经济收益，还促进了文化传承、生态保护、社会进步，是实现地方高质量发展的有力抓手。

（一）文化底蕴独特深厚，文旅资源富集丰盈

延川人杰地灵、物华天宝，文化底蕴深厚。依靠深厚的文化底蕴和旅游资源，延川文旅业坚持"举生态旗、打文化牌、做全域游"发展思路，以"古镇古寨古村落、名人名篇名山水"为依托，深挖延川壮美的自然景观和迷人的文化魅力，以文塑旅、以旅彰文，促进文化和旅游深度融合，"文旅强县"建设成效显著。先后荣获"中国民间文化艺术之乡""陕西省第三批旅游示范县""延安市最佳文旅融合奖"等称号。

（二）守护传统文化根脉，提升文化服务效能

延川县持续加大非物质文化遗产的宣传和保护力度，成功申报多项县级、市级乃至省级非遗项目，有效促进了非遗的传承与发展。深入挖掘整理"陕北道情"文化资源，出版《陕北道情汇编》地方文献丛书；组织开展非遗"四进"活动，让非遗走进校园、社区、景区和乡村，扩大非遗的社会影响力。

始终坚持"保护为主、抢救第一、合理利用、加强管理"工作方针，加强文物资源保护。投入专项资金801万元，用于永坪革命旧址等8处文物点的展陈、安防；修复布展李娟娟故居；实施文安驿古城遗址加固、杨家圪台会议旧址维修保护、永坪会师纪念馆陈列布展等；积极申报梁家河知青旧居等19个文物保护单位为延安市第一批市级党史学习教育基地，推荐延川县为千年古县地名、文安驿古镇为古镇地名。

全县镇、街文化馆、图书馆覆盖率达100%，村级综合性文化服务中心各类设施不断完善。持续开展阅读推广、美术摄影展览、社区文艺培训、文化惠民演出等活动，深受群众喜爱。创排陕北说书《话延川》《夸延川》、群口快板《二十大精神放光芒》、情景歌舞小品《我们都是一家人》《人生》片段小型实景演出等。受邀参加延安新"九一"扩大运动会开幕式演

出、重阳节恭祭轩辕黄帝典礼活动开幕式演出、"黄河记忆"——2023 年黄河非遗大展启动仪式演出等。

（三）演艺事业蓬勃发展，地域文化影响力持续扩大

近年来，延川县进一步繁荣发展演艺事业，组建成立山花文化演艺（集团）有限公司。该公司始终坚持以人民为中心的创作导向，不断丰富和完善演艺形式与内容，成功推出多部具有地域文化特色的演艺作品。大型陕北道情现代戏《乾坤湾》获得第十届陕西省艺术节文华奖，舞蹈《摇篮》获得第十届陕西省艺术节群星奖。公司参与第十四届"全运会"和省十七运会开闭幕式文艺演出，受到群众好评；同时，通过举办培训班、邀请专家授课等方式，提升演职人员的专业技能和艺术修养。为了将演艺作品推向更广阔的舞台，公司积极参与各类文化节庆、旅游节会等活动，组织参加延安市 2022 年"文化和自然遗产日"非物质文化遗产宣传展示活动、"延安过大年·延川分会场"文艺调演等，提高公司知名度与影响力。此外，加强与旅游景区合作，推出"演艺+旅游"特色产品，不断满足游客多样化文化需求，促进文旅深度融合发展。

（四）影视赋能文旅发展，致力于打造全国红色剧摇篮

延川县依托独特的"古镇古寨古村落"自然景观和黄河文化、黄土风情文化资源，按照"整体保护、活化利用、以用促保、持续发展"原则，集中力量打造了以甄家湾、马家湾、碾畔等 9 个古村落为主线的全域影视基地（见表 1），2021 年被省电影局命名为"陕西省影视拍摄基地"，成为全省第二个省级影视拍摄基地。

全域影视基地自运营以来，坚持以优化行政服务和优化市场服务为抓手，着力打造"延川影视基地服务品牌"。一是成立延川县全域影视基地管理服务有限公司，制定《延川县影视基地和协拍服务管理办法》，由公司统一管理运营全县影视拍摄资源及吃、住、行、协拍管理、演员经纪等业务。二是建立"延川县影视选景库""群众演员数据库"，将全县影视取景地资

源和各类演员信息登记入库，统筹管理，为剧组选景、寻找群演提供便利。三是来延川剧组在县委宣传部备案后，由延川县文化体制改革和文化产业发展中心牵头，影视基地管理公司具体负责，各相关职能单位配合，全力以赴做好协拍服务工作。

延川全域影视基地自成立以来，先后吸引50余家影视剧组来延取景拍摄，多部影视剧在中央电视台、北京卫视、东方卫视等主流媒体播出，并同步上线爱奇艺、优酷和腾讯视频等在线视频平台。

表1　延川全域影视基地构成

各基地名称	简介
甄家湾古村落影视基地	该基地依托陕北第一古村——甄家湾进行打造，有着陕西现存规模最大、结构最完整的古窑洞建筑群
马家湾黄土文化影视基地	该基地周边三山鼎立，二水环绕，古窑洞错落有致，巷道四通八达，因其地形酷似延安老城区，素有"小延安"的美誉
碾畔红色文化影视基地	该基地深入挖掘1936年毛泽东率领红军东征队伍从清水关渡口回师陕北这段历史，打造了独具特色的红色古村
文安驿古镇知青文化影视基地	该基地依托千年古道驿站、百年窑居群落、千名知青记忆、一部路遥"人生"等资源，打造了集古镇、古村、知青文化于一体的综合性基地
黄河文化影视基地	该基地依托天下黄河第一弯——乾坤湾等黄河自然景观和延川独特的黄河文化，打造了集黄河自然奇观、沿黄地域特色于一体的黄河文化影视基地

（五）依托优质旅游资源，推动文旅融合发展

近年来，延川县紧紧依托文旅资源优势，以创建全域旅游示范县为目标，大力发展文化旅游产业，创新组建文化旅游（集团）公司，扎实推进景区景点建设。2023年接待游客233万人次，实现旅游综合收入约7.1亿元，同比分别增长37.1%、19.3%。2024年上半年，接待游客约130万人次，实现旅游综合收入约3.9亿元，同比分别增长10.3%、8.9%。

全力打造乾坤湾自然风景旅游片区、文安驿古镇民俗文化旅游片区等特色旅游品牌。通过高起点规划、大手笔运作方式，推动文旅深度融合发展。

乾坤湾景区被确定为国家 5A 级旅游景区、文安驿景区积极创建省级旅游度假区，持续加强旅游基础设施建设和管理服务水平提升，为游客提供更加便捷、舒适的旅游体验。

借助区域联合、资源整合、优势互补、互利共赢的原则，加强永坪革命旧址群、梁家河村、乾坤湾等红色旅游资源整合，打破区域界限，实现资源优化配置和共享，共同推动红色旅游发展。通过深入挖掘红色文化内涵、打造红色旅游线路，吸引更多游客前来参观学习。同时，加强与相关部门的合作与联动，形成推动红色旅游发展的强大合力。

二 延川"文旅强县"建设的弱项与短板

近年来，延川"文旅强县"建设取得了丰硕成果，但在文旅资源开发、文旅项目建设、文旅消费促进及文旅产品供给等方面仍存在一些不足，需要引起各方关注。

（一）文旅资源开发利用不充分，文旅产业链延伸拓展不足

在文旅资源开发利用方面，受制于生态环境治理的挑战、文化发展以及宣传推广方面的不足，延川城区旅游资源开发仍不充分。区域内黄河文化旅游资源挖掘仍停留在景区展示层面，以通俗化、趣味化、现代化方式呈现的文旅产品不多。沿黄风光文化旅游带文旅融合优质项目载体短缺、业态不够丰富，形式多样互动沉浸性的黄河文化消费场景缺乏，影响旅游产业链的延伸和产业关联效应。文物古迹与旅游深度融合统一规划和有效衔接不足，导致延川旅游线路和产品缺乏多样性和吸引力。文化特色产品少，旅游工艺品、庆祝品的开发、制作、销售较为滞后。乡村传统文化价值挖掘不够充分、资源利用率低、休闲式和体验式旅游产品较少。

（二）文旅项目建设推进力度不够，"文旅强县"建设步伐趋缓

延川文旅项目建设存在思想认识有待提升、实施项目存在短板、协调沟

通不畅、旅游企业投资建设积极性不高等问题。个别乡镇和部门未将全域旅游创建工作列入本乡镇、本行业重点工作范围，在工作部署、人员安排、资金投入、项目推进、氛围营造等方面存在滞后现象，如全域旅游示范创建提升工程。个别项目受政策、资金、地域条件影响，达不到验收标准或不能按期完成，如乾坤湾景区智慧旅游建设项目。个别项目投资大，建设内容复杂，涉及多个单位，虽然对项目进行整体谋划，但各单位主动对接联系意识不强、不紧密，联手推进项目动力不足，如旅游环境优化提升、产业园提升等建设项目。受经营规模、社会知名度、旅游人数的影响，个别农家乐、旅游山庄、旅游景点经营收入薄弱，无力建设配套设施，提升服务功能，如硬化停车场、道路，建咨询服务点等。

（三）文旅市场活力不足，文旅消费增长动力不强

当前，延川文旅市场呈现宣传营销精准度不高、客源地市场稳定性不足、消费市场潜力不大、经济效益相对薄弱等情况。延川文旅宣传目标市场不明确，宣传内容过于宽泛，无法精准触达潜在游客，导致宣传效果不佳。同时，缺乏根据目标市场特点和需求进行定制化设计的宣传内容。在宣传营销过程中数据支持不足，无法准确评估宣传效果，也无法根据数据反馈及时调整宣传策略，影响宣传的精准度。大众对景区的审美要求逐渐提高，对服务和管理的要求也相应提高，景区管理和服务水平不高、内容多年不变，基础设施陈旧不足、景区独特性或竞争优势不明显、地理位置偏远、交通不便等因素共同作用，导致延川旅游客源市场不稳定。在旅游资源开发上过度依赖门票经济，忽视农文旅融合发展，导致延川文化旅游消费市场潜力释放不足，经济效益相对薄弱。

（四）文旅产品供给有待丰富，非遗资源活化利用仍需加强

文旅产品供给方面，延川非遗作品创造性转化为文旅产品比例偏低，文旅产品知名度有待再提升。非遗资源普查与开发不足，很多村落未能充分厘清自己所拥有的非遗资源类目，各类乡村资源未得到充分有效展示与利用，

难以有效融入乡村旅游。基于非遗元素设计的文化和旅游产品，开发成本相对较高，延川文化创意产品和旅游商品开发层次仍然较低且同质化严重。有些产品虽然有所设计，但仍停留在"形"的表面，缺乏"用""意""神"。非遗融入乡村旅游的深度不够，未形成独特品牌效应，缺乏完善的宣传营销机制，导致知名度和美誉度不足。非遗资源转化为创意产品的文化附加值不足，主要表现在创意与文化融合不足、技术与信息运用不足、非遗资源深度挖掘不够、非遗传承人参与度不高、市场竞争力不强。难以吸引和留住非遗作品转化为旅游产品所需的专业传承人才、跨界创意人才、营销人才和管理人才等。

（五）文旅人才队伍建设亟待加强，人才活力有待释放

近年来，延川县文化建设专业人才队伍老化现象明显，懂管理、善经营的旅游高层次专业人才紧缺，智慧旅游服务和文保管理专业化人才匮乏。延川县文化建设、文保管理专业化人才总量偏少，存在学历层次较低、年龄普遍偏大的问题，年轻人才出现断层，未能形成"老中青"相结合的人才梯次，结构性矛盾较为突出，一定程度上制约了全县文化事业和文化产业发展。在旅游人才方面，适应智慧旅游发展的高素质复合型人才紧缺。由于薪酬待遇、社会保障偏低，人才流失较为严重。系统的人才发展管理规划和健全的人才引进储备机制缺失，员工培训及激励机制缺位，影响旅游人才队伍建设的稳定性，与强劲的旅游人才市场需求不相适应。

三 延川"文旅强县"建设提质增效的方法和路径

针对延川"文旅强县"建设存在的弱项与短板，应着力从深度挖掘县域文旅资源、促进文物古迹与旅游深度融合、加快全域旅游项目建设、激发文旅市场活力等方面加以推进，全方位提升延川文旅业发展质量，争取早日建成"文旅强县"。

（一）深度挖掘县域文旅资源，实现文旅产业链延伸拓展

深度挖掘县域文旅资源，实现文旅产业链延伸拓展，需要进一步激活延川城区文旅资源、黄河文旅资源，持续提升文旅产业服务地方经济和社会发展的实力和水平。打造具有延川特色的旅游品牌形象，通过广告、媒体、网络等多种渠道进行宣传。举办文化节庆活动，如文学节、艺术节等，吸引更多游客和媒体关注。利用延川县的文化资源，特别是与文学家路遥相关的文化元素，开发特色文化旅游线路及产品。挖掘展示本地的历史遗迹、民俗文化，建立博物馆或文化展览馆。建设和完善城区内的旅游标识系统，方便游客导航。提升公共服务设施建设，如公共厕所、休息区、信息咨询中心等。发展夜市、灯光秀、夜间游览等夜间经济活动，延长游客停留时间。鼓励开设特色餐饮、咖啡厅、酒吧等夜间休闲场所。与周边旅游景区合作，设计跨区域旅游线路，实现资源共享。联合营销，共同推广区域内旅游资源。

合理有效地开发利用黄河文化旅游资源，有助于实现社会效益和经济效益的双赢，推动文化复兴和地区可持续发展。加强文化遗产保护与研究，组织专家团队对延川黄河沿岸文化遗产进行全面调查和记录，尤其是那些尚未被充分认识和保护的文化遗产。加强对黄河文化的学术研究，深入挖掘其历史价值、文化内涵和社会意义。利用现代科技手段，如数字技术、虚拟现实（VR）、增强现实（AR）等，重现历史场景，让游客能够更直观地感受到黄河文化的魅力。开发与黄河文化相关的创意产品，如图书、音像制品、纪念品等，扩大黄河文化影响力。根据市场需求，开发多样化的旅游产品，如黄河文化主题游、研学游、休闲度假游等。设计体验式旅游项目，如农耕体验、手工艺制作等。将黄河文化融入旅游体验之中，如通过文化演出、民俗活动等形式展现当地特色。增加文化互动环节，让游客能够亲身参与其中，加深对黄河文化的理解和认同。

（二）促进文物古迹与旅游深度融合，实现旅游赋能乡村振兴

促进文物古迹与旅游更加紧密融合，应制定一个包含文物古迹在内的全

面旅游发展规划，确保文物古迹在旅游发展中的地位和重要性。明确文物保护与旅游开发之间的平衡点，防止过度商业化损害文物价值。提升文物古迹的可访问性和可见度。改善通往文物古迹的道路和其他基础设施，使它们更容易被游客找到并访问。在旅游地图、官方网站和其他宣传材料上突出文物古迹的位置及其历史文化背景。设计围绕文物古迹的主题旅游路线，将不同的文物点串联起来，形成具有连贯性的旅游体验。创新文物古迹的参观方式，利用 AR/VR 技术，让游客可以通过虚拟现实感受历史场景。定期举办与文物古迹相关的文化活动，如文化节、文物展览等，提高公众对文物的关注度。利用传统节日或特定历史事件纪念日，组织相关主题活动，吸引游客参与。

依托传统古村落发展乡村旅游应加强交通网络建设，改善通往古村落的道路条件，确保游客可以方便地抵达。提升村内基础设施，如供水供电、通信网络、公共卫生设施等，创造舒适便利的旅游环境。利用互联网、社交媒体等平台进行广泛宣传，提高古村落的知名度。举办文化节庆活动，如民俗文化节、农家乐体验周等，吸引游客前来参观体验。结合古村落的历史文化特点，开发具有地方特色的旅游项目，如农耕体验、手工艺品制作、传统节日庆典等。① 提供定制化旅游服务，满足不同游客的需求，如摄影团、亲子游等。在保护古村落原有风貌的基础上，合理开发旅游项目，避免过度商业化。对古建筑进行修缮和保护，确保其安全性和观赏性。鼓励当地村民参与到旅游服务中来，如提供住宿、餐饮等服务。实施利益共享机制，确保旅游发展的成果能够惠及当地村民。

（三）加快全域旅游项目建设，全方位打造"文旅强县"

加快全域旅游项目建设需要突破思想认识、项目支持、协调沟通和企业参与等方面的不足，以切实管用的措施支持文旅强县建设。从理解全域旅游的概念和内涵、认识全域旅游与区域发展的关系、明确全域旅游项目的实施

---

① 周燕、李孜倞：《江西古村落体验化旅游产品开发研究》，《商展经济》2024 年第 17 期。

目的和意义，以及学习全域旅游的相关知识和实践经验等方面入手，逐步提高各方面的思想认识，形成全社会共同推进全域旅游发展的良好态势。

文旅项目是综合性强的系统工程，应加强财政、土地、农业等一系列政策的协同性，确保各项政策能够相互配合，形成合力。项目建设往往需要大量的资金投入，因此创新融资机制至关重要。可以通过政府与社会资本合作（PPP模式）、发行文旅产业专项债券等方式，吸引社会资本参与文旅项目投资。此外，还可以探索通过股权融资、资产证券化等方式，拓宽融资渠道，解决资金问题。通过科学规划，选择交通便利、资源丰富、具有发展潜力的地区作为文旅项目的优先发展区域。[①] 同时，应加强对项目所在地的环境评估，确保项目发展与当地生态环境保护相协调。对于缺乏运营条件的项目，建议将资产统筹用于推进乡村宜居工程，提高当地居民的生活质量，从而吸引更多游客。

加强统筹协调、紧扣规划引领、解决具体问题、强化服务意识和提高文化保护意识等措施有助于提升文旅项目建设协调沟通能力。通过建立工作群和"点对点"沟通交流机制，确保各部门之间的有效沟通。全面推进县级及乡镇级文化、体育和旅游发展专项规划编制，确保项目与国土空间总体规划有效衔接，确保文旅项目的合理布局和实施。针对项目存在的具体问题和困难，政府相关领导应亲自前往现场，与项目负责人直接对话，了解情况后协调资源并解决问题。各级政府和部门要牢固树立大局意识，以最强烈的责任感、使命感和紧迫感，靠前服务、主动作为，全力保障项目所需各项资源。在推进文旅项目建设进程中，应加强文化保护意识的宣传和教育，确保文旅资源的可持续利用。

调动旅游企业投资建设积极性方面，应提高对旅游产业经济地位的认识，制定相关政策来鼓励和支持旅游企业发展；加大对旅游基础设施和配套功能的建设投入，改善旅游环境，完善旅游要素功能，提高旅游目的地的吸

---

① 《努力打造高品质文体旅融合发展示范地》，https：//www.lndj.gov.cn/portaluploads/html/site-4/info/50979.html。

引力；简化行政审批程序、提供税收优惠、加强市场监管，减轻企业的经营负担，提高企业的盈利能力。

（四）激发文旅市场活力，推动文旅消费持续增长

提升延川文旅宣传质效，需从提高文旅宣传营销精准度、利用新媒体平台进行全方位宣传、多途径解决资金投入不足等方面进一步发力。依托数据分析与客户洞察，明确延川文旅产品的目标市场和受众群体，增强宣传内容的针对性。利用线上线下各种渠道，收集游客基本信息、行为习惯、兴趣偏好等数据，构建详细的游客画像，精准识别目标群体，分析游客的访问记录、消费行为等，找出潜在需求点。根据不同的目标群体，制作有针对性的内容，比如历史文化类、自然风光类、休闲娱乐类等。加强与国内有影响力的媒体、知名网站合作，全渠道开展宣传。继续在高铁站、机场、高速公路等人流集中、受众群体广的关键位置投放宣传广告，扩大品牌效应。同时，利用大数据技术和算法模型，实现个性化内容精准推送，提高信息的相关性和吸引力。例如，针对年轻游客群体，采用具有创新性和互动性的宣传方式，而对于中老年游客，则应更注重文化内涵和舒适度。积极向上级政府部门申请专项补助资金，用于文化旅游项目的宣传营销。争取地方政府给予税收减免、贷款贴息等优惠政策，减轻资金压力。探索政府与社会资本合作模式，吸引民间资本参与文化旅游项目的开发与宣传。寻找有意向的企业或品牌进行赞助合作，利用其品牌影响力扩大宣传效果。借助内容营销、口碑营销、事件营销等创新营销策略，获得免费曝光。利用社交媒体、合作伙伴、社区营销等低成本高效益的传播方式进行宣传。通过门票、文创产品等自我造血收入用于宣传营销。

明确目标市场、加强市场调研、开展多元化营销等措施有助于稳定延川旅游客源地市场，提升文旅消费市场潜力，保障文旅消费的持续稳定增长。通过对延川旅游资源的梳理分析，确定主要的目标客源市场，比如周边城市、省份或是特定年龄段、职业背景的游客群体。考虑国际游客的可能性，特别是在文化和历史方面有特别兴趣的团体。定期开展市场调查，了解目标

市场的变化趋势和游客新需求。利用数字营销手段，如社交媒体、在线旅游平台等，扩大宣传覆盖面。在不同的客源地市场实施差异化营销策略，针对不同区域游客制定个性化推广方案。持续丰富旅游产品种类，开发新的旅游项目，如文化体验、生态旅游、乡村旅游等，满足不同游客的需求。提升服务水平，确保游客体验到优质的服务，形成良好的口碑效应。与旅行社、在线旅游服务商等建立长期的合作关系，确保稳定的客源输入。参与或主办各类旅游交易会、推介会等活动，拓展市场渠道。推出各种优惠政策吸引游客，如团购折扣、早鸟票等。针对特定客源地推出定制化套餐，提供更加实惠的选择。改善交通条件，提高可达性，如增设直达班车、改善道路状况等。完善旅游配套设施，如酒店、餐馆、旅游咨询中心等，提高游客的舒适度。定期举办具有地方特色的文化节庆活动，如民俗节、美食节等，吸引游客。① 举办体育赛事或其他大型活动，增加旅游目的地曝光度。除了门票经济外，还应考虑发展旅游周边产业，如特色农产品销售、手工艺品制作等。

（五）提升文旅产品市场竞争力，促进实现商业价值

非物质文化遗产文化作品创造性地转化为文旅产品，对于丰富和完善地域文旅产品、促进非遗保护与传承、推动旅游业发展有着积极的意义。深入了解非遗项目的文化背景、历史渊源、制作工艺等，确保产品设计忠实于其文化精髓。将非遗背后的故事融入产品设计中，使每个产品都成为一个文化故事的载体。结合现代审美趋势，设计出既保留传统特色又符合当代消费者喜好的产品。注重产品的实用性，不能让非遗仅仅停留在观赏层面，而是成为人们日常生活的一部分。采用高质量的包装设计，提升产品的礼品属性和收藏价值。在保持传统工艺的基础上，探索新技术的应用，如3D打印、激光雕刻等，以提高生产效率和产品质量。提供个性化服务，根据客户需求量身定做非遗商品，满足多样化市场需求。与艺术家、设计师合作，将非遗元

---

① 《乡村手工艺在非物质文化遗产保护中的价值》，http：//guoqing.china.com.cn/2024-07/10/content_117300419.htm？f=pad&a=true#:~:text=％E9％80％9A％E8％BF％87％E4％B8％BE％E5％8A％9E％E6％89％8B％E5％B7％A5。

素融入时尚、家居等领域，创造新的市场机会。与旅游业、餐饮业等行业合作，开发非遗主题旅游线路、特色餐厅等，丰富游客体验。构建非遗品牌形象，通过故事化的方式传递品牌价值。利用社交媒体、电商平台等渠道进行推广，扩大非遗的影响力。设置体验区或举办体验活动，让消费者亲身体验非遗制作过程，增强互动性和趣味性。鼓励当地社区居民参与非遗商品的制作与销售，增加就业机会，实现经济收益共享。倡导绿色生产和消费，选择环保材料，推广可持续发展理念。

（六）强化文旅人才队伍建设，助力文旅产业高质量发展

强化文旅人才队伍需要采取加强政策支持、改善人才发展环境、创新人才引进和培养机制、优化人才队伍结构与建立竞争激励机制等措施，全面提升文旅人才队伍建设的质量和效益。政府和相关部门应出台更多支持基层文旅人才队伍建设的政策，并提供相应资金支持，以激励更多人才投身基层文旅工作。建立以能力和业绩为导向的评价机制，为有创新潜力和实干能力的人才提供施展才华的舞台。提高基层文旅人才的待遇和地位，提供具有竞争力的薪酬和福利，改善其工作环境和生活条件，吸引和留住优秀人才。采用更加灵活的用人机制，如实行合同制、项目合作等方式，吸引外部人才参与基层文旅工作。同时，加强内部培训和教育，提升现有员工的专业技能和知识水平，培养内部人才。制订文旅人才引进计划，重点引进高层次文化艺术专业人才、文旅经营管理人才和文旅科技人才。利用招聘会、人才交流会等多种渠道，吸引外地优秀文旅人才来延川工作。调整延川县文旅单位专业技术人员与后勤服务人员比例，优化年龄结构，引入年轻人才，缓解队伍老化问题。加强与高校合作，鼓励大学生以志愿服务等形式充实延川基层文旅人才队伍。延川文旅事业单位可按照相关规定进行岗位设置和管理，确保专业技术人才有充分的发展空间，激发人才的竞争意识，提高工作效率。

B.21
石泉构建城乡公共文化服务共同体的实践与启示[*]

何得桂　韩雪　林可嘉[**]

摘　要：　围绕"机制一体贯通、力量一体调配、设施一体管理、服务一体供给、价值一体转化",石泉县重视党建引领与共同缔造的耦合、注重横向统筹与纵向贯通的协同、突出对内潜能挖掘和对外交流联动,打造"一体化"的紧密型城乡公共文化服务共同体。以推动公共文化高质量发展为主题,以深化公共文化供给侧结构性改革为主线,从主体协同、资源共享、设施标准、供需匹配、空间整合等维度全面发力,有力提升了人民群众的文化获得感和幸福感。对于推进乡村全面振兴以及城乡融合发展具有重要的启发性和借鉴价值。

关键词：　公共文化服务　共同体　乡村振兴　城乡融合发展　石泉县

伴随新型工业化和新型城镇化的发展,当前我国社会流动性、开放性、离散性程度逐渐加深,具有凝聚、整合、组织作用的公共文化服务被吸纳至基层治理网络,致力于重塑民众精神世界以打造治理共同体,进而迈向社会

---

　* 基金项目：国家社会科学基金重点项目"乡村振兴背景下农村发展型治理的结构优化与效能提升研究"（项目编号：22AZZ006）的成果。

** 何得桂,西北农林科技大学公共政策与地方治理研究创新团队首席专家、教授、博士生导师,主要从事公共政策研究；韩雪,西北农林科技大学人文社会发展学院博士研究生,主要从事基层与地方治理研究；林可嘉,西北农林科技大学人文社会发展学院硕士研究生,主要从事文化与社会治理研究。

有机统一和共同缔造。① 2024 年 1 月 12 日，安康市委六届六次全会提出要以实施"千万工程"为牵引推进乡村全面振兴，以提升城镇品质为核心做强发展枢纽支撑，以建设紧密型城乡教育、紧密型县域医疗卫生、紧密型城乡公共文化服务"三个共同体"为重点推动公共服务普惠均等可及，持续增强人民群众获得感、幸福感、安全感。紧密型城乡公共文化服务共同体构建认真践行公共文化服务社会化发展的要求，旨在促进乡村振兴和城乡融合发展，更好地引导和鼓励全社会的力量参与公共文化服务。

一　紧密型城乡公共文化服务共同体的理念解读

紧密型城乡公共文化服务共同体是一个创新且综合性的理念，既强调建立健全城乡公共文化服务网络，推动全体人民更高质量的"共享"，又旨在促进公共文化服务体系建设"一体化"，最终缔造新发展理念指导下的城乡贯通、优质均衡的公共文化服务高质量发展格局，推动城乡融合发展迈出新的更大步伐。

（一）推动全体人民更高质量的"共享"

面向服务人民群众是紧密型城乡公共文化服务共同体的根本宗旨，强调全民共享、全面共享和共建共享，进而驱动基层社会的整体均衡、全局协同以及多维发展。其一，注重全民共享。紧密型城乡公共文化服务共同体缩短城乡、区域、文化间时空距离，破解文化共享主体在共享条件、共享能力等方面存在的现实差异性，使全体人民均衡化共享场域文化并参与文化建设。立足文化建设差异性实际，陕西省安康市石泉县在充分尊重共享主体的共享条件、共享能力与共享愿望的基础上，提供有针对性和多样化的文化服务与

---

① 刘珊：《中国式现代化视域下社区治理共同体公共精神的重塑》，《云南大学学报》（社会科学版）2024 年第 2 期。

文化产品,达到全民共享。其二,推进全面共享。跳出单维文化视域,石泉县提倡经济、政治、文化、社会、生态等多维文化融合发展,持续完善城乡公共文化共生环境和共生机制①,助力全局性基层治理共同体建设。依托孝义文化等中华优秀传统文化和社会主义核心价值观等新时代文化,石泉县打造基于共同价值追求和精神寄托的文化空间,同时将空间效应延伸至基层治理、经济建设、生态治理等方面。其三,重视共建共享。文化共建是文化共享的前提,文化共享能够促进文化共建发展。通过建强文化阵地、丰富文化活动和提升志愿服务等方式,石泉县深入实施文化惠民工程,保证人民共享文化创造的基本权利与发展成果,充分激活基层社会积极性、主动性和创造性,进而推动文化建设的人民性、持续性发展。

(二)促进公共文化服务体系建设"一体化"

紧密型城乡公共文化服务共同体的建设目标是打造协同一体的公共文化服务体系,推动城乡各类公共文化机构、品牌、模式在公共文化服务领域实现深度合作、协同发展和共同缔造。其一,促进城乡文化一体化。优化城乡文化资源配置,完善农村文化基础设施网络,增加农村公共文化服务总量供给,缩小城乡公共文化服务差距。立足城乡特点,石泉县创意性改造空间形态和功能布局,体现文化创意和人文内涵,融入艺术与美学元素,着力打造各具特色、充满艺术之美、创意之美、生活之美的文化空间。其二,促进文化品牌一体化。对接群众文化项目与文化供需,石泉县引导群众参与文化品牌创建与共享,精心办好"春季山地骑行、夏季赛艇龙舟、秋季徒步穿越、冬季半马冬泳"四季体育赛事,打造"鬼谷子故里·智慧之乡""鎏金铜蚕·丝路之源"文化品牌。培育小而精、小而美、小而特的新型文化空间,打造石泉特色公共文化空间品牌。

---

① 寇垠、张静:《共生理论视角下城乡公共文化服务体系一体建设路径研究》,《决策与信息》2024年第6期。

二　石泉县构建紧密型城乡公共文化服务 共同体的实践

基于系统思维和问题导向，依托中华优秀传统文化和现代国家建构的外生性文化，石泉县着力构建和完善基本公共文化服务体系，大力推进紧密型城乡公共文化服务共同体建设。通过机制一体贯通、力量一体调配、设施一体管理、服务一体供给和价值一体转化，打造全社会参与公共文化服务建设的发展格局，推动横向跨区域、跨部门、跨层级资源整合，纵向县、镇、村（社区）三级联动，使城乡公共文化资源和服务通过"共同体"平台实现聚拢和联动，进而激发城乡公共文化服务赋能基层善治的实践潜能。

（一）紧密型城乡公共文化服务共同体构建的基本思路

1.机制一体贯通，推动统合式发展

立足科教强县、文旅兴县的发展思路，石泉县组建国家公共文化服务体系示范区创新发展（省级公共文化服务高质量发展示范县创建）工作领导小组，实行县委书记、县长"双组长制"，全面统筹紧密型城乡公共文化服务共同体建设工作。领导小组办公室设在县文旅广电局，负责紧密型城乡公共文化服务共同体建设具体工作。县级领导负责指导、督促各包联镇紧密型城乡公共文化服务共同体建设工作。与此同时，健全紧密型城乡公共文化服务共同体组织架构，将紧密型城乡公共文化服务共同体建设纳入县域整体文化发展格局，打造全域一体、协同发展的治理格局。推动县紧密型城乡公共文化服务共同体内部组织架构与公共文化服务体系、新时代文明实践中心体系相衔接，县、镇、村（社区）三级分设总中心、分中心、子中心。此外，将县文化馆、图书馆及总分馆体系纳入总中心管理架构，促进文化建设整体性、高质量发展。

2.力量一体调配，拓展实质化运行

其一，健全专职化建设队伍。创新探索建立文化特派员、理论宣讲员、

民风引导员"三员"派驻制度,大力实施"十镇百村种文化"惠民工程,积极引导文化文艺人才下沉基层、服务人民,着力构建紧密型城乡公共文化服务共同体长效运转机制。依托县委党校、职业学校、文化场馆等教育培训基地,举办文化专题培训班,加大文化人才培训力度,全面提高文化工作人员的综合素质。其二,提升志愿服务助力文化建设能力。组建以县文化馆、文艺社团、音乐教师、乡土艺人等300余名骨干志愿者为主体的文化惠民志愿服务支队,深入开展形式多样的文化志愿服务活动,全县年均文化志愿服务活动480余场,放映农村电影1800余场。组织城区45个文艺社团与88个镇村文艺队伍结对子、到一线、同演出,吸引广大群众走进舞台中央,逐渐实现由"送文化"到"种文化"、从文化"输血"到文化"造血"的转变,为推进城乡全面融合注入源源不断的精神动力和生机活力。

3. 设施一体管理,提升系统化水平

其一,打造实体化运转阵地。完善县文化馆、图书馆、博物馆、革命纪念馆、展览馆等场馆的文化设施和服务功能,推动提档升级和效能提升。立足以人为本和民众生产生活需求,改造提升县城体育场、运动公园、工人文化宫以及公共活动场所等文体服务功能。其二,完善全局性镇村设施。打造"一站式、全方位、多功能"服务综合体,集成新时代文明实践站、文化活动室、农家书屋、妇女儿童之家、文化体育建设广场等空间,完善提升村(社区)子中心服务功能,将25个乡村振兴示范村(社区)建成全县示范性村(社区)综合文化服务中心。其三,强化一体化设施管理。建立由县紧密型城乡公共文化服务共同体总中心一体调配、一体管理的城乡公共文化设施管理机制,制定《石泉县城乡公共文化服务设施管理办法》,配套完善县、镇、村(社区)三级城乡公共文化服务设施目录,使城乡公共文化服务供需相配、共建共享。

4. 服务一体供给,提高协同化质效

其一,鼓励本土化、多元性文化创作。推动文艺精品"订单式、菜单式"创作生产供给,实现"一次采集、多种生成、多元传播"。同时,构建科学化文艺创作生产机制,修订完善《石泉县重点文艺创作扶持与奖励办法》，打造"丝路之源·十美石泉""鬼谷子下山""县令审案"等一批具有石泉特色、群众喜闻乐见的文艺精品。其二，提供优质化、便民化服务供给。提供集需求征集、预约申请、在线互动等多功能于一体的移动端公共数字服务。统筹调配线上线下、县内县外文化资源，按照群众需求，精准派单、精准服务，形成"需求采集—服务供给—评价反馈—项目调整"工作闭环，促进服务供给从"我接你送"转向"你需我送"。其三，保障基本性、周期性文化需求。以"年年有安排、季季有主题、月月有活动"保障群众基本文化需求，组织实施"文化润村"行动，深化拓展四季村晚、"我们的中国梦——文化进万家"、"戏曲进乡村"等服务项目。

5. 价值一体转化，促进整体性建设

其一，促进文旅融合高质量发展。科学编制《石泉县国家文化产业和旅游产业融合发展示范区建设方案》，大力发展文创加工、研学团建、自驾露营、体育赛事等新业态，把抽象的公共文化价值承载于有形的服务和产品之上，使公共文化可视可感、可购可享。其二，打造石泉特色文化品牌。坚持以文塑旅、以旅彰文、文旅融合，建成燕翔洞、后柳水乡、中坝大峡谷、云雾山鬼谷岭、古城老街等文化旅游景区，打造"鬼谷子故里·智慧之乡""鎏金铜蚕·丝路之源"文化品牌，先后创建15个省级文旅名镇名村。其三，推动基层社会善治有为。依托紧密型城乡公共文化服务共同体各类公共文化设施，促进优秀公共文化产品的提供和传播，大力实施理论武装铸魂、优秀文化传承、孝义善举培育、文明建设提质、以文塑旅增效"五大工程"，深化新民风建设，弘扬孝义文化，以文化力量助推社会善治。

（二）紧密型城乡公共文化服务共同体构建的主要举措

1. 核心逻辑：以全局性、共生性理念打造共同体格局

石泉县紧密型城乡公共文化服务共同体构建在破除行业壁垒、打通全社会公共文化服务资源和协作服务上做出引领示范。其一，坚持党建引领与共同缔造耦合。长期以来，石泉县始终坚持党建引领文化赋能基层治理，以治理需求为根本、文化传承为纽带，推动党建引领与文化赋能"双向驱动",助力基层文化建设治理迈向更高水平。基于此,广大民众精神文化生活更加丰富,其参与治理的积极性和主动性不断增强,最终打造政府、社会和民众共同缔造的基层治理共同体。其二,注重横向统筹与纵向贯通协同。直面文化发展部门间打不通、带不动、聚不拢、看不见的难题,石泉县强化文旅部门、宣传部门、组织部门和其他部门的联合、协作,打通组织内外、部门之间资源和服务的堵点,实现"小文化"迈向"大文化"。与此同时,搭建自上而下三级联动体系,县抓统筹、镇抓调适、村(社区)抓落实,推动公共文化实现上与下、内与外的联结互动。其三,突出对内潜能挖掘和对外交流联动。一方面,积极挖掘城乡场域内文化元素并创新改造,使其与现代文化需求以及治理需求相融合。依托"丝路之源·十美石泉""鬼谷子下山""县令审案"等传统文化故事,打造更多容易深入人心的文艺项目。另一方面,积极学习广州市文化服务共同体、舟山市公共文化共同体以及安康市镇坪县紧密型城乡公共文化服务共同体建设经验,打造更多维度、更高效能、更好质量的石泉经验。

2.主要机理:以文化建设推动城乡发展共同缔造

为推动公共文化服务共建共治共享、提升城乡公共文化服务效能、构建公共文化服务新范本,石泉积极构建均等、优质、便利的城乡公共文化服务共同体格局。其一,主体协同性。对内来看,石泉县建立健全政府主导、部门协同、文化助力、社会参与的城乡公共文化服务共同体格局,形成覆盖城乡、高效便捷、保基本且促公平的现代公共文化服务体系。对外来看,石泉县注重统合外部力量,联合西北农林科技大学、河海大学、武汉理工大学等主体弘扬鎏金铜蚕文化,助推县域经济社会可持续发展。其二,资源共享性。推动城乡文化资源共享,搭建城乡文化共享平台。持续开展"深入生活,扎根人民"主题文艺实践活动,举办"石泉十美"海内外征联大赛、新民风建设主题征文大赛、"喜迎二十大 奋进新征程"等系列大型文化活动,年均开展文艺演出活动200余场次以上,确保公共文化进村入户、覆盖全域。其三,设施标准性。注重打造公共性设施,先后建成石泉博物馆、城市展览馆、蚕桑博物馆、非遗展览馆、鬼谷子文化小镇及中坝作坊小镇等标志性公共文化设施。与此同时，配置整体性设施。以群众需求为导向，石泉县按照"七有"① 标准，高标准建成县级新时代文明实践中心，指导 11 个镇、164 个村（社区）、26 个 100 户以上的移民搬迁安置社区设立文明实践所、站（点），实现文明实践阵地和网络全覆盖。其四，供需匹配化。依托党建引领基层社会治理的"五同"② 工作机制和镇村工作一体化工作机制，推动基层分散化、差异性文化需求集成并上传至相关部门单位，做到及时响应基层文化诉求并确保供需配置科学。其五，空间整合性。拓展图书室、新时代文明实践室、道德讲堂活动室等多个活动空间，以物质空间拓展民众精神空间，进而提升辖区居民幸福指数。完善县、镇、村（社区）三级公共文化服务体系和县中心、镇所、村（社区）站（点）文明实践阵地服务体系，210 多个服务点位使为民服务半径得到延伸。

三　石泉县构建紧密型城乡公共文化服务共同体的成就与不足

（一）取得的成就

基于"五个一体"的构建路径，石泉县整合利用公共文化服务资源，使群众享有更加充实、更为丰富、更高质量的精神文化生活。其一，文化资源得到充分挖掘和活化利用。石泉县深入挖掘当地优秀传统文化和非遗的潜力和价值，将舞龙、烧狮子、汉调二黄等民俗和传统技艺与汉江石泉古城、中国鬼谷子文化小镇以及中坝作坊小镇等景点充分融合，进而促进城乡公共文化服务共同体建设。注重深入挖掘文化内涵，展示鬼谷子挖药救母、曾孝子割肝医母、彭懋谦义设薄利公局、谭福全义献国宝金蚕等孝义典型故事，成功打造大家共同认知、共同认可、共同赞誉的文化符号、价值标杆。其

---

① 即有阵地、有机构、有队伍、有制度、有标准、有载体、有实践。
② 即组织同建、阵地同管、要事同办、环境同治、效果同评。

二,特色文化产业逐渐兴起。借助差异化的资源禀赋和区域特色,积极打造"鬼谷子故里·智慧之乡"和"鎏金铜蚕·丝路之源"文化IP,开发鬼谷子文化系列、蚕桑文化系列、"石泉十美"系列文创产品30余种。其三,文旅融合效能显著提升。依托"文旅产业共建、文旅活动共享、文旅机制共融"的发展路径,石泉县不断丰富秦巴老街、后柳水乡、中坝作坊小镇等景区景点文旅业态,开展"百姓大舞台"全民K歌、"古城时光"民族音乐会、开城门将军巡城、艺术快闪等十大类50余项文旅活动,让游客可感知、可体验、可参与。2024年"五一"黄金周期间,石泉县共迎接了40.68万人次的游客,推动旅游综合收入高达2.35亿元。其四,文化基础设施条件有效改善。石泉县先后建成石泉博物馆、城市展览馆、蚕桑博物馆、非遗展览馆、鬼谷子文化小镇及中坝作坊小镇等标志性公共文化设施。新建石泉大剧院、杨柳体育馆、城市运动广场等文化场馆20余处。截至2024年10月,已建成1个县级图书总馆、2个24小时安康自助阅读吧、11个镇级分馆和164个村(社区)服务点,总共藏书298504册,基本形成城乡一体、便捷高效的现代化公共文化服务体系。

(二)存在的不足

基于政策指引和制度建设双重作用,石泉县紧密型城乡公共文化服务共同体建设取得明显进展,但囿于城乡二元结构尚未完全破除,仍面临以下不足。其一,城乡公共文化服务同质化。紧密型城乡公共文化服务共同体旨在推进文化服务均等化和可及性,满足城乡民众读书看报、看电影电视、进行公共文化赏鉴的基本需求,其重点是促进城乡文化要素的有序流动。但在城乡发展不充分不均衡的情势下,城乡公共文化服务共同体建设突出处于强势地位的城市文化向乡村的辐射扩散,乡村在地性传统文化发展空间被压缩和隐匿。这导致城乡互促异化为以城"代"乡,城乡公共文化趋于同质,乡村文化特色需进一步挖掘和传承。其二,城乡公共文化服务均衡发展有待推进。现阶段城乡之间、区域之间、群体之间公共文化服务供给水平差距较为明显,面向乡村的公共文化服务种类偏少、数量偏低,面向农村留守儿童、老年人、农民工等群体提供的公共文化产品和服务偏少。基于公共性流失的现实情境，乡村公共文化服务建设和发展面临外生性挤压、内生性不足以及传统文化消逝等问题，而文化志愿队、流动图书馆等公共文化资源呈现间歇性供给、"重送轻种"等特点①，导致乡村公共文化服务建设质效不高。其三，城乡公共文化服务内容有待开发。现阶段大部分城乡公共文化服务内容在很大程度上仍较为匮乏，难以满足城乡居民对多元化、高质量文化生活的需求。一方面，文化服务供给模式对城乡居民的真实需求重视不够，导致服务内容与民众期望之间存在明显差距；另一方面，城乡之间的文化资源分配存在差异性，城市地区往往能够获得更多的文化资源和服务，而农村地区则相对匮乏。这种资源分配的不均衡导致城乡公共文化服务内容的不平衡。

四　对陕西县域公共文化服务共同体建设的启示及优化策略

　　紧密型城乡公共文化服务共同体旨在缩小城乡差距、促进文化服务均等化和可及性，以文化服务促进城乡经济社会高质量发展。基于"共享"和"一体化"原则，石泉县构建紧密型城乡公共文化服务共同体，通过主体协同、资源共享、设施标准、供需匹配、空间整合等维度，构建覆盖城乡、高效协同、服务优质的立体化公共文化服务体系。其内在机理具有可推广性，为陕西县域公共文化服务体系建设提供示范样板。

（一）县域公共文化服务共同体建设的石泉启示

　　石泉县推动文化资源在城乡之间有效流动和共享，彰显公共文化服务赋能基层治理的积极效能，打造具有推广效应的"石泉路径"，形成推进紧密型城乡公共文化服务共同体构建的重要突破。

---

① 高宏存：《推动公共文化服务高质量发展路径分析》，《中原文化研究》2023 年第 6 期。

其一，加强文化挖掘、保护与发展。始终坚持"两个结合"，坚定历史自信、文化自信，大力推动县域优秀传统文化创造性转化、创新性发展。鼓励各县与文化机构、高校等开展合作，共同挖掘城乡文化资源，创新产品和业态，提升文化产业附加值。在保护传承中扛起使命担当，持续抓好县域优秀传统文化研究和活化传承，深入挖掘县域的历史文化积淀，全力推进文数融合、文产融合、文旅融合，不断优化公共文化服务供给，进一步提升县域文化软实力和综合影响力。

其二，加快构建"文化+"融合发展新格局。基于"宜融则融、能融尽融"思路，石泉县通过发展"非遗+乡村旅游""非遗+乡村产业"等模式推动文化旅游多维度深度融合发展，打造具有地方特色的文化旅游产品，提升文化旅游供给能力和服务质量。一方面，坚持以文聚力、以文惠民、以文赋能，探索"文化+商业""文化+旅游""文化+服务"融合发展新路径，从而驱动区域经济发展、激发城乡建设活力、提升基层治理水平，打造和谐、文明、有活力的县域环境，有效提升群众生活质量，促进社会和谐稳定；另一方面，加强公共文化单位横向联动，功能模块互嵌。整合县域公共文化空间设施资源，面向社会发布供给清单，并提供便捷的预约渠道，提高全县公共文化设施的利用率。推动空间设施在原有功能基础上补充嵌入多元融合的公共文化服务内容，进而提高公共文化服务的可达性以及增强服务的互动性和个性化。

其三，注重平衡城乡文化的价值认同。推进县域公共文化服务体系建设应尊重城乡文化的天然差异性与价值差别。倡导全省各地学习石泉县的做法，成立由政府主导的领导小组，明确政府在公共文化服务中的主导地位，健全部门间的协同工作机制。注重融合共生，推进城乡文化的合作生产与共同发展。创新公共文化空间设施运营管理机制，通过政府购买服务等方式鼓励社会力量参与，推进公共文化设施所有权和使用权分置改革，实现多方共建、全民共享。既向城市居民展示乡村特色民俗文化与文明成果，为城市文化提供鲜活的文化资源，也应推动城市文化下乡，使更多农民欣赏与吸纳城市文明成果。

（二）陕西县域公共文化服务共同体建设的优化策略

1. 强化顶层设计与政策支持

制度创新赋能紧密型城乡公共文化服务共同体建设，有效提升公共文化服务的整体水平，促进文化资源的均等化和城乡文化服务的一体化发展。将石泉县"以点带面"构建紧密型城乡文化服务共同体的政策引导和制度创新经验推广至全省，鼓励因地制宜培育公共文化共同体项目。充分发挥政策制度在公共文化服务体系建设中的引领和协调作用，以高位统筹与组织保障为紧密型城乡公共文化服务共同体建设保驾护航，以引领示范为先锋打开公共文化服务共同体建设局面。除此之外，公共文化服务共同体建设应立足数字化、技术化发展背景。依托数字化平台全面梳理公共文化数字资源，提供集成优质的数字化、智慧化服务产品，夯实公共文化共同体建设资源支撑。完善数字化平台的"文化点单"功能，推动点单服务模式向乡镇、村社延伸，促进公共文化服务精准对接与高效供给。

2. 推进公共服务设施均衡发展

借鉴石泉县城乡公共文化服务设施均衡布局的经验，以文化馆、图书馆总分馆为基础，拓宽总分馆制领域，有效带动基层文化载体建设，建立更加完善的城乡公共文化设施网络。发挥总馆的资源优势和统筹指导作用，加强多级联动，创新服务形式，促进优质公共文化资源向基层倾斜和延伸，确保公共文化服务的普及化和均等化。除此之外，紧密型城乡公共文化服务共同体要探索社会化合作方式以构建新型公共文化空间，并通过购买服务方式丰富基层公共文化服务供给项目，促进城乡文化资源的均衡分配和文化活动的广泛参与，从而推进文化服务的有效覆盖和文化权利的平等保障。

3. 拓宽公共文化服务开发渠道

紧密型城乡公共文化服务共同体的要点在于通过文化资源的优化配置以提高服务的可达性以及增强服务的互动性和个性化；通过"＋文化"探索多跨协同工作机制，更广泛地延伸公共文化服务触角。城乡文化服务共同体构建要强化地方文化建设、宣传和监管，实施旅游产业"十百千"行动，鼓励和奖励地方文化精英和民间文化打造的文化品牌。通过图书馆、文化馆、博物馆、美术馆、非遗馆等公共文化场馆的空间、功能集聚，打造集群式公共文化新地标，努力成为文化引领地、精神栖息地、热门打卡地。构建文旅产品孵化机制，注重总结创新发展经验，包装服务项目，形成服务品牌，通过宣传推广与氛围营造以巩固拓展公共文化服务共同体构建成效。充分借助各类媒体和网络平台作用，形成有效传播矩阵，助力公共文化服务共同体宣传推广，营造全社会支持参与建设的良好氛围。

4. 打造共同缔造式公共文化服务体系

紧密型城乡公共文化服务共同体的"一体化"核心不仅涉及城乡公共文化服务的一体，也涉及多元主体之间持续稳定的互动、交流与合作关系。构建紧密型城乡公共文化服务共同体需要从"政府包办"转向"激活社会"，打造以基层组织为核心，地方文化机构、民间组织、精英分子和社会力量支持的公共文化服务格局。[1] 要以主流文化为主导形塑价值认同和身份认同，打造更具适应性和普遍性的公共空间，进而驱动各个主体参与集体行动。除此之外，培养地方民众传承和完善地方文化共同体的文化自信与自觉，推动文化基因传承与延续、地域文化修复与改造、本土文化认同与再造。[2] 通过分类识别、思想引领、组织再造等机制激活内生性文化资源和激发民众参与公共文化活动的主动性，以治理"主体"的积极角色维护自身价值与利益，反"客"为"主"，发展自觉的、能动的、创造性的行动。

① 肖鹏、李怀恩：《公共文化共同体：理论基础、实践探索与制度建设》，《图书馆论坛》2023 年第 12 期。
② 屈云东、王雅鹏、毛寒：《文化自觉与乡村本土文化提升的三条路径》，《湖南科技大学学报》（社会科学版）2023 年第 4 期。

社会科学文献出版社

皮书

智库成果出版与传播平台

❋ 皮书定义 ❋

皮书是对中国与世界发展状况和热点问题进行年度监测，以专业的角度、专家的视野和实证研究方法，针对某一领域或区域现状与发展态势展开分析和预测，具备前沿性、原创性、实证性、连续性、时效性等特点的公开出版物，由一系列权威研究报告组成。

❋ 皮书作者 ❋

皮书系列报告作者以国内外一流研究机构、知名高校等重点智库的研究人员为主，多为相关领域一流专家学者，他们的观点代表了当下学界对中国与世界的现实和未来最高水平的解读与分析。

❋ 皮书荣誉 ❋

皮书作为中国社会科学院基础理论研究与应用对策研究融合发展的代表性成果，不仅是哲学社会科学工作者服务中国特色社会主义现代化建设的重要成果，更是助力中国特色新型智库建设、构建中国特色哲学社会科学"三大体系"的重要平台。皮书系列先后被列入"十二五""十三五""十四五"时期国家重点出版物出版专项规划项目；自2013年起，重点皮书被列入中国社会科学院国家哲学社会科学创新工程项目。

皮书网

（网址：www.pishu.cn）

发布皮书研创资讯，传播皮书精彩内容
引领皮书出版潮流，打造皮书服务平台

栏目设置

◆ **关于皮书**
何谓皮书、皮书分类、皮书大事记、
皮书荣誉、皮书出版第一人、皮书编辑部

◆ **最新资讯**
通知公告、新闻动态、媒体聚焦、
网站专题、视频直播、下载专区

◆ **皮书研创**
皮书规范、皮书出版、
皮书研究、研创团队

◆ **皮书评奖评价**
指标体系、皮书评价、皮书评奖

所获荣誉

◆ 2008 年、2011 年、2014 年，皮书网均
在全国新闻出版业网站荣誉评选中获得
"最具商业价值网站"称号；
◆ 2012 年,获得"出版业网站百强"称号。

网库合一

2014 年，皮书网与皮书数据库端口合
一，实现资源共享，搭建智库成果融合创
新平台。

权威报告・连续出版・独家资源

皮书数据库
ANNUAL REPORT(YEARBOOK)
DATABASE

分析解读当下中国发展变迁的高端智库平台

所获荣誉

- 2022年，入选技术赋能"新闻+"推荐案例
- 2020年，入选全国新闻出版深度融合发展创新案例
- 2019年，入选国家新闻出版署数字出版精品遴选推荐计划
- 2016年，入选"十三五"国家重点电子出版物出版规划骨干工程
- 2013年，荣获"中国出版政府奖・网络出版物奖"提名奖

皮书数据库　　"社科数托邦"
微信公众号

成为用户

登录网址www.pishu.com.cn访问皮书数据库网站或下载皮书数据库APP，通过手机号码验证或邮箱验证即可成为皮书数据库用户。

用户福利

- 已注册用户购书后可免费获赠100元皮书数据库充值卡。刮开充值卡涂层获取充值密码，登录并进入"会员中心"—"在线充值"—"充值卡充值"，充值成功即可购买和查看数据库内容。
- 用户福利最终解释权归社会科学文献出版社所有。

数据库服务热线：010-59367265
数据库服务QQ：2475522410
数据库服务邮箱：database@ssap.cn
图书销售热线：010-59367070/7028
图书服务QQ：1265056568
图书服务邮箱：duzhe@ssap.cn

社会科学文献出版社 皮书系列
SOCIAL SCIENCES ACADEMIC PRESS (CHINA)
卡号：445549976285
密码：

S 基本子库
SUB DATABASE

中国社会发展数据库（下设 12 个专题子库）

紧扣人口、政治、外交、法律、教育、医疗卫生、资源环境等 12 个社会发展领域的前沿和热点，全面整合专业著作、智库报告、学术资讯、调研数据等类型资源，帮助用户追踪中国社会发展动态、研究社会发展战略与政策、了解社会热点问题、分析社会发展趋势。

中国经济发展数据库（下设 12 专题子库）

内容涵盖宏观经济、产业经济、工业经济、农业经济、财政金融、房地产经济、城市经济、商业贸易等 12 个重点经济领域，为把握经济运行态势、洞察经济发展规律、研判经济发展趋势、进行经济调控决策提供参考和依据。

中国行业发展数据库（下设 17 个专题子库）

以中国国民经济行业分类为依据，覆盖金融业、旅游业、交通运输业、能源矿产业、制造业等 100 多个行业，跟踪分析国民经济相关行业市场运行状况和政策导向，汇集行业发展前沿资讯，为投资、从业及各种经济决策提供理论支撑和实践指导。

中国区域发展数据库（下设 4 个专题子库）

对中国特定区域内的经济、社会、文化等领域现状与发展情况进行深度分析和预测，涉及省级行政区、城市群、城市、农村等不同维度，研究层级至县及县以下行政区，为学者研究地方经济社会宏观态势、经验模式、发展案例提供支撑，为地方政府决策提供参考。

中国文化传媒数据库（下设 18 个专题子库）

内容覆盖文化产业、新闻传播、电影娱乐、文学艺术、群众文化、图书情报等 18 个重点研究领域，聚焦文化传媒领域发展前沿、热点话题、行业实践，服务用户的教学科研、文化投资、企业规划等需要。

世界经济与国际关系数据库（下设 6 个专题子库）

整合世界经济、国际政治、世界文化与科技、全球性问题、国际组织与国际法、区域研究 6 大领域研究成果，对世界经济形势、国际形势进行连续性深度分析，对年度热点问题进行专题解读，为研判全球发展趋势提供事实和数据支持。

法律声明

"皮书系列"（含蓝皮书、绿皮书、黄皮书）之品牌由社会科学文献出版社最早使用并持续至今，现已被中国图书行业所熟知。"皮书系列"的相关商标已在国家商标管理部门商标局注册，包括但不限于LOGO（ ）、皮书、Pishu、经济蓝皮书、社会蓝皮书等。"皮书系列"图书的注册商标专用权及封面设计、版式设计的著作权均为社会科学文献出版社所有。未经社会科学文献出版社书面授权许可，任何使用与"皮书系列"图书注册商标、封面设计、版式设计相同或者近似的文字、图形或其组合的行为均系侵权行为。

经作者授权，本书的专有出版权及信息网络传播权等为社会科学文献出版社享有。未经社会科学文献出版社书面授权许可，任何就本书内容的复制、发行或以数字形式进行网络传播的行为均系侵权行为。

社会科学文献出版社将通过法律途径追究上述侵权行为的法律责任，维护自身合法权益。

欢迎社会各界人士对侵犯社会科学文献出版社上述权利的侵权行为进行举报。电话：010-59367121，电子邮箱：fawubu@ssap.cn。

社会科学文献出版社

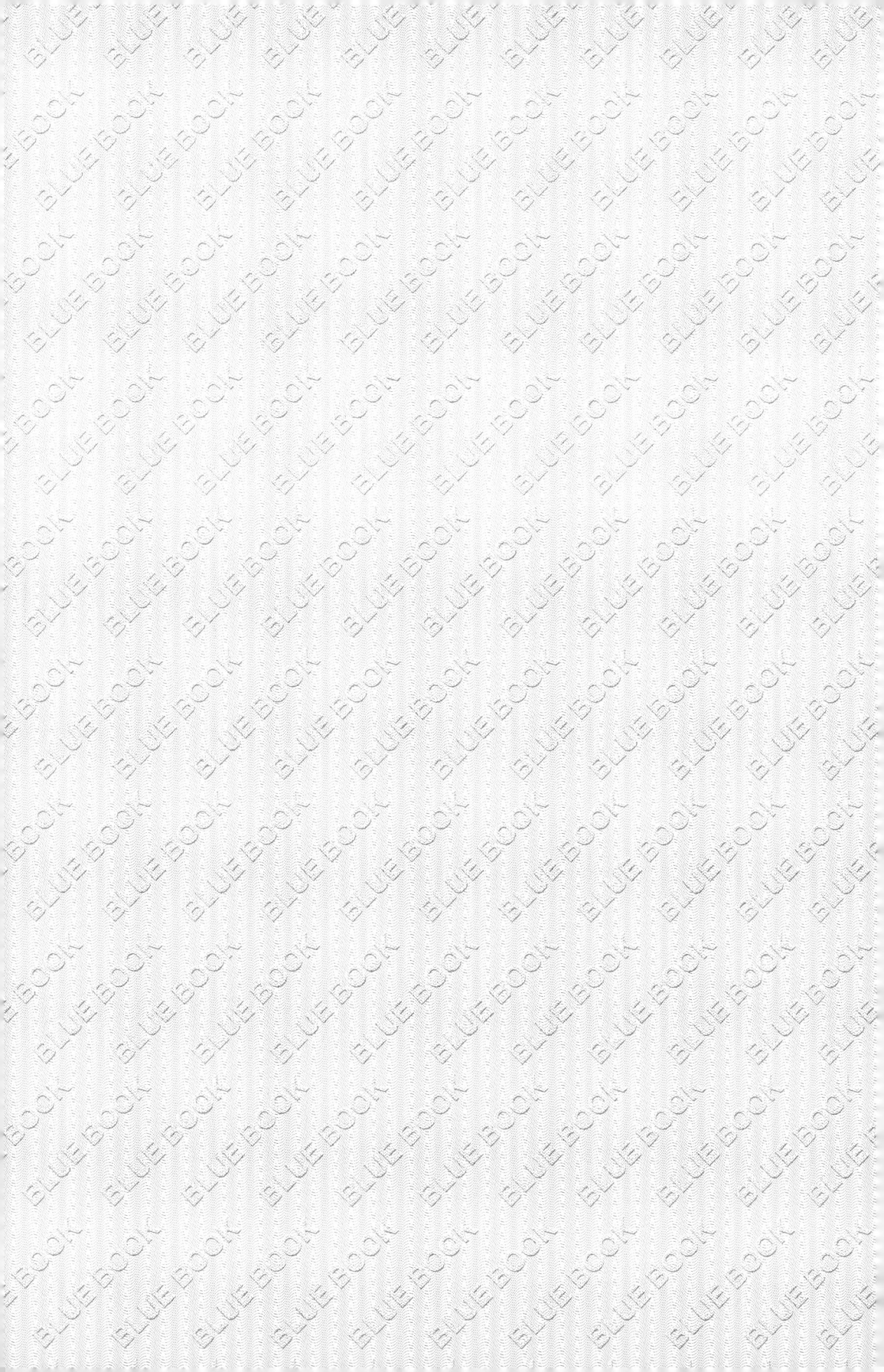